La estrategia dominante

DIEGO REYNOSO

La estrategia dominante

Alianzas electorales
en los estados mexicanos
1988-2011

teseo

FLACSO
ARGENTINA

Reynoso, Diego
La estrategia dominante : alianzas electorales en los estados mexicanos,
1988-2011. - 1a ed. - Buenos Aires : Teseo, 2011.
300 p. ; 13x20 cm. - (Ciencias políticas)
ISBN 978-987-1354-99-3
1. Ciencias Políticas. I. Título
CDD 320

FLACSO
ARGENTINA

© FLACSO Argentina, 2011

teseo

© Editorial Teseo, 2011

Buenos Aires, Argentina

ISBN 978-987-1354-99-3

Editorial Teseo

Hecho el depósito que previene la ley 11.723

Para sugerencias o comentarios acerca del contenido de esta obra,
escríbanos a: **info@editorialteseo.com**

www.editorialteseo.com

ÍNDICE

Parte IV
Efectos

A mis mexicanas aliadas:
Luciana y Camila

"Se me había ocurrido que en estos tiempos en que el abstencionismo y la oposición están ganando tantos adeptos, lo mejor que podría hacer el PRI sería pasarse a la oposición" (Jorge Ibargüengoitia, *Misterios de la vida diaria*, México, Joaquín Mortiz, 1997, p. 273).

Siglas y nombres de los partidos políticos mexicanos

Sigla	Nombre
PAN	Partido Acción Nacional
PRD	Partido de la Revolución Democrática
PRI	Partido Revolucionario Institucional
CONV	Convergencia
FC	Fuerza Ciudadana
MP	México Posible
PANAL	Partido Nueva Alianza
PARM	Partido Auténtico de la Revolución Mexicana
PAS	Partido Alianza Social
PCD	Partido del Centro Democrático
PDM	Partido Demócrata de México
PLM	Partido Liberal Mexicano
PSD / ASD	Partido Social Democrática
PSN	Partido de la Sociedad Nacionalista
PT	Partido del Trabajo
PVEM	Partido Verde Ecologista de México
ADC	Asociación por la Democracia Colimense (Colima)
CC	Cruzada Ciudadana (Nuevo León)
NPP	Nava Partido Político (San Luis Potosí)
PAC	Partido Alianza Ciudadana (Tlaxcala)
PAY	Partido Alianza por Yucatán (Yucatán)
PCDT	Partido del Centro Democrático de Tlaxcala (Tlaxcala)
PCP	Partido Conciencia Popular (San Luis Potosí)
PD	Partido Demócrata (Nuevo León)
PEBC	Partido Estatal de Baja California (Baja California)
PES	Partido Encuentro Social (Baja California)
PJS	Partido Justicia Social (Tlaxcala)
PPS	Partido Popular Socialista (Guanajuato)
PRS	Partido de la Revolución Socialista (Guerrero)
PRSC	Partido Renovación Sudcaliforniana (Baja California Sur)
PRV	Partido Revolucionario Veracruzano (Veracruz)
UDC	Unidad Democrática de Coahuila (Coahuila)

PREFACIO

Este trabajo es el producto de un estudio "eternamente exploratorio" de diversos aspectos de la política subnacional en México. Como todo estudio exploratorio, la cantidad de piezas sueltas que se encuentran a lo largo del proceso de exploración tientan al investigador a desviarse todo el tiempo respecto de un posible plan general, coherente y ordenado de verificación de hipótesis. Por esa razón, los estudios exploratorios no siguen una lógica puramente hipotético-deductiva según la cual, a partir de una teoría o un cuerpo de proposiciones, se organiza el trabajo de observación, recolección de información, construcción de datos y puesta a prueba de las hipótesis. Por el contrario, los estudios exploratorios tienen una fuerte impronta inductiva. La observación, si bien es guiada por algunas preguntas que surgen del estado en que se encuentra la teoría existente, va generando preguntas específicas y planteando en qué medida éstas pueden converger en hipótesis plausibles de acuerdo con los presupuestos teóricos disciplinarios. En ese marco, creo, hay que leer los resultados presentados en este trabajo.

Llevaba unos años viviendo en México cuando comencé a indagar sobre las características de la competencia, la desproporcionalidad y el sistema de partidos a nivel subnacional. Pero la dispersión temática y mis permanentes desvíos con temas nuevos, en parte debido a mi obsesión por calcular índices y otro tanto debido a mi falta de disciplina y concentración, derivaron en una recolección de información que no terminaba nunca de cerrar y que por momentos no tenía muy en claro para qué realizaba. Además de mis debilidades personales, el contexto histórico tampoco ayudaba: cada nuevo año electoral prometía más observaciones para poner a prueba las hipótesis derivadas de las observaciones anteriores. Cada nueva observación traía consigo nuevos problemas y otra vez se repetía el círculo: hipótesis, observación, puesta a prueba, nueva elección; y así sucesivamente.[1]

Ese fue, más o menos, el camino que recorrí hasta convertirme en un detallista informado sobre las elecciones en los Estados mexicanos. A lo largo de ese proceso, elaboré varios documentos con fuerte (excesivo) contenido empírico que presenté en diferentes congresos y seminarios. Trabajé mucho tiempo sobre el impacto de las cuotas de género en los Estados; los problemas y las distorsiones de la distritación electoral en los congresos locales; los cambios en la competencia y en el sistema de partidos subnacional, y algunos otros aspectos similares. La mayoría de esos trabajos fueron publicados en diferentes revistas académicas (*Política y Gobierno*; *Revista Mexicana de Sociología*; *Economía, Estado y Territorio*; *Región y Sociedad*, y revistas por el estilo).

Junto a esos trabajos, escribí uno que intentaba describir y analizar la formación de alianzas electorales en los Estados, cuando no se habían transformado aún en el centro de atención y polémica en que se han convertido. No había hasta ese momento estudios que hubieran abordado el tema en forma comparativa a nivel subnacional, aunque sí algunos borradores. Presenté un primer borrador en el

---

[1]   De hecho, a la hora de enviar a prensa este trabajo hace ya unos años los editores insistieron en que siguiera agregando datos de las últimas elecciones con el objetivo de "actualizarlo".

Congreso de la SOMEE (Sociedad Mexicana de Estudios Electorales) realizado en la ciudad de San Miguel de Allende en el año 2003; recibió muchos elogios, quizá no tanto por sorprender con algo novedoso, sino más bien por haber realizado la labor de sistematizar la información que estaba dispersa. Fue en ese entonces que mi relectura del texto de Gary Cox *Making Votes Count*, que ayudé a traducir para la editorial Gedisa, me dio la pista para pensar el problema de nuevo. Por esa razón, profundicé la cuestión y presenté una ponencia en el Congreso de *Latin American Studies Association* (LASA) realizado en Las Vegas, en el año 2004. A pesar de los avances, no lograba producir un documento que, a mi modo de ver, contribuyera a esclarecer la cuestión en forma parsimoniosa. Volví a concentrarme en el tema en el año 2006, después de relegarlo por falta de tiempo o de interés (o más humildemente, por falta de ideas sólidas respecto del tema). Pero a fines de ese año, gracias a una beca de repatriación del Consejo Nacional de Investigaciones Científicas y Técnicas (CONICET) del gobierno argentino, regresamos con mi familia a Buenos Aires. Durante el año 2007, mi firme propósito era concluir y actualizar la cantidad de documentos de trabajo incompletos que había escrito desde el año 2002 sobre la política local mexicana y aprovechar la información sistematizada año tras año. La llegada a Argentina implicó un período de adaptación y de reorganización que impedía trabajar de un modo sistemático sobre el asunto, aunque al mismo tiempo me permitió enfocar el problema con una distancia temporal y espacial importante. Entonces emergieron algunas preguntas concretas sobre el papel de las alianzas electorales en los Estados mexicanos que le dieron forma a este trabajo. Pero ya estaba por la mitad el sexenio de Felipe Calderón, y las nuevas alianzas electorales exigían ser incluidas en la investigación. Siempre tuve la sensación de que nunca acabaría con esto.

La contribución de este libro al conocimiento de la política subnacional mexicana es muy simple: cuando los políticos no hacen alianzas electorales les toca a los electores cargar con el peso de hacerlas *de facto*, con el fin de invertir mejor sus votos y hacer rendir más su utilidad. En otras palabras: cuando falla la coordinación estratégica de la "elite", la responsabilidad de coordinar y evitar ineficiencias recae en los "electores". En suma, siempre se forman alianzas. Si no las hacen los políticos, las hacen los electores.

Sin embargo, para el electorado es más ardua la tarea de coordinar, debido a que no es posible un proceso de negociación entre el número de voluntades que deben ponerse de acuerdo. De este modo, los electores no tienen información perfecta acerca de lo que todos los otros harán para poder elegir una opción con precisión.[2] Cuanto más difícil sea estimar el caudal de apoyo de cada partido o candidato en solitario y menor sea la información que los electores posean, más incierto será el proceso de coordinación electoral a nivel del electorado y más errático el resultado de la elección. De este modo, si se forman alianzas electorales por parte de los candidatos y partidos, se minimizan los problemas de coordinación del electorado, aunque ello no se realiza sin costos colaterales para el sistema de partidos y de representación. Este es en suma el aporte, basado en ejemplos, datos y modelos que pretenden demostrarnos que no hay que sorprenderse cuando los partidos forman alianzas electorales, por más incoherente o inconsistente

---

[2]   La información proviene en general de las encuestas publicadas que permiten a cada elector tener una idea, en primer lugar, de la distribución de las preferencias de los demás electores; y, en segundo lugar, una idea de las probabilidades de triunfo de cada una de las alternativas electorales. Cuando ambas ideas convergen, estamos en presencia de lo que Cox (1997: 74) define como la condición de "expectativas racionales" de las creencias.

que parezcan ser en la coyuntura. Aun más, no hay tal
incoherencia.

Agradecimientos

A lo largo de todo este proceso no lineal de recolección
de información, construcción de datos y análisis, el trabajo
final se enriqueció por los consejos, los comentarios, las
críticas y las sugerencias de muchos colegas. En especial,
quiero agradecer los valiosos aportes y comentarios de
Andreas Schedler, Alonso Lujambio, Nicolás Loza, Álvaro
López Lara, Rodrigo Salazar, Gustavo Emmerich, Leonardo
Valdés, Francisco Valdés, Benjamín Temkin e Irma Méndez.
Al mismo tiempo que desarrollaba algunas de estas ideas,
el contacto y la discusión con colegas y estudiantes de la
FLACSO México y de otras instituciones académicas en
donde impartí clases me permitió aprender sobre la po-
lítica en los Estados desde un lugar más cercano. Por esa
razón, Raúl Rocha, Juan Poom, Patricio Rubio, Marcela Ávila
Eggleton, Abel Villarreal, Moisés López†, Moisés Pérez,
Guillermina Martínez Bermúdez, Marco Antonio Figueroa,
Carlos Luis Sánchez, Octavio Jiménez Sánchez y Mauricio
Rivera han hecho un aporte significativo a esta empresa.
Diversos aspectos de este trabajo se enriquecieron de la
discusión fructífera en diferentes foros, como la Sociedad
Mexicana de Estudios Electorales, *Latin American Studies
Association*, Universidad Nacional Autónoma de México,
FLACSO México, la Universidad Iberoamericana, el Colegio
de Sonora y el Colegio de San Luis. Esos intercambios me
permitieron mejorar argumentos, pulir proposiciones y
conjeturas, y perfeccionar el trabajo metodológico.

Mis asistentes de investigación cumplieron de manera
eficaz el trabajo de "cazadores-recolectores" de información dispersa e inconsistente que fue arduo reconstruir,

organizar y sistematizar. Los méritos que este trabajo pudiera tener se deben sin duda a Natalia D'Angelo, Miriam Rodríguez y Luisa Fernanda Rodríguez, que realizaron una labor pulcra, magnífica y –a veces– ingrata. Cuando parecía el final del periplo, Claudia Pérez Fournie pulió en forma sustantiva el trabajo manuscrito desordenado, y gracias a ella mejoró cualitativamente. Estefanía di Leo e Inés Cruzalegui ayudaron en los últimos detalles de pulido de las bases y tablas, aunque luego no fueron esas las tablas finales. Sin embargo, a pesar del esfuerzo que tantas personas brindaron de alguna u otra forma, persisten muchos equívocos y errores que son de mi exclusiva responsabilidad, descuido y testarudez.

Por último, quiero agradecer el generoso respaldo institucional de FLACSO México, a través de su directora Giovanna Valenti, y de FLACSO Argentina, a través de su directora Guillermina Tiramonti, en los primeros momentos, y Francisco Valdés y Miguel Leyngel, los nuevos directores; en ambas sedes encontré el clima propicio para llevar adelante este proyecto. Además, agradezco el apoyo económico del Sistema Nacional de Investigadores (SNI) del Consejo Nacional de Ciencia y Tecnología (CONACYT) del gobierno mexicano y del Consejo Nacional de Investigaciones Científicas y Técnicas (CONICET) del gobierno argentino.

Finalmente, quiero agradecer a mis hijos Camila, Luciana y Julián, por entender que papá estaba encerrado escribiendo "ni sé qué cosas de alianzas mexicanas", y a mi compañera y amiga Vicky Castilla, por conformar una alianza emocional y afectiva en todos los distritos donde nos ha tocado asentarnos.

Ajusco, Ciudad de México, enero de 2009

Acassuso, Buenos Aires, mayo de 2011

PARTE I
TEORÍA Y SUPUESTOS

CAPÍTULO 1
INTRODUCCIÓN

En las elecciones federales del 2 de julio del año 2000, el Partido Acción Nacional (PAN) y el Partido de la Revolución Democrática (PRD) tenían el interés común de "sacar al PRI de los Pinos".[3] Sabían que juntos obtendrían más votos que el PRI, pero corrían el riesgo de ser derrotados por este último si no lograban coordinar sus fuerzas en forma adecuada. Después de muchas negociaciones, los más encumbrados representantes de los dos "partidos de oposición" no lograron ponerse de acuerdo acerca de quién sería el candidato común en el que concentrarían de manera conjunta sus fuerzas políticas para evitar la división de los votos y desperdiciar la oportunidad de derrotar electoralmente al partido gobernante. La historia ya es conocida, Vicente Fox Quesada (PAN-Alianza por el Cambio) surgió como "punto focal"[4] de los electores. De

---

[3] La expresión corresponde a los usos y costumbres del lenguaje de la transitología mexicana. Los Pinos es el nombre de la residencia oficial del Presidente situada en el Bosque de Chapultepec, en el Distrito Federal. Para los mexicanos, esta es una expresión conocida y no requiere mayor explicación. Para los no mexicanos, cabe al menos recordarles que el PRI había ocupado la Presidencia de la República por más de sesenta años. Desde 1929 hasta 1989, todos los gobiernos estatales, el Senado hasta el 2000 y la Cámara de Diputados hasta 1997 estuvieron en manos del PRI o de sus antecesores, el Partido de la Revolución Mexicana y el Partido de la Revolución Nacional.

[4] Muchas situaciones en donde los actores interactúan estratégicamente tienen diferentes equilibrios. Pero lo que permite a los actores elegir un equilibrio de entre las diferentes soluciones está dado por el conjunto de

este modo, a pesar de que los dos principales partidos de la oposición fallaron en formar una alianza,[5] una proporción importante del electorado (del espectro ideológico de centroizquierda) abandonó la candidatura de Cuauhtémoc Cárdenas (PRD-Alianza por México) y se inclinó en favor de Vicente Fox, quien en consecuencia derrotó al candidato del partido oficial Francisco Labastida (PRI). Los electores, en forma descentralizada, organizaron una alianza, votando estratégicamente por el candidato que percibían con más posibilidades de ganar.

Seis años después, en la siguiente elección presidencial de julio de 2006, el Partido Acción Nacional (PAN) se encontraba en el gobierno. Encabezaba las encuestas para la elección presidencial Andrés Manuel López Obrador, el candidato de la "Alianza por el Bien de Todos",[6] con un porcentaje que oscilaba entre el 34 y el 42% de intención de voto según diferentes encuestas. Tanto el PRI, que comandaba la "Alianza por México",[7] como el PAN tenían fuertes incentivos para juntar sus electorados y evitar que

---

información que los actores comparten más allá de la situación misma, y que está determinada, en definitiva, por la específica "cultura" que comparten. En la teoría de juegos, un punto focal es una "solución" que emerge con prominencia respecto de las demás soluciones. El concepto de "punto focal" ha sido introducido por Schelling (1968: 57-59). Aquí, por punto focal debe entenderse al candidato que los electores perciben con más posibilidades de ganar, dada la información de la que disponen.

[5]   Aunque los dos partidos de oposición más grandes, el PAN y el PRD, fracasaron en coordinarse entre ellos, tanto uno como el otro formaron sus propias alianzas con partidos menores. El PAN conformó la "Alianza por el Cambio" junto con el Partido Verde Ecologista de México (PVEM); mientras que el PRD conformó la "Alianza por México" junto con el Partido del Trabajo (PT), Convergencia Ciudadana (COV), Partido de la Sociedad Nacionalista (PSN) y el Partido Alianza Social (PAS).

[6]   La "Alianza por el Bien de Todos" estuvo integrada por el Partido de la Revolución Democrática (PRD), por el Partido Convergencia y por el Partido del Trabajo (PT).

[7]   La "Alianza por México" estuvo integrada por el Partido Revolucionario Institucional (PRI) y el Partido Verde Ecologista de México (PVEM).

el candidato del PRD resultara ganador. Pero las encuestas señalaban que ambos se disputaban palmo a palmo el segundo lugar con un porcentaje que oscilaba alrededor del 25% de intención del voto. En consecuencia, ninguno de los dos candidatos (Roberto Madrazo Pintado del PRI y Felipe Calderón Hinojosa del PAN) tenía incentivos para abandonar la carrera en favor del otro, a pesar de que la suma de sus votos les otorgaría el triunfo seguro. Por otra parte, la información disponible de los electores de los partidos hostiles al candidato del PRD no les permitía decidir a cuál de los candidatos descartar para concentrar sus votos en favor del otro. De este modo, López Obrador o AMLO –como quedó bautizado por sus siglas– se beneficiaba por la imposibilidad de que el electorado "priista" o "panista" encontrara con claridad un punto focal para coordinar sus votos. Después de unos meses, las encuestas comenzaron a reflejar un vuelco del electorado a favor de Felipe Calderón en detrimento de Roberto Madrazo, lo que permitió que muchos otros electores del PRI descartaran a Madrazo como opción. Finalmente, el 6 de julio del 2006 la elección presidencial arrojo un resultado muy ajustado. El 35.89% de los votos positivos fue para Felipe Calderón Hinojosa (PAN) y el 35.31% para Andrés Manuel López Obrador (PRD). Con el 22.26% de los votos positivos, el candidato del PRI (Alianza por México), Roberto Madrazo Pintado, obtuvo el tercer lugar.

Como puede observarse, las parcelas del voto priista se desplomaron respecto de su caudal histórico, ya que en los tramos finales de la campaña electoral muchos de los potenciales y sinceros votantes del PRI cambiaron su voto en favor de Felipe Calderón, que terminó en un virtual empate con López Obrador.[8] Si bien no tenemos prueba

---

[8]   Analizo la cuestión de los conflictos postelectorales con detalle en Reynoso (2006).

empírica firme, todo indicaría que si Calderón hubiese emergido como candidato focal con más anticipación, o bien si las elecciones se hubieran realizado un mes después, el PRI hubiese obtenido menos votos aun de los que obtuvo y Calderón hubiese superado a López Obrador por un margen más holgado. Es decir, la corriente de votantes del PRI hacia el PAN hubiese seguido fluyendo dada la nueva información disponible.

Los dos casos citados anteriormente ilustran, por un lado, la lógica en que se forman las alianzas electorales en México: un partido grande acompañado de partidos políticos de menor apoyo electoral en vistas a aunar esfuerzos y evitar el desperdicio de votos entre diferentes alternativas. Por otro lado, permite identificar que la lógica de las alianzas se da en dos niveles: una a nivel de los partidos político y otra a nivel del electorado. Es así que la formación de alianzas electorales tiene múltiples impactos en el sistema político mexicano. En términos específicos, han afectado la dinámica del cambio político, aumentando la competitividad de las elecciones, facilitando la alternancia en el poder y contribuyendo a la distribución de los espacios de poder en forma muy específica. En términos generales, las alianzas electorales producen un impacto directo sobre la oferta electoral, dándole una forma muy peculiar al sistema de partidos al reducir el número de contendientes sin disminuir por ello el número de partidos políticos que permanece en el mercado electoral. Por otra parte, las alianzas electorales también afectan la demanda electoral: cuando se realizan, los votantes tienen menos problemas para coordinar sus votos entre las alternativas en disputa; por el contrario, cuando fracasan en conformarse, los problemas de coordinación de los electores aumentan, abriendo la puerta a resultados electorales muy aleatorios y fortuitos con un alto desperdicio de votos.

Cabe aquí una aclaración de partida: las alianzas electorales, a diferencia de las coaliciones de gobierno, no constituyen un acuerdo que necesariamente cristalice en la formulación e implementación de políticas públicas específicas. Por *alianza electoral* entiendo a un grupo de partidos que coordinan sus fuerzas detrás de una candidato (o candidatos) común. En cambio, se entiende por *coaliciones de gobierno* a los acuerdos explícitos entre dos o más partidos con el objeto de definir un paquete de políticas públicas compartidas, que suele implicar un comportamiento legislativo coordinado por parte de los integrantes de la coalición.[9]

Las alianzas a nivel estatal

Los ejemplos nacionales no son exclusivos. Se pueden encontrar experiencias por doquier en los diferentes Estados de la República. Un ejemplo que ayuda a iluminar el impacto de las alianzas electorales se puede encontrar en las elecciones realizadas en el Estado de Tlaxcala el 1º de noviembre de 1998. En esa elección, el candidato del PRD, Alfonso Abraham Sánchez Anaya, resultó electo mediante una peculiar combinación de coordinación de la elite y de los votantes. En la elección mencionada, el partido más votado resultó ser el PRI con el 44% de los votos, mientras que su inmediato contrincante, el PRD, obtuvo el 35% de los sufragios. Sin embargo, debido a la formación de una

---

[9] Del mismo modo, Golder (2005) destaca que "a pesar de la vasta literatura sobre coaliciones, las *alianzas* preelectorales nunca han estado en el centro de alguna investigación cross-national sistemática". Las cursivas son mías, debido a que en el original el autor las distingue como coaliciones preelectorales para distinguirlas de las coaliciones de gobierno. De este modo, encara el estudio con una muestra de 22 países industrializados.

candidatura común junto con el PVEM y el PT, el candidato
del partido que obtuvo el segundo lugar obtuvo en total el
46.52% de los sufragios positivos. En este caso, la formación
de una alianza electoral exitosa entre el PRD, el PVEM y el
PT evitó que la dispersión de esos votos pudiera haber dado
lugar al peor de los resultados para ellos: el triunfo del PRI.

En forma similar, el 20 de agosto del año 2000, en las
elecciones de gobernador del Estado de Chiapas, la "Alianza
por Chiapas" presentó la candidatura de Pablo Salazar
Mendiguchía, en un esfuerzo por juntar a todos para derrotar
al PRI. La gran alianza estaba integrada por siete partidos:
PAN, PRD, PVEM, PT, Partido del Centro Democrático (PCD),
Partido Convergencia y Partido de la Sociedad Nacionalista
(PSN). Con esa alianza electoral, la elite opositora había
logrado reducir las alternativas de los electores en forma
considerable, evitando los riesgos de depositar la responsabilidad de derrotar al PRI exclusivamente en el electorado.
De este modo, Salazar Mendiguchía obtuvo el 52% de los
votos frente al 46% del candidato a gobernador del PRI.

¿Qué hay en común en los ejemplos anteriores?

En primer lugar, en los casos nacionales y estatales
narrados de manera breve se presentaron alianzas formal-
mente constituidas entre diferentes partidos para respaldar
una candidatura presidencial o gubernamental común. Así
fue que en el año 2000, para enfrentar al partido de gobierno
(PRI) se constituyeron dos grandes alianzas electorales: la
"Alianza para el Cambio", integrada por el PAN y el PVEM,
y la "Alianza por México" entre el PRD y una media doce-
na de partidos aliados.[10] En el año 2006, al igual que en el

---

[10]   Partido del Trabajo (PT), Convergencia Ciudadana (CONV), Partido de
       la Sociedad Nacionalista (PSN) y el Partido Auténtico Socialista (PAS).

2000, dos alianzas se organizaron para enfrentar al PAN, devenido ahora en partido de gobierno: la "Alianza por el Bien de Todos", que respaldó la candidatura de López Obrador integrada por el PRD, el Partido Convergencia y el PT, mientras que la nueva versión de la "Alianza por México" estuvo integrada por el PRI y el PVEM, respaldando la candidatura de Roberto Madrazo.

En segundo lugar, en las dos elecciones presidenciales, una vez que un candidato emergió como "punto focal" con posibilidades de derrotar al favorito, los electores consideraron estratégicamente las opciones y se produjeron grandes cambios de corrientes de votos hacia ese candidato, abandonando al partido primero, en el ordenamiento de sus preferencias, y condenándolo a un tercer lugar. Así, en la elección del año 2000, el PRD sufrió el comportamiento estratégico de los votantes que evitaban desperdiciar su voto detrás de Cuauhtémoc Cárdenas, el cual finalmente obtuvo el 19% de los sufragios. En el año 2006, Roberto Madrazo del PRI fue "víctima" del mismo comportamiento estratégico del electorado, obteniendo el 22% de los votos. En los dos casos estatales que ilustramos, Tlaxcala y Chiapas, la elite se anticipó y no dejó margen a ese juego de equilibrismo electoral: en el extremo, en Chiapas directamente no esperaron los cálculos de los electores y se unificaron en una sola candidatura.

En tercer lugar, desde inicios de la década de 1990, en las elecciones subnacionales en las cuales se eligieron gobernadores se han presentado alianzas entre partidos o algún tipo de candidatura común.[11] En varios Estados

---

[11] La legislación en los Estados de México varía al respecto. En algunos Estados están permitidas las candidaturas comunes, en otros sólo las alianzas. Las alianzas implican que los partidos se reúnen en una etiqueta electoral común en donde no se distinguen los votos que aporta cada partido. Las candidaturas comunes, en cambio, permiten que los partidos presenten cada uno su propia etiqueta pero acumulando los votos en

se conformaron alianzas para enfrentar al partido en el gobierno que resultaron triunfantes. En esos casos, la realización de los acuerdos y las alianzas electorales entre los partidos en la arena subnacional les permitió obtener triunfos electorales que de otro modo no hubiesen conseguido, independientemente del conflicto dominante en la arena nacional entre los partidos que integraron esas alianzas. A pesar de la supuesta "distancia ideológica" que separa, por ejemplo, al PRD del PAN en el discurso nacional, en ocasiones –cada vez más frecuentes– han formado alianzas electorales subnacionales pragmáticas con el objetivo firme de derrotar al PRI. Por otra parte, muchos partidos medianos y pequeños suelen ser compañeros de alianzas de unos partidos de un signo ideológico en unos Estados y de los rivales –del signo contrario de sus socios– en otros.

El comportamiento de los partidos políticos mexicanos indica que la política local suele ser relativamente independiente y autónoma de la dimensiones políticas salientes que predominan en la arena nacional, y que los políticos de ambos niveles suelen calcular, a veces con aciertos y otras veces con errores, cómo invertir mejor sus recursos para obtener el mejor resultado posible según sus preferencias.[12] Del mismo modo se comportan los electores. En este sentido, el efecto de polarización[13] (Zaller, 1992) de los partidos políticos a nivel nacional suele convivir con dosis importantes de pragmatismo local que explican su conducta estratégica. Al respecto, vale la pena hacer unas precisiones.

---

un candidato común. En esta segunda situación se puede detectar el caudal de apoyo electoral que cada partido brindó al candidato.

[12]   Esta es mi definición de un actor racional. El actor es racional cuando hace lo mejor que puede para alcanzar sus objetivos, dadas la información disponible y las restricciones contextuales que enfrenta.

[13]   El efecto de polarización se produce cuando las elites toman posiciones claramente opuestas en los temas y asuntos públicos (Moreno, 1999).

Motivación e ideología

De una manera muy clara y simple, Sartori (1976) distingue para el comportamiento de los actores políticos entre
una dimensión de motivaciones y una dimensión ideológica. Sobre la primera los partidos pueden ser distinguidos
según si su comportamiento está orientado por la persecu-
ción de un interés material específico o si, en cambio, está
orientado por algún principio o valor (Sartori, 1976: 105).[14]
En cuanto a la dimensión ideológica, los partidos pueden
ser clasificados y distinguidos a lo largo de un continuo
según si su comportamiento va desde "el extremo del fanatismo ideológico y la posesión de principios orientados
hacia el futuro hasta el extremo opuesto del practicismo y
el pragmatismo absolutos" (Sartori, 1976: 107).

A estas dos dimensiones cabe agregar un eje de competencia que suele confundirse con, o bien subsumir a,
las dos anteriores: la usual dimensión que contiene los
posicionamientos "ideológicos" izquierda-derecha. Esta
dimensión permite distinguir la posición de cada partido en
un espacio de competencia que, por lo general, dice Sartori
(1976:108), "es una gigantesca simplificación resultado de
una mezcla de criterios confusos".

Considerando estas distinciones, cabe aclarar que
podemos tener partidos de izquierda que pueden distin-
guirse entre ellos por estar orientados a intereses unos o a
principios otros, y también por ser fanáticos unos y pragmáticos otros. Del mismo modo, cabe la aclaración para
los partidos de derecha. Izquierda y derecha, entonces,
son posiciones respecto de específicas combinaciones de
provisión de bienes públicos, así como de decisiones en

---

[14]   El lector atento puede vincular estas orientaciones con los tipos de acción
social weberianos de racionalidad con arreglo a fines o con arreglo a
valores.

materia de política pública,[15] y no representan una peculiar
orientación "motivacional" o "ideológica". Por lo tanto, no
es imputable esencialmente a los partidos de izquierda (o
a los partidos de derecha) ser principistas o no, o pragmáticos o no. En definitiva, la tesis sobre el pragmatismo de
los partidos no desacredita su orientación en el espacio
de competencia. El hecho de que un partido de izquierda
se coaligue, o forme alianzas, o establezca pactos con un
partido de derecha no implica que haya dejado de ser un
partido de izquierda; y viceversa, lo que es menos frecuente,
tampoco implica que un partido de derecha haya dejado
de serlo por aliarse con uno de izquierda. El pragmatismo
o el fanatismo son atributos independientes de la posición
en el eje de competencia.

Aclarado este punto –si es que se puede dar por aclarado–, sostengo entonces que la racionalidad de los actores políticos se refleja en su orientación pragmática por
encima de cualquier consideración purista y normativa
de la política, y no es incompatible con sus posiciones en
la competencia. No obstante, hay que destacar que contra
el supuesto del normal pragmatismo aquí sostenido, se ha
extendido ampliamente en los círculos académicos y políticos una idea completamente distinta a la evidencia. Se
afirma que en el proceso de transición el PAN apostó por
una democratización gradual y reformista, mientras que el
PRD desplegó una "estrategia rupturista" que lo condujo
a la imposibilidad de cooperación. Incluso, en uno de los
trabajos más afines al enfoque teórico que presento aquí,
se concluye que "estas diferencias estratégicas ayudan
a entender también la casi total ausencia de acuerdos y

---

[15]   Al respecto, sobre la relevancia y vigencia de la dimensión izquierda y
        derecha en los sistemas de partidos en América Latina, puede consultarse
        Colomer y Escatel (2005) y Alcántara y Rivas (2007).

formas de cooperación entre los partidos de oposición" (Gómez López, 2003: 246).

Contra esa imagen generalizada acerca de los partidos políticos mexicanos, sostengo con mucha evidencia empírica que a pesar de la "distancia ideológica" que separa al posicionamiento de las elites del PRD y del PAN, en muchas ocasiones han formado alianzas electorales pragmáticas con el objetivo firme de derrotar al PRI. Y que cuando la elite política no logró sumar esfuerzos, los electores tomaron en varias ocasiones el desafío de usar sus votos en forma estratégica entre las alternativas.

Sobre las posiciones en el espacio de competencia en particular hay severas diferencias. Para Moreno (1999) el PAN ocupa una posición de centro en el espectro político, con el PRI a su derecha y el PRD a su izquierda, de modo que no es en absoluto difícil entender los comportamientos electorales tanto de la elite como de los electores. Sin embargo, los estudios tradicionales sobre la ubicación de los partidos políticos en el espectro izquierda-derecha coinciden en colocar al PAN a la derecha, al PRI en el centro y al PRD en la izquierda. Por ejemplo, así lo entiende Magaloni (1996) al analizar el reducido margen para el voto estratégico en las elecciones de 1994. Otro estudio sobre la autoubicación ideológica de las elites parlamentarias, realizado por el equipo de Manuel Alcántara de la Universidad de Salamanca, coincide en ubicar al PAN a la derecha, al PRI en el centro y al PRD a la izquierda del espectro político, según las propias respuestas de los legisladores nacionales en una escala de 1 a 10 (donde 10 representa el valor máximo de derecha y 1 el valor máximo de izquierda).[16] Las rondas de encuestas realizadas por los

---

[16]   Consúltese el Proyecto de Elites Parlamentarias de Manuel Alcántara Sáez, en su Boletín nº 16. Disponible en línea: http://americo.usal.es/ oir/Elites/Boletines%204/16_Gonzalez_Tule.pdf

investigadores de la Universidad de Salamanca en 1994, 1997, 2000 y 2003 arrojan resultados muy similares: los diputados del PAN en promedio se autoubicaron alrededor del 8.94 y el 9.17 de la escala durante los cuatro años; los del PRI entre 6.09 y 6.94; y los del PRD entre 2.68 y 2.78. En la misma dirección, el estudio de López Lara y Loza (2003) acerca de las preferencias y opiniones de los legisladores en doce congresos estatales arrojó la siguiente posición relativa para los partidos mexicanos: 2.8 para el PT, 3.08 para el PRD, 6.0 para el PVEM, 6.1 para el PRI y finalmente 6.8 para los legisladores del PAN. En esta misma dirección otros estudios han coincidido, en general, con esta clasificación espacial e ideológica de los partidos y los electores mexicanos (Domínguez, 1992)

En el presente trabajo no se discute la abrumadora evidencia acerca de la posición de los partidos políticos mexicanos en el eje izquierda-derecha. Lo que este estudio asume es la multidimensionalidad del espacio político. En este sentido, el eje izquierda-derecha está atravesado por otros ejes o dimensiones políticas salientes en diferentes arenas que permiten entender el pragmatismo del comportamiento de los partidos. Entre ellos, sobresale el eje régimen-antirrégimen (Domínguez y McCann, 1996; Domínguez y McCann, 1998; Klesner, 2004) o también prosistema-antisistema (Molinar, 1991), en el cual los partidos políticos pueden asumir posiciones independientes a las que ocupan en el eje izquierda-derecha, como también lo enfatiza Moreno (1999). Este segundo eje también puede ser concebido como priismo-antipriismo, en paralelo al singular peronismo-antiperonismo argentino. Si este fuera el caso, surge de los datos anteriores y de la información extraída de esta investigación un mapa de competencia espacial que podría ser representado del siguiente modo:

Gráfico 1.1. Distribución de los partidos
mexicanos en un espacio bidimensional:
priismo-antipriismo e izquierda-derecha

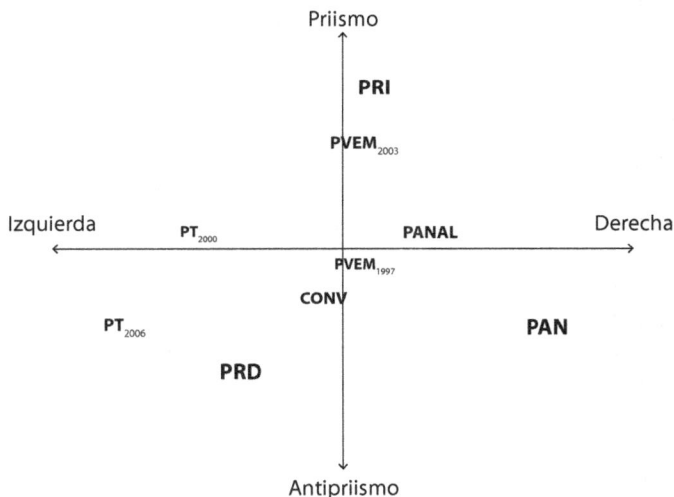

Priismo

PRI

PVEM$_{2003}$

Izquierda   **PT**$_{2000}$ **PANAL**   Derecha

PVEM$_{1997}$

CONV

PT$_{2006}$ **PAN**

PRD

Antipriismo

El mapa de posiciones espaciales coincide con la información antes reseñada y con una profusa literatura especializada sobre las elecciones, los partidos y los electores
en México. Se han proyectado movimientos de algunos
partidos, que tienen como finalidad señalar un posible
desplazamiento del partido (PT y PVEM) a lo largo de los
sexenios bajo estudio. El mapa permite observar diferentes
tipos de alianzas posibles y probables con márgenes variables de inclusión. Por simple cercanía espacial, destacan las
potenciales alianzas de "izquierda", integradas por el PRD, el
PT y CONV; también las alianzas "antipriista", integradas por
el PRD, el PAN, CONV y el PT, y a las que se puede sumar el
PVEM; y, por supuesto, las alianzas de "derecha", integradas
por el PAN y el PVEM, y a las que en la actualidad se suma

el PANAL. Con posterioridad al año 2000, han emergido las alianzas "priista", integradas por el PRI y el PVEM, en las que puede integrarse el PT ocasionalmente y en algunas ocasiones pueden ser integradas por el PANAL.

Los conjuntos de alianzas posibles descritas de manera rápida son sólo estilizaciones o modelizaciones de la forma en que espacialmente se pueden producir las alianzas. El lector encontrará a lo largo del texto que se confirman empíricamente, dando sustento a esta primera caracterización.[17] Las alianzas realmente formadas pueden incluir partidos adicionales, claro está; pero estas son las formas más frecuentes en que se pueden presentar.

El espacio de competencia en el que se producen las alianzas permite observar adicionalmente el lugar que ocupan los partidos grandes y los medianos o pequeños. Los partidos pequeños se ubican en el centro de la distribución espacial delimitada por los tres partidos mayores, lo que les confiere un lugar estratégico y les permite pragmáticamente reubicarse. Por ejemplo, si bien el PT se ubica a la izquierda del eje horizontal, su posición en el eje vertical le permite otro rango de opciones en la coordinación.

Políticos y electores en México

En un brillante trabajo, Magaloni (1996) desarrolla un análisis del comportamiento estratégico de los votantes

---

[17]   En la literatura comparada los trabajos de investigación sobre coaliciones de gobierno dominan en relación con los de alianzas electorales. Al respecto existen diferentes teorías relativas a la formación de las coaliciones: las basadas en el tamaño mínimo ganador (Riker, 1962), en el mínimo de integrantes (Leiserson, 1970), y en el mínimo rango ideológico (Laver y Schofield, 1990; Laver y Budge, 1992; Laver y Schepsle, 1996). Como se puede apreciar, si el espacio de competencia se asume multidimensional, es posible pensar a las coaliciones por su proximidad espacial, no exclusivamente ideológica.

en las elecciones de 1994. Allí discute las implicancias en México de las explicaciones del predominio priista basadas en el enfoque del teorema del votante mediano (TVM) (Black, 1948). El argumento de este enfoque –el del TVM– señala que el PRI es la opción ganadora en virtud de ocupar la posición mediana en la dimensión izquierda-derecha de la competencia electoral. Magaloni, en cambio, explica por qué el PRI garantizó su triunfo frente a los dos partidos de oposición al argumentar que la presencia de votantes duros del PRD y el PAN hizo imposible el voto estratégico de unos y otros. La explicación de Magaloni puede traducirse como un fallo de coordinación entre el perredismo y el panismo, tanto por parte de la elite como a nivel del electorado. Los políticos fracasaron por temor a ser abandonados por sus "votantes duros", dado que la proporción de estos votantes era lo suficientemente grande como para anular el impacto que los votantes estratégicos (pragmáticos) pudieron haber tenido en la elección.

Ambos fenómenos son expresiones de la misma lógica. Por ejemplo, los dirigentes del PAN pueden tomar la decisión de ofrecerle una alianza al PRD si consideran que el peor de los resultados posibles es que resulte ganador el PRI. Si la elite del PRD considera a su vez que un triunfo del PRI es el peor de los resultados, entonces estaría dispuesta a aceptar la alianza para evitar el triunfo del PRI. Ahora bien, una vez establecido el interés común de evitar que este último gane, no se deriva de ello necesariamente que puedan organizarse para lograrlo. Dentro de los problemas que emergen para emprender una acción conjunta está el de los beneficios relativos de los jugadores. Como se suele afirmar, la formación de las alianzas no está libre de costos de transacción.

Si no se ponen de acuerdo, entonces los electores del PRD y del PAN que consideren desagradable el triunfo del PRI tendrán que observar cuidadosamente cuál de los candidatos de sus partidos tiene más posibilidades de derrotar al PRI para poder votar en favor de ese candidato. Si los electores del PRD juzgan que el candidato del PAN está más cerca de arrebatarle el triunfo al PRI, entonces algunos de ellos abandonarán su partido para obtener una utilidad mayor emitiendo su voto por el candidato del PAN. Del mismo modo, si los electores del PAN consideran que las posibilidades están a favor del candidato del PRD, entonces serán ellos los que puedan abandonar a su partido en favor del PRD, siempre y cuando el triunfo del PRI sea el peor de los resultados. Ello evidentemente cambiará de acuerdo al contexto político y al asunto por el cual juzguen y evalúen el desempeño de los partidos en el gobierno. Por esa razón es importante señalar que las alianzas de la elite o del electorado pueden cambiar de una elección a otra y de un Estado a otro en función del contexto específico, y no requieren tener ni un tamaño mínimo (Riker, 1962), ni un mínimo de integrantes (Leiserson, 1970), ni un mínimo rango ideológico o cierta afinidad ideológica (Axelrod, 1970), entendiendo por ello de un modo exclusivo la posición de los partidos en el eje izquierda-derecha. En otras palabras, la coordinación a nivel de la elite no requiere coherencia unidimensional o proximidad ideológica en base a una única métrica espacial (izquierda-derecha), ni tampoco exige requisitos de cantidad de miembros.[18] Por otra parte, la coordinación del electorado tampoco requiere la satisfacción de una coherencia espacial basada en el supuesto exclusivo de izquierda-derecha.[19] Me

---

[18]   El ejemplo a mano es el de la gran alianza de Chiapas en la elección del 2000 que llevó a Salazar Mendiguchía a la gobernación. Más adelante se analizarán otras situaciones en donde se formaron alianzas de este tipo.

[19]   Algunos votantes de la izquierda y centro-izquierda del PRD prefirieron no malgastar su voto y votaron a favor del derechista PAN en las elecciones presidenciales del 2000. La forma en que ordenaron sus alternativas no fueron precisamente las que ubican a los partidos en la dimensión izquierda-derecha, sino en otra dimensión en donde el PAN se posicionaba más cerca del PRD que el PRI, cuya posición era el centro.

permito adelantar, de este modo, que lo que ha ido variando a lo largo del proceso de cambio político en México ha sido justamente tanto la política de coordinación estratégica a nivel de la elite como las corrientes de coordinación a nivel del electorado, y lo ha hecho en formas muy diferentes a nivel local respecto del nivel nacional.

En suma, la coordinación estratégica se puede dar en dos niveles. Un nivel es el de la elite, cuando los políticos deciden ir juntos en alianzas electorales; el otro nivel es el de los electores, cuando deciden abandonar al partido preferido si se percibe que éste no tiene mayores oportunidades de ganar la elección, en favor de otro en segundo orden de preferencia pero cuyas oportunidades sean mayores. Cuando los partidos consiguen ponerse de acuerdo respecto de a qué candidato apoyar y aliarse para obtener un mejor resultado, estamos en presencia de una coordinación estratégica exitosa a nivel de la elite. Si ellos fracasan al coordinar sus estrategias en un candidato común, los electores pueden abandonar a los partidos con menos probabilidades y votar por aquel con probabilidades reales de ganar. A esto último se lo denomina "voto estratégico", y consiste en tomar la decisión de no votar por la primera preferencia inmediata (el propio partido), que mayor utilidad le produciría en caso de resultar ganadora, sino de hacerlo por una segunda preferencia (otro partido) con el fin de evitar el peor de los resultados posibles: que la alternativa que mayor desutilidad le genere gane la elección (el triunfo del partido menos preferido).

Plan del trabajo

En este libro se demuestra que o bien es la elite la que se pone de acuerdo para evitar un desperdicio de votos, o bien es el electorado el que debe evitarlo. Dados los costos de negociación e intercambio en función del tamaño, para la elite es más fácil negociar un acuerdo que para el electorado, de modo tal que cuando recae en este último el resultado de la coordinación es más incierto. Este trabajo se enfoca en esta central y específica cuestión, y tiene como objetivo analizar, por un lado, la coordinación estratégica tanto a nivel de la elite como a nivel del electorado, esto es, la política de las alianzas electorales; y por el otro, los efectos distributivos que estos procesos tienen en diferentes aspectos de la competencia partidaria. Si bien el enfoque teórico es general y ha sido generalizado a todos los sistemas electorales del mundo (Cox, 1997), el dominio empírico de este trabajo abarca en forma completa a los 31 Estados mexicanos y el Distrito Federal en un rango de tiempo de aproximadamente veinte años, que va desde 1988 hasta 2011, y que abarca los sexenios presidenciales de Carlos Salinas de Gortari, Ernesto Zedillo Ponce de León y Vicente Fox Quesada. Las últimas elecciones estatales realizadas durante parte del sexenio de Felipe Calderón Hinojosa también son imputadas en el análisis, aunque por razones de temporalidad (el sexenio va desde 2006 hasta 2012) no se incluyen todas.

Entonces nos preguntamos: ¿cómo ha sido la evolución de la coordinación estratégica en México? ¿Quiénes han sabido lograrlo y quiénes han fracasado? ¿Cuáles han sido los efectos de tales logros y fallos? En los casos de fallos entre las elites, ¿los electores tuvieron éxito en coordinar electoralmente con el fin de no desperdiciar sus votos? Mi argumento es muy simple: cuando los políticos no hacen alianzas formales, entonces, son los electores los encargados de hacerlas con el fin de invertir mejor sus votos y hacer rendir más su utilidad. En otras palabras, cuando falla la coordinación estratégica de la "elite" la responsabilidad de coordinar y evitar ineficiencias recae en los "electores". Sin embargo, para el electorado es más ardua la tarea de coordinar debido a que no es posible un proceso de negociación entre el número de voluntades que deben ponerse de acuerdo. De este modo, los electores no tienen información perfecta acerca de lo que todos los otros harán para poder elegir una opción con precisión.[20] Cuanto más difícil sea estimar el caudal de apoyo de cada partido o candidato en solitario y menor sea la información que los electores posean, más incierto será el proceso de coordinación electoral a nivel del electorado.

El trabajo sigue de la siguiente manera. En el capítulo 2 reviso el juego de la batalla de los sexos y modifico la función de pagos para adaptarlo a diferentes tipos de actores. En el capítulo 3 reviso y desarrollo las características de los sistemas políticos subnacionales en que se enmarca el análisis de las alianzas electorales. En el capítulo 4 se describen en forma general y sistemática las alianzas (alianzas electorales o candidaturas comunes) que se observaron durante el período, destacando diversos aspectos. En el capítulo 5 se describen y analizan las diferencias en la oferta electoral entre el número de partidos y el número de candidatos, y la consiguiente demanda electoral que presiona sobre el número de candidaturas viables. En el capítulo 6 se analiza el *trade-off* entre la reducción de la oferta electoral que produce la elite y la reducción de las candidaturas viables que produce el electorado. En el capítulo 7 se analiza el impacto sobre los terceros partidos y candidatos y la inestabilidad de algunos resultados electorales. En el capítulo 8 se analiza el impacto que ha tenido la formación de

---

[20] La información proviene en general de las encuestas publicadas que permiten a cada elector tener una idea, en primer lugar, de la distribución de las preferencias de los demás electores; y, en segundo lugar, una idea de las probabilidades de triunfo de cada una de las alternativas electorales. Cuando ambas ideas convergen, estamos en presencia de lo que Cox (1997: 74) define como la condición de "expectativas racionales" de las creencias.

alianzas electorales en la competencia electoral, señalando que el aumento de la competitividad ha incentivado a la formación de alianzas, y éstas a su vez han producido un efecto de refuerzo sobre la competitividad. En el capítulo 9 se analiza el impacto de las alianzas electorales exitosas en la conformación de los contingentes legislativos de los gobernadores, demostrando que la política de sumar votos detrás de un candidato común tiene como contrapartida la distribución de escaños a los partidos aliados, produciendo una merma en el contingente legislativo del partido del candidato ganador por medio de una alianza. Cierra el trabajo un capítulo de conclusiones donde se recuperan los hallazgos de cada capítulo y se sugieren algunas hipótesis de investigación futura.

Capítulo 2
El juego de la coordinación

Las alianzas electorales constituyen una forma de unir y "concentrar los votos" de los electorados de diferentes partidos políticos detrás de un candidato o una propuesta común, con el propósito de evitar la división de los votos en diferentes propuestas o candidatos desperdiciando el potencial beneficio de la unión. Los motivos por los cuales un partido puede aceptar entablar una alianza pueden ser variados: ganar un cargo en disputa, mantener el registro electoral o acceder a una cuota de financiamiento público, por ejemplo. De este modo, las alianzas electorales son el resultado de la coordinación estratégica entre los líderes de los partidos políticos, al acordar y comprometerse con el fin de obtener un resultado mutuamente beneficioso respecto del que podrían obtener si la coordinación no se llevara a cabo. Las alianzas electorales, de este modo, evitan el desperdicio de los votos y permiten concentrarlos, al reducir el número de candidaturas o propuestas a ser consideradas por parte de los electores.

El principal obstáculo a sortear, una vez que se evalúa la posibilidad de coordinar, reside en quiénes serán los candidatos o partidos que desistan en favor de los otros. Este no es un problema menor y contamina todos los procesos electorales. Frecuentemente sucede que los políticos fracasan en el proceso de coordinación estratégica por no lograr convencerse unos a otros de desistir en la presentación de candidaturas. En consecuencia, no logran ponerse de acuerdo acerca de quién encabezará la lista o quién será el candidato, imposibilitando una reducción de candidaturas u opciones que evite el potencial desperdicio de votos de los electores.

Existe un segundo problema que puede emerger producto del fracaso de los políticos en la coordinación. Los votantes pueden concentrar sus votos de todos modos en un candidato, independientemente de que los políticos hayan fracasado en la coordinación. Pueden contribuir a evitar el desperdicio abandonando a su partido o candidato preferido en primer lugar, en favor de un candidato preferido en segundo lugar, pero que ellos perciben con más posibilidades de ganar. Esta situación es ampliamente conocida como "voto estratégico" o popularmente denominada como "voto útil".

No obstante, el voto útil no se da en forma automática. Debido a que es aún más difícil que en el caso de los políticos que enormes cantidades de electores logren ponerse de acuerdo acerca de cuáles candidatos serán abandonados y cuáles los que serán beneficiados de la concentración de los votos, las probabilidades de que la coordinación entre los electores se lleve a cabo son inciertas. En su seminal trabajo sobre los efectos de la coordinación estratégica en los sistemas electorales del mundo, Gary Cox (1997), en forma sencilla y elegante, lo expresa con claridad:

> La buena coordinación electoral implica, necesariamente, la reducción del número de competidores; pero dicha reducción a su vez implica, necesariamente, la selección de los competidores que habrán de sobrevivir, una selección cuyos efectos políticos son potencialmente significativos. El efecto reductor es más evidente cuando la coordinación electoral tiene éxito, y el distributivo es más evidente cuando la coordinación fracasa (Cox, 1997: 5).

1. La batalla de los sexos

Los problemas de coordinación electoral pueden ser ilustrados mediante un ejemplo proveniente de la teoría de juegos: "la batalla de los sexos". El juego contiene en forma simplificada y elegante todos los elementos básicos y generales involucrados en un proceso de coordinación.[21]

En este juego, un hombre y una mujer deben elegir, de manera independiente, si van a un partido de fútbol o a uno de hockey.[22] El hombre prefiere el fútbol al hockey, en tanto que la mujer prefiere el hockey al fútbol. A ambos, sin embargo, les interesa por encima de ello estar en compañía del otro, de modo tal que de no poder ir al espectáculo que más les gusta en compañía de su pareja prefieren ir con su pareja al espectáculo que menos les gusta, en lugar de ir solos a ver un partido de su deporte preferido.

Tabla 1. La batalla de los sexos

		Hombre	
		Hockey	Fútbol
Mujer	Hockey	4 , 3	2 , 2
	Fútbol	1 , 1	3 , 4

---

[21] Algunas ideas que se desarrollan a continuación en la discusión de la "batalla de los sexos" y las modificaciones que propongo para entender algunos juegos de alianza proceden de Morrow (1994), Brams (2003) y Osborne (2004).

[22] Por razones de corrección política he reemplazado las opciones de box y ballet que se presentan en los ejemplos clásicos de este juego. Para evitar connotaciones sexistas, aunque se mantienen en cierto grado, he preferido hacer indiferente a los hombres y a las mujeres respecto de sus gustos por el deporte o las actividades artísticas. Por eso, las opciones a las que los enfrento son dos deportes diferentes, y no actividades diferentes.

La representación del juego en forma estratégica o normal se presenta en la Tabla 1. Los pagos de cada celda corresponden en primer lugar a la mujer y en segundo lugar al hombre. El valor de los pagos representa la utilidad ordinal que desprende cada jugador del resultado arribado. Así, la utilidad del resultado hockey-hockey es $u = \{4, 3\}$ y del resultado fútbol-hockey es $u = \{1, 1\}$.

De este modo, el orden de preferencia de la mujer es: H-H > F-F > H-F > F-H; mientras que para el hombre: F-F > H-H > F-H > H-F. Como puede observarse, ninguno de los jugadores tiene una estrategia dominante[23] y su mejor respuesta dependerá de cuál sea el movimiento del otro jugador.

En este caso, hay cuatro escenarios posibles pero dos de ellos poseen el atributo de ser soluciones de equilibrio: H-H o F-F. De alcanzar uno de estos dos resultados, ningún jugador o actor tiene incentivos para abandonar su estrategia en forma unilateral.[24] Si convergen en hockey-hockey, la mujer habría alcanzado la opción de la cual desprende mayor utilidad ($u = 4$), mientras que el hombre habría alcanzado su segunda opción ($u = 3$). Sin embargo, a pesar de no ser la primera opción para el hombre, no queda una mejor opción dada la elección de la mujer. Irse al fútbol sólo lo conduciría a su tercera opción ($u = 2$). Si en lugar de converger en hockey-hockey hubieran arribado al resultado fútbol-fútbol, ambos enfrentarían el mismo problema: ninguno tendría incentivos para abandonar su movimiento en forma unilateral.

Ahora bien, el problema que enfrentan no es trivial. Uno de los resultados de equilibrio es más favorable a un

---

[23]   Una estrategia que siempre resulte la mejor respuesta independientemente de lo que el otro jugador haga.

[24]   Esta es, en otras palabras, una definición de equilibrio: una situación en la cual ningún jugador tiene incentivos para abandonar en forma unilateral su estrategia. De este modo, la solución es estable.

actor y el otro es más favorable al otro. De no coordinar sus esfuerzos en uno de los dos resultados, podrían fracasar y arribar a dos situaciones aun peores: hockey-fútbol o fútbol-hockey. La primera de las situaciones sería ir sin compañía al espectáculo favorito, en la cual ambos desprenden una utilidad menor ($u = 2$), o bien la peor de las situaciones ($u = 1$), en donde cada uno va al espectáculo menos deseado sin compañía.

Este ejemplo permite captar la esencia de un problema de coordinación. Los jugadores preferirían coordinar sus acciones en alguna de las dos (o más) posibilidades más redituables, pero no están de acuerdo en cuál de esas posibilidades debería ser la única alternativa que les permitiera coordinarse. Así pues, hay una mezcla de intereses comunes y divergentes, así como la posibilidad de una coordinación tanto exitosa (que beneficia relativamente a algunos jugadores más que a otros) cuanto fallida (que no beneficia a nadie).

Si bien existe la posibilidad de obtener buenos resultados para ambos, los dos resultados de equilibrios (H-H y F-F) por sí solos no nos permiten seleccionar cuál de ellos prevalecerá. Lo que permite a los actores elegir un equilibrio de entre las diferentes soluciones está dado por el conjunto de información que los actores comparten más allá de la situación misma. En la medida que uno de ellos prevalezca, podremos identificarlo como un "punto focal" (Scheling, 1968: 57-59). En la teoría de juegos un punto focal es una "solución" que emerge con prominencia respecto de las demás soluciones posibles. ¿Qué factores pueden conducir a la preeminencia de una solución? Una posibilidad para la emergencia de un solo resultado de equilibrio puede provenir de la asimetría de los actores.

2. La batalla de los sexos con asimetrías

Si alteramos el juego anterior modificando la intensidad de uno de los actores respecto de la compañía, en este caso la mujer, podemos obtener el juego representado en la Tabla 2. Mientras el hombre mantiene su orden de preferencias: F-F > H-H > F-H > H-F, la mujer en cambio presenta una alteración en el grado en que valora la compañía del hombre. De este modo, el orden de preferencias de la mujer ahora es: H-H > H-F > F-F > F-H. Con el cambio introducido la mujer pasa a tener una estrategia dominante y su mejor respuesta ya no depende de cuál sea el movimiento del hombre. Ella siempre prefiere ir al hockey.

Tabla 2. La batalla de los sexos con asimetrías

		Hombre	
		Hockey	Fútbol
Mujer	Hockey	4 , 3	3 , 2
	Fútbol	1 , 1	2 , 4

En esta nueva versión de la batalla de los sexos hay un solo resultado en equilibrio: H-H. Así, si convergen en H-H, la mujer habría alcanzado la opción de la cual desprende mayor utilidad ($u = 4$), mientras que el hombre habría alcanzado su segunda opción ($u = 3$), al igual que en el caso anterior, pero ya no hay posibilidad para un resultado F-F. Dado el nuevo ordenamiento de preferencias de la mujer, F-F {2 , 4} no sería un resultado de equilibrio. La mujer podría abandonar unilateralmente su opción por fútbol y elegir hockey, y obtendría un resultado mejor. Para la mujer, H-F > F-F, esto es: {3 , 2} > {2 , 4}, mientras que para el hombre no. Dado que la mujer posee una estrategia dominante (hockey), al hombre sólo le queda elegir la mejor opción dada esa información. En consecuencia, en la nueva versión del juego la única solución de equilibrio es H-H. Esta segunda versión del juego ilustra en forma más realista que los jugadores no poseen preferencias simétricas en torno a los resultados posibles, y que esa asimetría favorece la emergencia de un "punto focal" único que permite la coordinación. Del mismo modo que en ocasiones de la vida en pareja uno tiene que ceder porque "no queda mejor opción", en ciertas ocasiones algunos partidos o candidatos tienen que ceder porque no quedan mejores opciones electorales.

3. La batalla de los sexos con inflexibles

¿Pero qué ocurre si ninguno de los dos cede? ¿Qué tal si ambos tienen las mismas preferencias que la mujer del ejemplo anterior? ¿Si ambos son persistentes en sus posiciones? De este modo, el ordenamiento de las preferencias del hombre sería el siguiente: F-F > H-F > H-H > F-H. El nuevo ordenamiento de preferencias, tanto del hombre como de la mujer, produce una estrategia dominante para cada uno de ellos. La estrategia dominante de la mujer es elegir siempre hockey, mientras que la del hombre es elegir siempre fútbol. La Tabla 3 ilustra en forma normal el nuevo juego, convertido ahora en un juego donde dado el perfil inflexible de cada uno nadie tiene incentivos para coordinar y cada quien va por su lado.

Tabla 3. La batalla de los sexos con inflexibles

		Hombre	
		Hockey	Fútbol
Mujer	Hockey	4 , 2	3 , 3
	Fútbol	1 , 1	2 , 4

Lo que se ha modificado en este juego es el deseo de estar con el otro. En otras palabras, si bien ambos valoran la compañía del otro, no están dispuestos a ponerla por encima del espectáculo preferido. Así, el hombre prefiere ir a ver fútbol en compañía de la mujer, pero si esto no es posible, prefiere ir solo a ver el partido de fútbol. Como la mujer tiene exactamente las mismas preferencias respecto del hockey, el único resultado de equilibrio del juego es {H-F}. La compañía ha dejado de ser lo suficientemente atractiva para ambos como para dejar de lado sus gustos por el deporte, y nadie tiene incentivos para abandonar su elección: ir siempre a su deporte favorito. La única posibilidad de coordinar es que alguno ceda. Pero dado el perfil de preferencias de los jugadores esto parece imposible.[25]

4. La batalla de los sexos con estrategias mixtas

Otra manera de encontrar soluciones a este juego puede estar dada por la posibilidad de introducir probabilidades de elección, lo que no es más que otra forma de tratar las creencias de los jugadores. Supongamos que los jugadores, hombre y mujer, tienen un ordenamiento de preferencias simétrico, como en el juego original. Con ello emergen los dos resultados en equilibrio: {H-H; F-F}. Como la elección de cada movimiento es condicional a la elección que haga el otro jugador, ninguno puede establecer con precisión cuál será la mejor elección en ausencia de la información respecto de qué ha elegido el otro. De este modo, no existe una regla de elección que permita establecer con claridad cuál de las estrategias escoger.

---

[25]   Un matrimonio sólo puede funcionar si ambos están dispuestos a ceder o si uno al menos lo está, como en el ejemplo 1 o en el ejemplo 2. Este juego con inflexibles conduce directamente al divorcio.

Para esta clase de problemas, la teoría de juegos ha acuñado una solución denominada "estrategia mixta". Una estrategia mixta consiste en establecer una probabilidad de respuesta. De este modo, para cualquier juego existe una solución de equilibrio que contemple estrategias mixtas. Las estrategias mixtas son una regla de respuesta que le dicta a cada jugador con qué probabilidad escoger una u otra opción de modo tal que maximice la utilidad de la respuesta.[26] Así un equilibrio con estrategias mixtas será aquella situación en donde los jugadores no tengan incentivos para abandonar sus estrategias (la probabilidad con que eligen cada opción) en forma unilateral.

Tabla 4. La batalla de los sexos con estrategias mixtas

		Hombre	
		Hockey (q)	Fútbol ($1-q$)
Mujer	Hockey (p)	4 , 3	2 , 2
	Fútbol ($1-p$)	1 , 1	3 , 4

Para encontrar un equilibrio con estrategias mixtas, comenzamos por calcular con qué probabilidad las utilidades esperadas de una estrategia y de otra (u otras) son iguales. En otras palabras, cuál es la probabilidad (el valor de p) que produce una utilidad esperada equivalente entre elegir fútbol o hockey. La forma de proceder es sencilla: si el hombre elige fútbol, su utilidad esperada [U_H (fútbol)] será igual a la probabilidad de que la mujer elija hockey multiplicada por la utilidad de que el resultado sea H-F, más la probabilidad de que la mujer elija fútbol multiplicada por la utilidad de que el resultado sea F-F. Más precisamente:

---

[26]   Una estrategia pura, como la de los ejemplos anteriores, no es más que una estrategia mixta con probabilidad = 1.

U_H (fútbol)$= p$ (hockey) (hockey, fútbol) $+ p$ (fútbol) (fútbol, fútbol)

$\quad = p$ (hockey) $(2) + (1\text{-}p)$ (fútbol) (4)

$\quad = p \, (2) + (1\text{-}p) \, (4)$

Si el hombre elige hockey, su utilidad esperada $[U_H$ (hockey)$]$ será:

U_H (hockey)$= p$ (hockey) (hockey, hockey) $+ p$ (fútbol) (fútbol, hockey)

$\quad = p$ (hockey) $(3) + (1\text{-}p)$ (fútbol) (1)

$\quad = p \, (3) + (1\text{-}p) \, (1)$

De este modo, el hombre será indiferente entre elegir hockey o fútbol si se cumple la siguiente equidad:

$$U_H \text{(fútbol)} = U_H \text{(hockey)}$$
$$p \, (2) + (1\text{-}p) \, (4) = p \, (3) + (1\text{-}p) \, (1)$$

Si resolvemos esta equidad, obtenemos el valor de p (la probabilidad con que la mujer elige hockey) para el cual el hombre es indiferente entre elegir hockey o fútbol.

$$2p + 4 - 4p = 3p + 1 - p$$
$$4 - 2p = 2p + 1$$
$$p = \text{¾}$$

En consecuencia, el hombre es indiferente entre elegir hockey o fútbol si la mujer elige hockey con una probabilidad de ¾. Y ello porque la utilidad esperada de una u otra opción es igual cuando p es igual a ¾. Pero si la mujer eligiera hockey con una $p > $ ¾, la estrategia del hombre se modificaría dramáticamente en favor de elegir siempre hockey. Así, cuando la mujer elige hockey con una $p > $ ¾, la estrategia dominante del hombre es elegir siempre hockey, dado que la utilidad esperada de elegir hockey es mayor que la utilidad esperada de cualquier otra estrategia: U_H (fútbol) $< U_H$ (hockey). En otras palabras, es su mejor respuesta. A la inversa, si la mujer eligiera hockey con una $p < $ ¾, la estrategia dominante del hombre sería elegir siempre fútbol.

Del mismo modo podemos calcular la utilidad esperada de cada opción por parte de la mujer y luego estimar la probabilidad de elección del hombre (q) que la haga indiferente entre las diferentes opciones. Resumiendo todo el procedimiento anterior, podemos obtener el valor de q (la probabilidad con que el hombre opta por hockey) que hace indiferente a la mujer entre las dos opciones.

$$U_M \text{ (hockey)} = U_M \text{ (fútbol)}$$
$$q\,(4) + 1\text{-}q\,(2) = q\,(1) + 1\text{-}q\,(3)$$
$$4q + 2 - 2q = q + 3 - 3q$$
$$2 + 2q = 3 - 2q$$
$$q = ¼$$

La probabilidad q con que el hombre elige hockey, que hace a la mujer indiferente entre elegir hockey o fútbol, es $q = ¼$. En consecuencia, si el hombre elige hockey con una $q > ¼$, la estrategia dominante de la mujer será elegir siempre hockey. Si el hombre eligiera hockey con una $q < ¼$, o lo que es lo mismo eligiera fútbol con una probabili­dad $1\text{-}q > ¾$, la mujer tendría como estrategia dominante elegir siempre fútbol. De este modo, el análisis permite detectar las estrategias mixtas que son la mejor respuesta de cada uno. La intersección de las mejores respuestas es un equilibrio de Nash con estrategias mixtas, la cual está dada por el siguiente perfil de estrategias = {hombre (¼ hockey, ¾ fútbol); mujer (¾ hockey, ¼ fútbol)}. De este modo, si tienen que "adivinar" qué hará el otro, lo mejor que puede hacer el hombre es ir al fútbol las ¾ partes de las veces y la mujer ir al hockey en igual proporción. Y eso es lo mejor que pueden hacer si no les está permitido llamarse por teléfono, convencerse y ponerse de acuerdo.[27]

---

[27]   La modificación del juego con las opciones hockey y fútbol responde a las experiencias personales del autor. Aquí toda coincidencia con la realidad no es pura casualidad.

5. La batalla de los socios políticos

Las cuatro situaciones derivadas a partir del original juego de la batalla de los sexos ilustran las diferentes formas en que puede presentarse un problema de coordinación entre actores que obtienen beneficios, si bien en diferentes grados, de coincidir en un proyecto en común. Del mismo modo, podemos pensar el problema de socios políticos que buscan formar alianzas electorales en forma más específica.

El primer ejemplo, la batalla de los sexos, ilustra el problema que enfrentan dos partidos de igual tamaño con similares preferencias y con deseos de formar una alianza. Ambos se benefician si coordinan y conforman una alianza, pero el problema reside en ponerse de acuerdo acerca de quién la encabezará; o mejor dicho, acerca de cuál partido será el que ceda el lugar de la candidatura unipersonal al cargo ejecutivo en disputa, como es el caso de una gubernatura. Si no logran ponerse de acuerdo, corren el riesgo de arribar a resultados inferiores desde el punto de vista de sus preferencias, dado que de haber elegido coordinar hubiesen obtenido un mejor resultado. Este podría ser el caso en donde dos partidos grandes pudieran acercarse sin encontrar una solución específica. Por ejemplo, tanto el PAN como el PRD desean hacer una alianza, pero no logran coordinar detrás de qué candidato hacerlo. Cualquiera de los dos implicaría un buen resultado, pero sería mejor que el candidato fuera el propio.

El segundo ejemplo ilustra mejor el juego entre dos o más partidos de tamaño asimétrico; por ejemplo, un partido grande y uno o varios partidos pequeños o medianos. En este juego el partido grande puede mantener una estrategia dominante (encabezar la candidatura) y lograr que los demás partidos pequeños elijan en función de ello. El resultado es que el partido grande (el PRD, el PAN o el PRI) pone al candidato y los demás partidos se alinean detrás de él. Cuando la interacción es de este tipo el problema se resuelve con mayor facilidad y, como se verá, da lugar con mayor frecuencia a la formación de alianzas.

El tercer juego ilustra la imposibilidad, dado que ambos partidos, de igual tamaño y preferencias, insisten en encabezar la alianza. Cada uno prefiere una alianza a enfrentar la elección de manera solitaria, pero ninguno está dispuesto a ceder el lugar. El resultado de equilibrio de este tipo de interacción es la presentación de candidaturas partidarias solitarias. Esta situación puede ser la que enfrenten el PRD y el PAN con frecuencia cuando sus proporciones de votos esperados son similares.

Por último, el cuarto juego ilustra situaciones más dinámicas, tanto transversal como longitudinalmente. Por ejemplo, partidos con iguales características (PAN y PRD, por ejemplo) pueden alternar sus estrategias en diferentes Estados o en diferentes momentos, o ambas cosas a la vez. Si eligen algunas veces encabezar y otras acompañar, pueden dar lugar a resultados más realistas: a veces solos, a veces juntos encabezando candidaturas y a veces juntos pero secundando al otro.

La solución que prevalezca tendrá para alguno de los miembros de la alianza una utilidad mayor: sólo uno colocará a un candidato y el otro partido o los otros partidos lo apoyarán. Sus aliados, no obstante, si bien no obtienen la utilidad de ganar el gobierno, comparten otros beneficios que dependen de los arreglos institucionales asociados a la elección. Por ejemplo, gracias a la alianza electoral pueden acceder al reparto de ciertos espacios de poder: en escaños legislativos, puestos en el gabinete, etc. Pero ello es sólo una posibilidad. Si se trata, sin embargo, de partidos muy pequeños que necesitan superar cierto umbral (porcentaje de votos) para mantener su registro o personería política, entonces el beneficio será de otro tipo. No obtendrán el mejor de los resultados en el juego de la candidatura, pero obtendrán un buen resultado en el juego de la supervivencia. Esto constituye un ejemplo de lo que Tsebelis (1993) denomina "juego anidado", y consiste en diferentes juegos para diferentes actores con pagos diferenciales en cada una de las arenas. El estudio de las alianzas ofrece un terreno fértil para abordar estos problemas.

En general, podemos derivar de ello que el juego dependerá de las preferencias de los actores y de las reglas que gobiernan la interacción. Conformar alianzas no es un simple acto volitivo y de sacrificio, como tampoco es un acto desesperado de burda rapiña inescrupulosa. Las alianzas son una forma de resolver los problemas estratégicos de coordinación que la competencia electoral impone a los partidos políticos. Por eso, cuando lo logran, van juntos; pero ello no implica, como el saber popular suele calificar, que estén revueltos.

PARTE II
MACROESPECIFICIDADES

Capítulo 3
La política subnacional

En los estudios sobre las transiciones políticas de regímenes burocráticos autoritarios a regímenes democráticos (O'Donnell y Schmitter, 1986) la convocatoria a elecciones y la jornada electoral constituían el punto final del proceso transicional y el arribo a un nuevo tipo de régimen.[28] En ese marco analítico las elecciones se presentan como un punto de quiebre entre el fin del proceso de transición y el inicio del nuevo régimen. En cambio, en las transiciones políticas que no tienen como punto de partida un régimen burocrático autoritario y parten de un régimen autoritario pero en el cual se realiza algún tipo

---

[28]   Se entiende por "transición" al período de tiempo que va desde la disolución de un régimen político del tipo "A" hasta la instauración de un régimen político del tipo "B". En este sentido, una transición hacia la democracia presupone que el régimen "B" sea, por definición, un régimen democrático. Pero, claro está, no hay nada en el enfoque que indique que el régimen de llegada en un proceso de transición tenga que ser necesariamente una democracia. Los actores protagonistas de los estudios de los procesos de transición en América Latina y Europa del Sur fueron fundamentalmente la elite autoritaria y las elites de la oposición. De las interacciones entre los actores relevantes dependería la transición y su arribo a un régimen político que normativamente podríamos desear como democrático. Ahora bien, este resultado está indeterminado en la lógica del proceso. Que se haya arribado o no a la instauración de un régimen democrático dependió del proceso de transición en sí mismo, esto es: de los actores y de sus interacciones. Para una ampliación se puede consultar dos piezas que por su claridad conceptual y analítica son fundamentales para entender esta discusión: Colomer (2000) y Przeworski (1986).

de elecciones para cubrir ciertos cargos (autoritarismo electoral) (Schedler, 2006), las elecciones no son el punto de quiebre o el punto de corte entre el fin de la transición y la llegada a un nuevo tipo de régimen político. En estos casos, el juego en torno a las reglas electorales y las elecciones son el sendero distintivo (Schedler, 2002a) de la pugna política. Es en cada elección donde los partidos de oposición juegan el juego del cambio de régimen, pero no son las elecciones *per se* el punto de quiebre (cfr. Levitsky y Way, 2002).

Existen caminos diferentes en los procesos de las transiciones de la llamada tercera ola (Huntington, 1991), y esas diferencias vienen dadas y se explican, en parte fundamental, por las características y la naturaleza del régimen político anterior (Linz y Stepan, 1996).[29] Los cambios incrementales en estos aspectos del juego político (reglas y elecciones) en los autoritarismos electorales constituyen un indicador borroso acerca de su posible erosión en dirección a la instauración de un régimen democrático, que introduce muchas veces en forma anticipada un optimismo infundado por la supuesta llegada de la democracia,[30] con el consiguiente desencanto cuando

---

[29]   Las transiciones hacia una democracia pueden variar notablemente dependiendo de la naturaleza del régimen anterior. Así, el hecho de que se trate de un régimen totalitario, postotalitario, autoritario, sultanístico, hace a la diferencia en el desenlace posterior (Linz y Stepan, 1996: 55-65). Este factor quedó soslayado en la primera generación de estudios de transición al plantear el punto de partida como exclusivamente burocrático autoritario (ver O'Donnell y Schmitter, 1986).

[30]   El optimismo democrático ha tenido dos momentos álgidos en la literatura politológica. El primero de ellos ha sido sin duda el trabajo de Samuel Huntington (1990) sobre la "tercera ola". Aunque dejando la puerta abierta para una posible hipotética tercera contraola, su definición de democracia es absolutamente minimalista y electoralista; en los casos de la "tercera ola" de democratización podrían ingresar muchos regímenes políticos sobre los cuales cabe la etiqueta de autoritarismos electorales. En otro sentido, el trabajo

la cruda realidad refuta las impresiones anticipadas de ese optimismo.

Por otro lado, la teoría de las transiciones y los estudios de las democratizaciones pusieron su mayor esfuerzo en el análisis de los procesos nacionales, y sus supuestos son asumidos como si fueran válidos para la totalidad del territorio. Este sesgo por el Estado nación descuidó por un lado el problema teórico de la presencia efectiva del Estado en tanto garante del imperio de la ley (O'Donnell, 1993 y 2004), y por el otro la observación empírica de las unidades subnacionales que lo componen (cfr. Snyder, 2001). Algunos procesos transicionales son muy diferentes en profundidad y alcance dentro del mismo país, aun en aquellos países que pueden ser denominados, más o menos, como democracias liberales. Y esas diferencias son apreciables en las unidades políticas subnacionales que componen tanto un Estado federal como uno unitario. Como señala certeramente Schedler: "*A more complete model of electoral routes to democracy would have to take into account that within the nested game of national elections, multiple nested games of local elections may be taking place*" (Schedler, 2002a: 112).

Este libro trata sobre la formación de alianzas electorales y los impactos que su presencia producen en la competencia, en la formación del gobierno, en el sistema de partidos y en la distribución del voto. El estudio de estos fenómenos no se da en un espacio territorial uniforme y único, sino que los analizaré en 32 sistemas políticos subnacionales (31 Estados y el Distrito Federal) con muchos rasgos institucionales comunes entre sí, pero con diferentes

---

de Francis Fukuyama (1992) constituye un exponente del optimismo más encandilado acerca de que los regímenes políticos existentes, más tarde o más temprano, se convertirían en democracias liberales, y que los regímenes económicos existentes adoptarían, más tarde o más temprano, economías de mercado.

características políticas y sociales. Por otra parte, estas unidades no son observadas a lo largo de un período de tiempo invariable (1988-2006) sino altamente cambiante, donde el límite entre el tránsito desde regímenes de autoritarismo electoral a regímenes de democracia electoral es difuso y heterogéneo.

Estas elecciones en general presentan algunas características institucionales y contextuales constantes. Este capítulo tiene como meta describir esas características de los sistemas políticos subnacionales que a lo largo del libro se dan por supuestas y que son de fundamental importancia para entender en qué contextos se inscriben los mecanismos explicativos que hipotetizamos en la vinculación de las alianzas electorales con otras variables de los sistemas políticos locales. El lector conocedor puede saltar este capítulo sin perder en absoluto información necesaria para comprender los supuestos detrás de las hipótesis, los modelos desarrollados en los siguientes capítulos y las derivaciones de los análisis que allí se ofrecen.

1. La deshegemonización

Los estudios de las transiciones, y sus agendas de investigación asociadas, nos han dejado útiles tipologías en torno al proceso de interacción −entre las elites− que se inicia en el final de un régimen no democrático que deriva en uno democrático. Este proceso está caracterizado por un alto nivel de incertidumbre (Przeworski, 1993), lo cual significa que los resultados finales del proceso son desconocidos y derivan en: a) un desenlace favorable a la instauración de un régimen democrático o poliarquía; b) permanecer por un largo período de tiempo en una ambivalente situación institucional; o c) retroceder lisa y llanamente a la etapa autoritaria (O'Donnell y Schmitter,

1986). De este modo, el proceso resulta en "transiciones improbables hacia regímenes inciertos" (Conhagan y Espinal, 1990).

El proceso de apertura política a nivel subnacional que experimentó México a partir de los años 1990, bajo el sexenio de Carlos Salinas de Gortari, puede ser caracterizado como un proceso de deshegemonización en donde, siguiendo la terminología de la poliarquía (Dahl, 1971),[31] se incrementan los niveles de oposición y participación de un régimen político hegemónico. Puesto en forma más sencilla, la deshegemonización consiste en el proceso de salida de un sistema hegemónico. El caso mexicano, para el período bajo observación, está caracterizado por la existencia de regímenes políticos subnacionales heterogéneos en cuanto a sus niveles de oposición, pero que han ido modificándose también en forma heterogénea. A nivel del Estado federal podemos observar ciertos cambios constantes en dirección a alcanzar más o menos niveles satisfactorios de participación y oposición, y sin embargo, a nivel subnacional el proceso ha sido al mismo tiempo muy heterogéneo y zigzagueante. Existen Estados donde los niveles de oposición y participación se encuentran en un nivel y otros en que se ubican por debajo. En este sentido, hay una fuerte asimetría en los niveles de oposición y participación. Para ilustrar estas diferencias utilizo la operacionalización de estas dos dimensiones tal y como se utilizan en el índice de democracia de Vanhanen (1968). El nivel de oposición se obtiene de substraer a 1 la proporción de votos del partido

---

[31] Dahl (1971) distingue entre dos dimensiones teóricas de la democracia en que el debate público libre debe permitir a los ciudadanos el derecho a oponerse a los altos funcionarios y hacerlos abandonar sus cargos mediante el voto (oposición) y el sufragio, que debe estar extendido a una porción alta de adultos para que de ese modo se amplíe la capacidad de representación (participación) (Dahl, 1971: 15-18).

más votado (O). El nivel de participación, en cambio, lo obtenemos de la proporción de electores que sufragaron (P). De este modo, el índice de democracia de Vanhanen se obtiene de la combinación de las dimensiones de la poliarquía:

$$D = (O \cdot P) \cdot 100$$

En el Gráfico 3.1 se ilustran los cambios en el valor del índice de democracia de Vanhanen (ID) para cada Estado en los cuatro sexenios que van de 1988 a 2011. Se puede apreciar que los sistemas políticos subnacionales en el sexenio de Miguel de la Madrid Hurtado (MDMH) se encuentran todos por debajo de los 20 puntos del índice. Durante el sexenio de Carlos Salinas de Gortari (CSG) se experimenta un aumento de la heterogeneidad en las situaciones subnacionales con Estados que oscilan entre un mínimo de 2 puntos y un máximo de 33.5. En el sexenio de Ernesto Zedillo Ponce de León (EZPL), la heterogeneidad se mantiene pero con incremento en los estándares democráticos de los sistemas políticos subnacionales; los Estados se ubican en un rango de 19 a 38 puntos. Finalmente, para el sexenio de Vicente Fox Quesada (VFQ) el rango aumenta de 18 a 51, manteniéndose en el de Felipe Calderón (FCH) en un rango de 17 a 50. De este modo, se observa una amplia heterogeneidad pero manteniendo los estándares alcanzados durante los anteriores sexenios. Además del incremento pronunciado durante la década de 1990, el gráfico también permite observar una amplia y heterogénea gama de valores para los diferentes Estados, tanto en el origen como el proceso.

Gráfico 3.1. Índice de democracia de Vanhanen
a nivel subnacional en México (1985-2011)

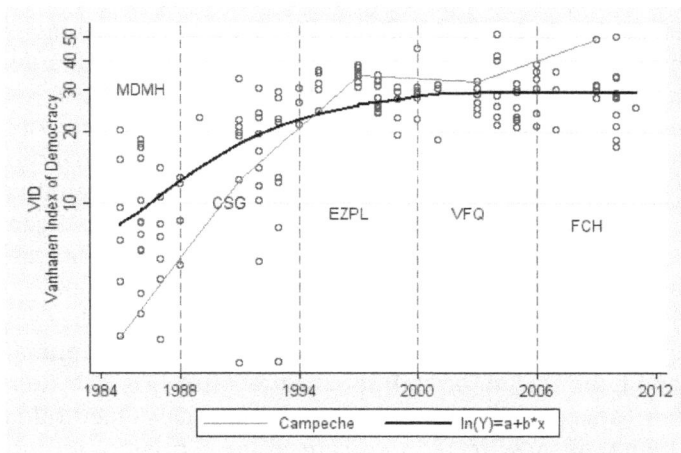

Junto a la dispersión de los Estados en cuanto al nivel de índice de democracia, se presenta la línea de ajuste promedio del índice de democracia de Vanhanen (ID) sobre el tiempo. Como el ID sólo puede asumir valores positivos, la línea representa una regresión del logaritmo natural de ID respecto del tiempo: ln $(y) = a + b_1 \cdot$ año. La línea representa un incremento exponencial desde el sexenio de CSG hasta el de EZPL, para estabilizarse en los de VFQ y FCH. Junto a esta línea se presenta una línea discontinua que representa los cambios ocurridos en el Estado de Campeche, el cual es el que comienza la serie con los valores más bajos y termina con uno de los valores más altos, ilustrando de algún modo la transformación ocurrida en términos de participación y oposición.

En esta breve incursión sobre los niveles de democracia se pretende destacar dos aspectos claves del proceso político mexicano que están presentes a los largo del período estudiado. En primer lugar, es fácilmente apreciable un cambio conjunto en las situaciones políticas estatales que van mejorando sus estándares de competencia; si bien no todos los Estados alcanzan los mismos niveles, al menos dejan atrás el formato hegemónico y experimentan mejoras tanto en términos de oposición como de participación. En segundo lugar, independientemente del aspecto anterior, existe una gran heterogeneidad entre los diferentes procesos singulares. Si bien durante el sexenio de Ernesto Zedillo se observa un aumento del piso de los estándares de competencia, persisten variaciones importantes entre los Estados. Por estas razones, el análisis de las alianzas electorales debe realizarse tratando de controlar al mismo tiempo el peso de estos factores (cambio conjunto, por un lado, y heterogeneidad, por el otro) en las consecuencias que se imputen a las primeras.

Para entender mejor el análisis de las alianzas electorales que desarrollaremos en los capítulos siguientes, conviene tener en cuenta cuatro aspectos del sistema político local. En primer lugar, el sistema electoral y las arenas de competencia anidadas en una elección; en segundo lugar, las metas que los partidos persiguen al competir, que pueden ser incentivadas por las mismas regulaciones electorales; en tercer lugar, las expectativas de triunfo alteradas por las transformaciones de la misma competencia; y en cuarto lugar, las transformaciones del sistema de partido hegemónico hacia otras formas de competencia partidaria. A continuación se desarrollan brevemente.

2. Sistema electoral y arenas

Todas las elecciones de gobernador se realizan bajo un típico sistema electoral de mayoría relativa (*plurality*) en un distrito uninominal (*single-member district*), como suele denominárselo en la jerga electoral: con magnitud de distrito igual a uno ($M = 1$). En otras palabras, el sistema electoral se caracteriza por darle el triunfo al candidato que obtiene más votos (*the first past the post*). Por otra parte, las elecciones de gobernador se realizan en forma concurrente con las elecciones de escaños o bancas legislativas que se llevan a cabo bajo un sistema electoral de tipo mixto, con excepción de un solo caso. Los sistemas mixtos (*mixed-member systems*) utilizados para la elección de diputados locales se caracterizan por elegir una proporción de los escaños en distritos uninominales a simple pluralidad de sufragios (lo llamados de mayoría relativa) y otra proporción de escaños en distritos plurinominales repartidos en forma proporcional a los votos obtenidos por los partidos. El sistema electoral de los cargos legislativos que existe en cada Estado en la actualidad es producto de muchas reformas electorales (Molinar y Weldom, 2001) en la amplia mayoría de las elecciones incluidas en la muestra: pasando del tipo mixto paralelo (Nohlen, 1994: 153) o mixto con reaseguro de mayoría o sistema mixto mayoritario (*mixed-member majoritarian*) a formas de sistemas mixtos compensatorios o sistema mixto proporcional (*mixed-member proportional*) (Shugart y Watemberg, 2001: 13-17). Más específicamente, las reglas de conversión de votos en escaños en los Estados adoptaban al principio una forma "paralela", esto significaba que por un lado una proporción de escaños eran elegidos en distritos uninominales por mayoría relativa de votos a los cuales se les sumaban los escaños obtenidos en los distritos plurinominales por medio de fórmulas proporcionales. En algunos casos se incluyeron cláusulas de reaseguro de mayoría para el partido más votado, también conocidas como "cláusulas de gobernabilidad".[32] En la actualidad los sistemas han mutado hasta tal punto que los escaños se asignan en forma aproximadamente proporcional a los votos recibidos por los partidos, lo cual depende de la proporción de escaños que se elijan en los distritos plurinominales. Así, los partidos obtienen sus escaños en los distritos uninominales a simple pluralidad de sufragios y completan con la lista plurinominal hasta compensar en forma proporcional el porcentaje de votos obtenidos, con límites a la sobrerrepresentación. De este modo, un partido que obtiene una proporción de escaños en los distritos uninominales similar al porcentaje total de votos obtenidos, suele no acceder al reparto de escaños plurinominales, quedando éstos para el reparto entre los partidos menos votados.

Esta relación varía a nivel subnacional tanto transversal como longitudinalmente según las diferentes reformas electorales. Por ejemplo, a nivel federal, en 1986, 1989, 1994 y 1996 se realizaron reformas electorales que afectaron tanto la aplicación de la cláusula de gobernabilidad (esto es, un plus legislativo mayoritario al partido del gobernador) como las cláusulas de acceso al reparto de escaños proporcionales (ver Molinar Horcasitas y Weldon, 2001; Weldon, 2001).

---

[32]   Las así llamadas cláusulas de gobernabilidad estipulan, bajo diferentes formatos y procedimientos de asignación, que el partido ganador tenga un porcentaje de sobrerrepresentación en la legislatura de modo tal de contar con una mayoría.

Tabla 3.1. Escaños de mayoría y escaños plurinominales
comparados, sexenios 1988-1994 y 2006-2012

	CSG 1988-1994		FCH 2006-2012	
	Representación Proporcional	Mayoría Relativa	Representación Proporcional	Mayoría Relativa
Aguascalientes	7	18	9	18
Baja California	4	15	9	16
Baja California Sur	0	15	5	16
Campeche	9	21	14	21
Coahuila	6	15	15	20
Colima	8	12	9	16
Chiapas	7	16	16	24
Chihuahua	10	18	11	22
Distrito Federal	26	40	26	40
Durango	10	15	13	17
México	26	40	30	45
Guanajuato	12	18	14	22
Guerrero	18	28	18	28
Hidalgo	9	15	12	18
Jalisco	14	20	20	20
Michoacán	12	18	16	24
Morelos	6	12	12	18
Nayarit	12	18	12	18
Nuevo León	14	26	16	26
Oaxaca	7	24	17	25
Puebla	7	22	15	26
Querétaro	7	14	12	15
Quintana Roo	5	13	10	15
San Luis Potosí	11	13	12	15
Sinaloa	16	23	16	24
Sonora	9	18	12	21
Tabasco	2	17	14	21
Tamaulipas	7	19	14	22
Tlaxcala	6	9	13	19
Veracruz	16	24	20	30
Yucatán	10	15	10	15
Zacatecas	6	15	12	18

Fuente: elaboración propia con base en páginas web de congresos estatales.

En la medida que se amplió la proporción de legisladores elegidos en forma proporcional aumentó el número de partidos que ingresaron a las legislaturas y se redujo la probabilidad de que el partido ganador se llevara la mayoría absoluta de los escaños. Ello produjo un impacto directo en la propensión a disminuir los contingentes legislativos de los partidos gobernantes. Esta propensión se modificó en cada elección producto de cada reforma electoral (1991, 1994, 1997). Así, la cláusula de gobernabilidad de 1991 le adjudicaba la mayoría al partido ganador que obtuviera una votación por encima del 35%. La reforma de 1994, en cambio, reemplazó el premio supermayoritario por un sistema más proporcional que impedía al partido ganador, cualquiera sea su total de votos, obtener más del 60% de los legisladores. Sin embargo, la reforma electoral de 1996 establecía, además del tope, una cláusula que impedía una sobrerrepresentación superior al 8% para cada partido.[33]

Las reformas del sistema electoral legislativo reseñadas de manera breve han tenido un impacto significativo en las elecciones de gobernador, a pesar de que el sistema electoral para elegir gobernadores haya permanecido prácticamente inalterado. En general, la presencia de elecciones para el congreso local concurrentes con las de gobernador produce efectos cruzados sobre el número de competidores.[34] Por un lado, las elecciones de gobernador tienden a reducir el número de competidores bajo los efectos de la ley de Duverger (Cox, 1997), que analizaremos más adelante,

---

[33] Para un análisis en profundidad ver Molinar Horcasitas y Weldon, 2001
[34] Existen Estados que no eligen a sus gobernadores en forma concurrente con sus legislaturas, como los Estados de México, Chiapas, Guanajuato y Guerrero, los cuales eligen a sus diputados en una elección con fecha posterior a la elección del gobernador. Otros casos imputados han realizados elecciones de gobernador sin hacer al mismo tiempo las de diputados, aunque en forma accidental; estos son: Campeche en 1991, San Luis en 1991, Coahuila en 1993, Tabasco en 1994 y Colima en 2003 y 2005.

mientras que las elecciones legislativas tienden a "multi-
plicar" el número de competidores bajo los efectos de la
proposición de Duverger. De estas dos fuerzas cruzadas
surge un "mix de impacto" sobre el número de competidores viables (Shugart y Carey, 1992). Además del impacto
cruzado de los sistemas electorales para cada arena, algunas
elecciones de gobernador se realizan en forma simultánea
con las elecciones nacionales tanto presidenciales como
legislativas, aumentando el número de arenas en disputa
en cada elección y agregando o anidando otros efectos en
la competencia.

3. Metas

De manera adicional a las diferentes arenas de competencia anidadas en una elección, los partidos o candidatos
pueden estar jugando juegos diferentes al de la elección
en sí misma, dependiendo de algunas reglamentaciones
electorales. Más específicamente, las reglas para el registro
de las candidaturas y listas partidarias, así como para la
conformación de las alianzas electorales o para la constitución de candidaturas comunes, poseen especificidades
que definen e incentivan la presentación de partidos soli-
tarios en unas arenas y la coordinación en otras. Hay que
agregar que la política de financiamiento público de la
actividad política y electoral es lo suficientemente abultada
como para convertirla en una arena de competencia por
sí sola, introduciendo un incentivo extra para ingresar a
la competencia. En este sentido, algunas elecciones pueden convertirse en elecciones paralelas por la obtención
de dinero público y no sólo por los cargos políticos en
disputa. No abordaremos este tema en profundidad, pero
considero importante señalar que alteran de algún modo
al sistema de partidos.

En resumen, las elecciones de gobernador están anidadas en otras arenas de competencia por cargos, registros
y recursos. Todo lo cual modifica las metas de algunos
competidores que ven en el futuro del financiamiento o
el mantenimiento del registro partidario un beneficio que
supera el costo de la derrota electoral en el corto plazo.
Así, en cada elección no se compite sólo por un cargo con
miras en el presente, sino en múltiples arenas con miras en
el mediano y largo plazo, y ello puede potenciar o atenuar
el impacto que el mismo sistema electoral (uninominal a
simple pluralidad de sufragio) tendría manteniendo el resto
de los factores constantes, o como suelen decir en otras
disciplinas, "bajo condiciones de presión y temperatura
normales".

4. Expectativas

En segundo lugar, el período bajo observación de esta
investigación está afectado por un proceso de cambio político general, tanto local como nacional, caracterizado por
la paulatina pérdida de votos del partido en el gobierno
(Partido Revolucionario Institucional) y un aumento de
los apoyos electorales de las otras dos fuerzas políticas
principales: el Partido de la Revolución Democrática (PRD)
y el Partido Acción Nacional (PAN). Estos cambios político-
electorales asociados a la pérdida de hegemonía electoral
e institucional del PRI fueron modificando las expectativas
de los principales partidos de oposición respecto de su
desempeño electoral, elección tras elección. Junto a estos
partidos, otros partidos más pequeños ingresaron a la
contienda electoral, ya sea en alianzas o solos, buscando
obtener diferentes espacios que la pérdida de hegemonía
del PRI dejaba disponible a la libertad de la competencia.
De este modo, durante los sexenios de los cuatro presidentes

que cubren el período bajo observación (Carlos Salinas de Gortari, Ernesto Zedillo Ponce de León, Vicente Fox Quesada y Felipe Calderón), las probabilidades de derrotar al PRI van en aumento constante, introduciendo una expectativa de triunfo al futuro en los competidores que altera las formas de cálculo que los políticos y los partidos mexicanos tenían con anterioridad a este período, incentivándolos a permanecer en la competencia más que a retirarse en virtud de los logros electorales futuros.

5. El sistema de partido hegemónico

Hasta no hace mucho tiempo, el sistema político mexicano era visto como un caso excepcional (Lujambio, 2000). Esa excepcionalidad consistía en la existencia de elecciones regulares y periódicas pero que no cumplían con los requisitos democráticos de ser libres y limpias (Eklit, 2002) y arrojaban siempre e ineludiblemente al mismo ganador, que por otra parte mantenía una oferta política monopólica: el Partido Revolucionario Institucional (PRI).[35] Por esta razón, tanto a nivel federal como a nivel de los Estados, durante sesenta años no se produjeron ni cambios en el color político del equipo gobernante (alternancia), ni elecciones reñidas (competencia) que dieran aunque más no sea la impresión de la existencia de otras fuerzas políticas opositoras (competidores). Es así –y es por ello– que el régimen político estaba caracterizado por el tipo de sistema de partido que lo definía; un sistema de partido hegemónico:

---

[35] El PRI tiene sus antecedentes en el PNR (Partido Nacional Revolucionario) disuelto y reconstruido por el presidente Lázaro Cárdenas en 1938 como PRM (Partido de la Revolución Mexicana). En 1946, bajo la presidencia de Miguel Alemán Valdez (1946-1952), adquirió su actual nombre.

El partido hegemónico no permite una competencia oficial por el poder, ni una competencia *de facto*. Se permite que existan otros partidos, pero como partidos de segunda, autorizados [...] No sólo no se produce de hecho la alternación; *no puede* ocurrir, dado que ni siquiera se contempla la posibilidad de una rotación en el poder (Sartori, 1976: 278).

En México había elecciones regulares, pero los resultados de las elecciones siempre arrojaban, para cualquier nivel de elección (federal, estatal o municipal), como único e indisputable ganador al PRI, dando lugar a lo que Sartori definió como un "sistema de partido hegemónico pragmático" (Sartori, 1976: 281). A la inversa de la incertidumbre que es inherente a la democracia (Przeworski, 1995: 18), en México existía una profunda certeza acerca de los resultados electorales.[36]

Desde las libres –pero poco limpias– elecciones de 1988 que llevaron a la presidencia a Carlos Salinas de Gortari, se han producido cambios en la competencia a nivel de los Estados. Los tres aspectos que caracterizaban al sistema de partido hegemónico se fueron modificando: el PRI perdió el gobierno de varios Estados (alternancia); las elecciones fueron cada vez más reñidas (competencia); y nuevos actores políticos comenzaron a ingresar a la competencia con la esperanza de obtener un resultado electoral favorable (número de competidores).

De un tiempo a esta parte, en estos tres aspectos (alternancia, competencia y número de competidores) del sistema político se han experimentado cambios considerables. De hecho, han generado una literatura profusa,

---

[36] Esta proposición es una obvia referencia por contraste a la caracterización que Adam Przeworski (1995) hace de la democracia como un régimen político en el cual hay certidumbre respecto de las reglas y de los procedimientos, y una alta y profunda incertidumbre acerca de los resultados de la competencia política. Aunque que los resultados sean inciertos no significa que no sean probables.

profunda y extensa sobre la democratización mexicana. Los cambios en estas tres variables en conjunto permiten entender al México de 1988 al 2011 como una "comunidad política fluida" (Sartori, 1976: 290-296), o bien como un sistema de partido hegemónico en transición (Mainwaring y Scully, 1993). En otras palabras, el proceso de desinstitucionalización del sistema de partido hegemónico impide mantener constante al contexto en donde la competencia política se produce. En este sentido, México pasa de ser un sistema de partido hegemónico altamente institucionalizado a un sistema de partido en proceso de transición (Craig y Cornellius, 1995) que por el momento conduce a formas más competitivas pero a un sistema de partidos incierto.

En la Tabla 3.2 se resume el tipo de sistema de partidos que predomina en los Estados. La clasificación surge de considerar varios aspectos del sistema de partidos: a) el porcentaje de votos del partido ganador; b) el número efectivo de partidos medido mediante el índice de Laakso y Taagepera; y c) los votos obtenidos por el tercer partido. Los sistemas en los cuales el partido ganador obtiene más del 60% de los votos los ubicamos en hegemónicos o predominantes, si el índice de Laakso y Taagepera arroja valores por debajo de 1.9. Los sistemas con número efectivo de partidos entre 1.9 y 2.5 son clasificados como bipartidista, siempre y cuando el tercer partido no supere el 10% de los votos. Los sistemas con terceros partidos por encima del 10% de los votos y número efectivo de partidos superiores a 3 son clasificados como multipartidistas. De este modo, llegamos a la conclusión de que en la mayoría de los Estados se consolidan situaciones bipartidistas; en otros, sistemas multipartidistas; y en otros, mantenimiento de la hegemonía o surgimiento de sistemas predominantes.

Tabla 3.2. Clasificación de los sistemas de
partidos subnacionales según sexenios

Sistema de partido	Sexenio observado				
	MDM 1982-1988	CSG 1988-1994	EZPL 1994-2000	VFQ 2000-2006	FCH 2006-2012
Hegemónico o predominante	24	23	2	0	2
Bipartidista	1	8	15	20	20
Multipartidista	0	0	15	13	7
Total	25	31	32	33	29

Fuente: elaboración propia.
Nota: en las celdas figura en valores absolutos el número de elecciones clasificadas según el sistema de partidos.

6. Estudios subnacionales

No es una novedad señalar que las elecciones jugaron un papel central en el proceso de cambio político mexicano, y por ello, el proceso mereció ser comprendido como una democratización por medio de elecciones (Schedler, 2002a). En parte porque el ritual de las elecciones estaba altamente institucionalizado, los intentos de clasificar a México con las herramientas conceptuales provenientes de los estudios de las transiciones del sur de Europa y del sur de América se volvían confusos y contradictorios. Por esa razón, hasta no hace mucho tiempo el sistema político mexicano era visto como un caso excepcional (cfr. Lujambio, 2000a) por un amplio número de académicos.

Esos mismos estudios, por otra parte, se orientaban exclusivamente al análisis de la política nacional, dando la falsa impresión de una cierta uniformidad territorial compuesta de subunidades monolíticas, cohesionadas y homogéneas. Esa disposición país-orientada de los estudios dejó de lado las especificidades del rompecabezas territorial y temporal, las cuales muchas veces presentan una gama tan diversa y dinámica que ni siquiera están expresadas en el plano nacional (o federal).

Afortunadamente, existe al día de hoy una amplia diversidad de estudios sobre la política subnacional en México que ha dado cuenta de esas variaciones y singularidades. Algunos de estos trabajos han abierto el camino del estudio del comportamiento electoral en los Estados en los años ochenta (Alvarado *et al.*, 1987), así como sobre la distribución del poder, tanto a nivel ejecutivo como legislativo (Lujambio, 2000). También existe un conjunto de estudios acerca de la "federalización" y los cambios en las relaciones intergubernamentales (Alvarado, 2000; Sosa, 2000; Martínez Uriarte y Díaz Cayeros, 2003), las elecciones en diferentes Estados de la República (Emmerich *et al.*, 1993; Pacheco, 2000) y las reformas político-electorales (Becerra, 1993; Crespo, 1996). Otros estudios encaran las peculiaridades de los Estados mediante análisis de casos (Cornelius *et al.*, 1999), y las relaciones entre los gobiernos de oposición y el poder central (Mizrahi, 1995 y 2001). Por su puesto, el estudio de la formación de alianzas electorales, tal y como lo entendemos aquí –como un juego de coordinación a nivel de la elite y del electorado–, ha recibido una atención importante en los trabajos de Magaloni (1996) y Magaloni y Poiré (2004). A pesar de la abrumadora cantidad de estudios que se han realizado y se realizan en el país y en el exterior sobre la política subnacional, no existe en la actualidad un estudio estadístico comparativo que analice la formación de las alianzas electorales y su impacto en la política de partidos, considerando a los Estados como sistemas políticos relativamente independientes unos de otros, en donde las características del proceso político, además de presentar un patrón común al espíritu de la época, presentan factores latentes específicos. Por esa razón, todos los análisis estadísticos se realizan mediante modelos longitudinales con efectos fijos, en donde se asume que las variables independientes presentan un impacto sobre la dependiente al interior de los casos (*within effect*), manteniendo controladas las características específicas constantes de cada Estado como variables omitidas.

En lo que sigue, ahondaremos diferentes características de las alianzas así como sus efectos y consecuencias en el sistema político mexicano.

Capítulo 4
Los partidos y la política de alianzas

Desde las poco trasparentes elecciones de 1988, los partidos opositores al Partido Revolucionario Institucional han logrado coordinar estratégicamente sus fuerzas electorales. Los dos partidos opositores más relevantes del sistema político –el Partido de la Revolución Democrática y el Partido Acción Nacional– formaron alianzas en torno a sí con partidos más pequeños. Pero incluso en algunas ocasiones el PAN y el PRD lograron coordinar sus esfuerzos conjuntos detrás de una sola candidatura. El observador atento de la política mexicana puede constatar a simple vista que desde el inicio del proceso de democratización política en México, la propensión a formar alianzas ha ido en aumento. Este aumento también estuvo acompañado por una creciente inclinación del PRI a formar alianzas electorales, incluso con aliados de los otros dos principales partidos. A la luz de este fenómeno, los partidos parecen hacer cada vez más consideraciones estratégicas acerca de permanecer en la competencia en forma individual o coordinar sus fuerzas partidarias en virtud de obtener un mejor resultado electoral. En este capítulo, computo, analizo, describo y exploro las alianzas electorales que se formaron durante los sexenios de Carlos Salinas de Gortari, Ernesto Zedillo Ponce de León, Vicente Fox Quesada y Felipe Calderón Hinojosa, destacando la lógica espacial de la formación de estas alianzas, los diferentes tipos de alianzas posibles, su volumen, así como el comportamiento de los partidos políticos en términos aliancistas.

1. La muestra

Las elecciones de gobernador en los 31 Estados y el Distrito Federal se realizan cada seis años,[37] de modo tal que entre 1988 y 2012, teóricamente deberían haberse realizado 128 elecciones. El período seleccionado corresponde a los mandatos presidenciales de Carlos Salinas de Gortari (1988-1994), Ernesto Zedillo Ponce de León (1994-2000), Vicente Fox Quesada (2000-2006) y Felipe Calderón Hinojosa (2006-2012). Considerando los eventos políticos electorales que han signado la peculiaridad de cada uno de estos mandatos presidenciales, el total del período observado se ha dividido en cuatro cortes correspondientes a cada sexenio. De este modo, en la Tabla 4.1 se resumen las observaciones que integran la muestra de esta investigación.

---

[37] La única excepción fue la primera elección de Jefe de Gobierno del Distrito Federal de 1997, en la que el cargo de Jefe de Gobierno tuvo una duración de tres años.

Tabla 4.1. Elecciones de gobernador por Estado y año, en los sexenios presidenciales de 1988 a 2012

Estado (i)	Sexenio observado				O
	1 CSG 1988-1994	2 EZPL 1994-2000	3 VFQ 2000-2006	4 FCH 2006-2012	
Aguascalientes	1992	1998	2004	2010	4
Baja California	1989	1995	2001	2007	4
Baja California Sur	1993	1999	2005	2011	4
Campeche	1991	1997	2003	2009	4
Coahuila	1993	1999	2005	n. a.	3
Colima	1991	1997	2003 / 2005	2009	5
Chiapas	1988	1994	2000	2006	4
Chihuahua	1992	1998	2004	2010	4
Distrito Federal	n. a.	1997	2000	2006	3
Durango	1992	1998	2004	2010	4
Estado de México	1993	1999	2005	n. a.	3
Guanajuato	1991	1995	2000	2006	4
Guerrero	1993	1999	2005	2011	4
Hidalgo	1993	1999	2005	2010	4
Jalisco	1988	1995	2000	2006	4
Michoacán	1992	1995	2001	2007	4
Morelos	1988	1994	2000	2006	4
Nayarit	1993	1999	2005	n. a.	3
Nuevo León	1991	1997	2003	2009	4
Oaxaca	1992	1998	2004	2010	4
Puebla	1992	1998	2004	2010	4
Querétaro	1991	1997	2003	2009	4
Quintana Roo	1993	1999	2005	2010	4
San Luis Potosí	1991 / 1993	1997	2003	2009	5
Sinaloa	1992	1998	2004	2010	4
Sonora	1991	1997	2003	2009	4
Tabasco	1988	1994	2001	2006	4
Tamaulipas	1992	1998	2004	2010	4
Tlaxcala	1992	1998	2004	2010	4
Veracruz	1992	1998	2004	2010	4
Yucatán	s. d.	1995	2001	2007	3
Zacatecas	1992	1998	2004	2010	4
N	31	32	33	29 / 32	125

Fuente: elaboración propia.
Notas: CSG = Carlos Salina de Gortari; EZPL = Ernesto Zedillo Ponce de León; VFQ = Vicente Fox Quesada; FCH = Felipe Calderón Hinojosa; n. a = no aplica; s. d. = sin dato. La categorización de las observaciones fue construida considerando que las elecciones se realizan en cada Estado cada seis años. Las tres excepciones para este ordenamiento las constituyen los casos de Colima, Distrito Federal y San Luis Potosí. En el sexenio de FCH hay algunas elecciones no realizadas a la fecha.

La información recabada para las diferentes observaciones fue calculada a partir de los datos disponibles y recolectados, en primer lugar, de los institutos y consejos electorales de los Estados. En segundo lugar, para aquellos datos recientes y actuales se consultó las páginas *web* de las legislaturas estatales. En tercer lugar, para la información relativa a los valores rezagados de la década de 1980 la información se extrajo de la base de datos del Centro de Investigación y Desarrollo para la Acción Comunitaria (CIDAC). Y como fuente inagotable de consulta, el calendario electoral de Wikipedia.

Como puede advertirse, los tres períodos se ordenan según el año en que la elección se produce. Para los años límites (1988, 1994, 2000 y 2006) se ha considerado la fecha precisa de elección. Las elecciones que se realizan el mismo día o con posterioridad a la elección presidencial de ese año se las asigna al período presidencial que corresponde a esa elección presidencial. Las elecciones que se realizan ese mismo año pero con fecha anterior a la elección presidencial corresponden al período presidencial en vigencia. De este modo, contamos cuatro elecciones en 1988: Chiapas, Jalisco y Tabasco fueron realizadas con posterioridad a la elección del presidente Carlos Salinas de Gortari y han sido clasificadas de acuerdo a la regla. La única excepción es el caso de Morelos, donde la elección fue realizada previamente a la elección de CSG. En 1994, son sólo tres las elecciones (Chiapas, Morelos y Tabasco), de las cuales dos son posteriores y una anterior a la elección presidencial. Y finalmente, en el año 2000, son cuatro (Chiapas, Distrito Federal, Jalisco y Morelos), todas simultáneas o posteriores a la elección presidencial. Lo mismo aplica para las cuatro elecciones del 2 de julio del 2006 realizadas en Guanajuato, el Distrito Federal, Jalisco y Morelos; la del 20 de agosto del mismo año en Chiapas; y la de octubre en Tabasco, que pasan a ser imputadas como parte del sexenio de Felipe Calderón Hinojosa.

Existen dos Estados que poseen dos elecciones en un mismo período presidencial. San Luis Potosí registra una elección en 1991 y otra en 1993 debido a las intervenciones federales, producto de una específica dinámica político-electoral.[38] En Colima, el llamado a elección anticipada en el año 2005 está determinado por la muerte del gobernador electo en 2003.[39]

El total de elecciones registradas para el período de CSG es de 31, en virtud de que en el Distrito Federal, durante ese período, todavía no se realizaban elecciones para el cargo de Jefe de Gobierno, y en su lugar el presidente designaba a un Regente. Para el caso de la elección de Yucatán no se han encontrado datos confiables y fidedignos,[40] y se agrega una observación correspondiente a San Luis Potosí, por las razones arriba enunciadas. Durante el período de EZPL se han registrado las 32 observaciones correspondientes a todas las elecciones de gobernador. En el período de VFQ

---

[38] En septiembre de 1991 asume la gobernación Fausto Zapata, pero en octubre de ese mismo año es destituido por el presidente CSG, quien nombra a Gonzalo Martínez Corbalá, el cual es reemplazado en 1993 por Horacio Sánchez hasta 1997. En 1997 asume la gobernación Fernando Silva Nieto, quien cumple su mandato hasta 2003. La dinámica política del Estado estuvo marcada por un movimiento local encabezado por el Dr. Salvador Nava que dio origen a lo que se denominó "navismo" y que puede contarse como una de las primeras fisuras de la hegemonía local del PRI.

[39] El gobernador Gustavo Alberto Vázquez Montes, electo en 2003, fallece en un accidente aéreo, en el año 2005 las elecciones le otorgan el triunfo a Jesús Silverio Carballo Ceballos.

[40] Yucatán experimenta, al igual que San Luis Potosí, una alta inestabilidad política. El período que debería haberse registrado corresponde al gobierno de Víctor Manzanilla Schaffer (1988-1991). En 1991, después de reconocer el triunfo del PAN en una elección municipal, y sometido a las presiones de su antecesor (Cervera Pacheco) y del presidente Carlos Salinas de Gortari, renunció a la gobernación del Estado. Lo sucedió Dulce María Saurí, quien ocupó el cargo de Gobernadora interina hasta 1993. Ella también tuvo que dejar el cargo debido a la victoria del PAN en elecciones municipales. La sucedió su secretario de gobierno, Ricardo Ávila Heredia, hasta 1994. Recién en 1995 se realizaron elecciones para el cargo de gobernador, año en que fue elegido nuevamente Víctor Cervera Pacheco, quien fuera gobernador durante el sexenio de Miguel de la Madrid Hurtado (1982-1988).

obtuvimos 33 observaciones (una más que las esperadas), debido al registro de dos elecciones para Colima por las razones más arriba señaladas. Finalmente, en el sexenio de FCH registramos 29 elecciones a la fecha.[41]

Durante los años que comprende el período de estudio de las 125 elecciones registradas, en 75 (60%) de ellas se presentaron al menos una alianza o candidatura común.[42] En 36 de esas 75 elecciones participó una sola alianza o candidatura común; en 28 elecciones se presentaron dos alianzas o candidaturas comunes; y en 11 elecciones se presentaron a la liza tres alianzas que compitieron entre sí. En total, a lo largo del período, se registran 113 alianzas o candidaturas comunes. En el Anexo 4.1 se listan las coordinaciones electorales realizadas durante el período 1988-2011. Allí se incluyen el nombre del Estado, el año, el tipo o nombre de la alianza, y la sigla de los partidos que la integraron. De las 75 elecciones en las que se presentaron esas 113 alianzas, en 46 elecciones resultaron triunfantes (61.13%).

2. Los sexenios y las alianzas

La experiencia aliancista a lo largo de los sexenios ha ido en aumento exponencial. En la Tabla 4.2 se resume cuantitativamente ese aumento. En las 31 elecciones de gobernador que se realizaron durante la presidencia de

---

[41]   Mientras se escriben estas líneas, se han realizado 29 elecciones y quedan por realizar aún 3, en los Estados de Coahuila, Nayarit y México, programadas para el 3 de julio de 2011. El 13 de noviembre de 2011 están programas elecciones extraordinarias en el Estado de Michoacán, para reorganizar el calendario electoral concurrente con las elecciones nacionales.

[42]   Hay registro además de 25 elecciones anteriores a 1988 y posteriores a 1985. En esta serie de elecciones registramos tres alianzas en Guerrero, Puebla y Tamaulipas. Pero considerando las restricciones temporales de esta investigación no las incluimos como unidades de observación a considerar.

CSG (1988-1994), en cuatro de ellas se presentaron alianzas electorales, lo cual representa el 12.9% del total de
elecciones del sexenio salinista. Del total de elecciones del
sexenio del presidente EZPL, en nueve se presentó una sola
alianza, y en tres se presentaron dos alianzas por elección,
lo cual representa el 37.5% del total de elecciones realizadas
durante el sexenio 1994-2000. En el período de VFQ, sólo
en tres elecciones no se formaron alianzas electorales. En
catorce de ellas compitió una sola, en trece compitieron
dos alianzas por elección, mientras que en tres elecciones
se formaron tres alianzas por elección. De este modo, el
total de elecciones en las cuales compitió al menos una
alianza fue de treinta, lo que representa el 90.91% del total
de elecciones del sexenio "foxista". Finalmente, en el sexenio
de FCH se confirma la tendencia que se viene desplegando
desde 1988: en todas las elecciones se presenta al menos
una alianza. Las alianzas electorales han ido emergiendo
hasta convertirse en la norma de la competencia.

Tabla 4.2. Número de alianzas electorales en cada
elección en los sexenios presidenciales, 1988-2011

Número de alianzas por elección	Sexenio observado				TOTAL
	CSG 1988-1994	EZPL 1994-2000	VFQ 2000-2006	FCH 2006-2012	
0	27 (87.1)	20 (62.5)	3 (9.09)	0 (0.00)	50 (40.0)
1	4 (12.9)	9 (28.13)	14 (42.42)	9 (31.03)	36 (28.8)
2	0	3 (9.38)	13 (39.39)	12 (41.37)	28 (22.4)
3	0	0	3 (9.09)	8 (27.58)	11 (8.8)
Total	4 / 31	15 / 32	49 / 33	57 / 29	96

Fuente: elaboración propia.
Nota: en las celdas figura en valores absolutos el número de elecciones y entre paréntesis el porcentaje.

El porcentaje de elecciones en las que al menos una alianza participó a lo largo del período bajo observación, de este modo, fue en aumento: pasando del 13% en el sexenio de CSG, al 38% en el sexenio de EZPL, al 91% al finalizar la contabilización del sexenio de VFQ y al 100% en el de FCH. Como puede apreciarse, la política de las alianzas electorales se ha incrementado en el transcurso de los cuatro sexenios.[43]

En 1985, a mediados del sexenio de Miguel de la Madrid, la probabilidad de que en una elección de gobernador se presentara una alianza era prácticamente igual a cero. Sin embargo, a partir del sexenio de CSG, la probabilidad de que los partidos coordinaran sus esfuerzos detrás de una candidatura común o formaran una alianza comienza a aumentar. Como puede observarse en el Gráfico 4.1, la probabilidad de que una alianza se presente en una elección aumentó drásticamente desde el inicio del sexenio de EZPL hasta el final del sexenio de VFQ, alcanzando una probabilidad igual a 1 en el de FCH. En otras palabras, de 1994 a 2006 las alianzas emergieron para quedarse.

---

[43]   Estos dieciocho años estuvieron al mismo tiempo marcados por procesos de reformas políticas y electorales de enorme impacto, tanto sobre el régimen político como sobre la competencia partidaria. Para una ampliación sobre los procesos electorales y las reformas político-electorales ver Molinar y Weldom (2001) y Méndez Hoyos (2002).

Gráfico 4.1. Probabilidad de presencia de
alianza en una elección de Gobernador

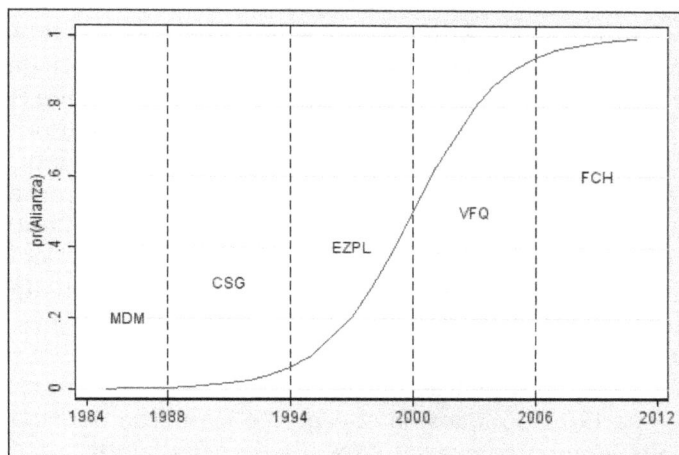

Fuente: elaboración propia. Probabilidades obtenidas mediante el modelo logístico: $\ln(y/1-y) = a + b_1 \cdot x$

3. El espacio político-ideológico de la formación de alianzas

La propensión a coordinar electoralmente suele ser diferente para cada partido, dependiendo de su tamaño y su posición en el espacio de competencia, como hemos anticipado en el capítulo 1. En ello intervienen, además, las expectativas de corto o largo plazo junto a las metas que persiguen en cada una de las arenas definidas por las reglas del sistema electoral y del diseño institucional en general, señaladas en el capítulo 3. De este modo, es aceptable que los partidos hagan diferentes consideraciones que los posicionen en diferentes juegos de

coordinación, como lo hemos deducido en el capítulo
2. Intuitivamente, para los partidos con mayor éxito individual, la coordinación con otros partidos no siempre
es una estrategia dominante. Algunos analistas han considerado la formación de las alianzas como oportunista
o artificiosa, al punto tal que algunas alianzas durante el
sexenio de FCH han sido calificadas como "antinatura";
es decir, como alianzas realizadas en contra de la naturaleza de la política. Aunque no debería serlo, la sorpresa
fue quizá que a pesar de la "distancia ideológica" que
separa al posicionamiento de las elites del PRD y del
PAN, por ejemplo, en muchas ocasiones han formado
alianzas electorales pragmáticas con el objetivo firme
de derrotar al PRI.

Los estudios tradicionales sobre la ubicación de
los partidos políticos en el espectro izquierda-derecha
coinciden en colocar al PAN a la derecha, al PRI en el
centro y al PRD en la izquierda. Por ejemplo, así lo entiende Magaloni (1996) al analizar el reducido margen
para el voto estratégico en las elecciones de 1994. Aun
más, otro estudio sobre la autoubicación ideológica de las
elites parlamentarias, realizado por el equipo de Manuel
Alcántara de la Universidad de Salamanca, coincide en
ubicar al PAN a la derecha, al PRI en el centro y al PRD
a la izquierda del espectro político, según las respuestas
de los legisladores nacionales en una escala de 1 a 10
(donde 10 representa el valor máximo de derecha y 1 el
valor máximo de izquierda).[44] Las rondas de encuestas
realizadas por los investigadores de la Universidad de
Salamanca en 1994, 1997, 2000 y 2003 arrojan resultados
muy similares: los diputados del PAN, en promedio, se

---

[44]   Consúltese el Proyecto de Elites Parlamentarias de Manuel Alcántara
        Sáez, en su Boletín n° 16. Disponible en línea: http://americo.usal.es/
        oir/Elites/Boletines%204/16_Gonzalez_Tule.pdf

autoubicaron alrededor del 8.94 y el 9.17 de la escala durante los cuatro años; los del PRI entre 6.09 y 6.94; y los del PRD entre 2.68 y 2.78. En la misma dirección, el estudio de López Lara y Loza (2003) sobre las preferencias y opiniones de los legisladores en doce congresos estatales –que tiene más sentido considerar en nuestro caso– arrojó la siguiente posición relativa para los partidos mexicanos: 2.8 para el PT; 3.08 para el PRD; 6.0 para el PVEM; 6.1 para el PRI; y finalmente, 6.8 para los legisladores del PAN. En esta misma dirección, otros estudios han coincidido, en general, con esta clasificación espacial e ideológica de los partidos y los electores mexicanos (Domínguez, 1992).

Junto a esta dimensión de izquierda-derecha en la que se ubican los partidos, ha emergido durante estos sexenios una dimensión de competencia vinculada a la posición de los partidos respecto del régimen o en contra del régimen (Domínguez y McCann, 1996; Domínguez y McCann, 1998; Klesner, 2004), a la que también podríamos denominar prosistema-antisistema (Molinar, 1991). En esta dimensión, los partidos políticos pueden asumir posiciones independientes a las que ocupan en el eje izquierda-derecha, como también lo enfatiza Moreno (1999) en su trabajo sobre el votante mexicano. Esta segunda dimensión también puede ser concebida como priismo-antipriismo, en paralelo al singular peronismo-antiperonismo que domina en el espacio político de competencia argentino. Cruzando ambos ejes, surge un mapa de competencia espacial que podría ser representado del siguiente modo:

Gráfico 4.2. Distribución de los partidos
mexicanos en un espacio bidimensional:
priismo-antipriismo e izquierda-derecha

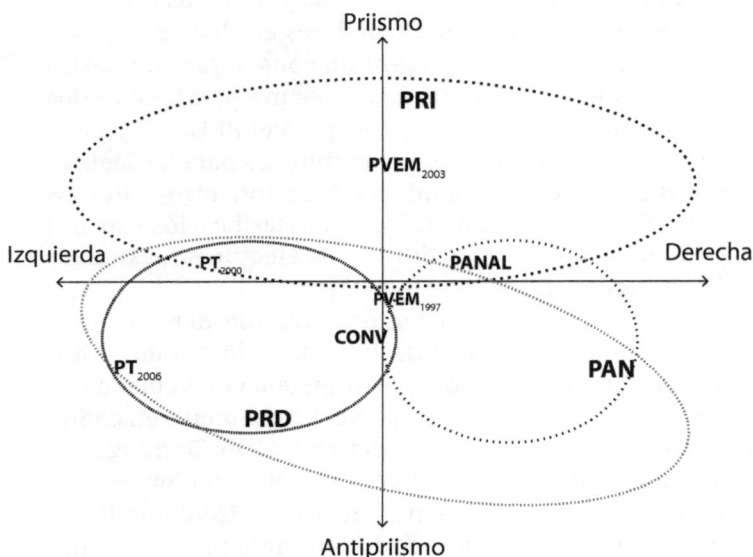

Priismo

PRI

PVEM$_{2003}$

Izquierda   Derecha
PT$_{2000}$ PANAL

PVEM$_{1997}$

CONV

PT$_{2006}$ **PAN**

PRD

Antipriismo

El mapa de posiciones espaciales coincide con la
información antes reseñada y con una profusa literatura especializada sobre las elecciones, los partidos y los
electores en México respecto de la dimensión izquierda-
derecha. Respecto de la dimensión vertical priismo-
antipriismo, la decisión adoptada fue inductiva. Los
partidos han sido ubicados en relación con su propensión
a formar alianzas con el PRI, algo que se convierte en
una estrategia decisiva para los partidos más pequeños
con posterioridad al año 2000, durante los sexenios de
VFQ y de FCH. Por esa razón, se han proyectado movimientos de algunos partidos, indicados por subíndices

de años, que tienen como finalidad señalar un posible
desplazamiento del partido (PT y PVEM) a lo largo de
los sexenios bajo estudio. Esos desplazamientos los han
afectado en su posición en el eje vertical y no tanto en
el eje ideológico.

El mapa, de este modo, permite plantear diferentes
tipos de alianzas posibles y probables, con márgenes
variables de inclusión partidaria. Por simple cercanía
espacial, en primer lugar, destacan las potenciales alianzas de "izquierda", integradas por el PRD, el PT y CONV,
a las que se pudo sumar el PVEM, a las que se añadió
MP durante su existencia y a las que puede en la actualidad agregarse el PSD. En general, en las elecciones
observadas en este estudio, las alianzas de izquierda
participaron en el 34% de las elecciones.

En segundo lugar, podemos observar las alianzas
de "derecha", integradas por el PAN y el PVEM, y a las
que ahora se suma el PANAL. Fueron menos frecuentes
que las anteriores, pero se han formado en un 14% de
las elecciones.

Considerando el peso de la dimensión vertical, en
tercer lugar, se pueden apreciar las alianzas "antiprii-
tas", integradas por el PRD, el PAN y CONV, a las que
–dependiendo del caso– se puede sumar el PT y con
anterioridad supo incorporarse el PVEM. En caso de que
sume a todos los partidos, cobran la forma de alianzas
"Todos Unidos contra el PRI", como fue la Candidatura
Común de Coahuila en 1999, la Alianza por Chiapas en
el año 2000, la Candidatura Común de Yucatán en 2001
y Compromiso por Puebla en 2010. En total, todas estas
alianzas compitieron en el 11% de las elecciones bajo
observación.

En cuarto lugar, se presentan las alianzas "priista",
integradas por el PRI y el PVEM en su mayoría, en las
que puede anexarse el PT y en la actualidad suelen ser

constituidas también por el PANAL. Estas alianzas se formaron en un 34% de las elecciones, pero se han vuelto más frecuentes después del año 2000.

El espacio de competencia en el que se producen las alianzas permite observar además el lugar que ocupan los partidos grandes y los medianos o pequeños. Los partidos pequeños se ubican en el centro de la distribución espacial delimitada por los tres partidos mayores, lo que les confiere un lugar estratégico y les permite pragmáticamente reubicarse. Así han formado algunas alianzas "mínimas" entre ellos con el objetivo de mantener el registro partidario en algunos casos. De esa manera, por ejemplo, el PT y CONV han formado en el año 2006 "Todos Somos Yucatán", y en Baja California la Alianza Convergencia; así como en 1998, en los Estados de Aguascalientes y Veracruz, el PT y el PVEM presentaron candidaturas comunes. Estas alianzas se han formado en el 6% de las elecciones observadas.

Un primer examen permite observar un predominio de las alianzas de izquierda y de las alianzas priistas, seguidas de las alianzas antipriistas y de derecha. Sin embargo, considerar la frecuencia electoral de las alianzas en general no permite observar el proceso y la tendencia a su formación. La Tabla 4.3 presenta un panorama más detallado, según el tipo de orientación político-ideológica de las alianzas antes descritas a lo largo de los sexenios.

Tabla 4.3. Orientación político-ideológica de alianzas
electorales en los sexenios presidenciales, 1988-2011

Alianza	Sexenio observado				TOTAL
	CSG 1988-1994	EZPL 1994-2000	VFQ 2000-2006	FCH 2006-2011	
Centro Izquierda	2 (6.45)	7 (21.87)	18 (54.55)	15 (51.72)	42 (33.9)
Centro Derecha		2 (6.25)	7 (21.21)	9 (31.03)	18 (14.52)
Anti-PRI	2 (6.45)	1 (3.13)	3 (9.09)	4 (13.79)	10 (8.06)
Megaanti-PRI		1 (3.13)	2 (6.06)	1 (3.45)	4 (3.23)
Priista		1 (3.13)	17 (51.51)	25 (86.20)	43 (34.68)
Mínimas		3 (9.38)	2 (6.06)	2 (6.89)	7 (5.65)
Total	4 / 31	15 / 32	49 / 33	56 / 29	124/125

Nota: en las celdas figura en valores absolutos el número de alianzas y entre paréntesis el porcentaje respecto del total de elecciones durante el sexenio. En el total se presenta el número total de
alianzas registradas sobre el total de elecciones del sexenio.

La tabla permite destacar el proceso en que varían las
frecuencias. En general, tal y como ya lo hemos analizado,
encontramos menos alianzas antes del año 2000 y una mayor presencia de ellas en la competencia con posterioridad
a ese año. Pero se pueden destacar algunos aspectos en
cuanto a su constitución.

En primer lugar, las alianzas de "centroizquierda" formadas entorno al PRD predominan en todos los sexenios,
pasando del 6% en el de CSG, trepando al 21% en el de EZPL
y alcanzando más del 50% tanto en el de VFQ como en el
de FCH. Si a ello le sumamos la dimensión vertical, el PRD
integra alianzas en el 13% de las elecciones realizadas en el
sexenio de CSG, el 28% de las elecciones en el sexenio de

EZPL, el 70% de las elecciones en el de VFQ y el 69% de las elecciones en el de FCH. De este modo, el PRD puede ser inequívocamente definido como el partido más aliancista del sistema de partidos.

En segundo lugar, las alianzas priistas, inexistentes antes del 2000, pasan a ser en los sexenios de VFQ y de FCH las alianzas rivales, al punto que en el sexenio de FCH alcanzan el 86% de las elecciones, desplazando en ese sexenio al PRD del primer lugar en el *ranking* de partidos aliancistas.

En tercer lugar, las alianzas de "centroderecha" organizadas en torno al PAN no han alcanzado el nivel de presencia electoral de las otras dos anteriores, pero constituyen una parte importante del fenómeno aliancista en los Estados. En el sexenio de EZPL, se presentaron en el 6% de las elecciones, pasando a presentarse en el 21% de las elecciones en el de VFQ, llegando al 31% de las elecciones en el de FCH. Si consideramos las alianzas que el PAN ha integrado, más allá de las alianzas exclusivamente de "centroderecha", el potencial aliancista del PAN cambia un poco. En el sexenio de CSG integró alianzas en el 6.45% de las elecciones, pasando al 12.5% en el de EZPL, al 36.6% en el de VFQ y al 48.3% en el de FCH. En general, el PAN no presenta una disposición aliancista del volumen del PRD y del PRI, pero el volumen de alianzas formadas en torno a este partido han sido claves en el proceso bajo estudio.

En cuarto lugar, podemos observar las alianzas formadas exclusivamente en el eje vertical en contra del PRI. La característica central de éstas es la coordinación electoral del PAN y el PRD, junto a otros partidos como CONV, el PT y el PVEM. La presencia de estas alianzas en los cuatro sexenios analizados ha ido en aumento pasando del 6% en los sexenios priistas, al 15% en el sexenio de VFQ y al 17% en el de FCH. La prensa ha sido muy dura contra estas formaciones políticas, llegando a denominarlas alianzas "contranatura" o "antinatura". Pero más allá de la calificación política que para algunos puedan merecer, lo cierto es que responden a una lógica política claramente explicable en términos del espacio político en el que los partidos se posicionan.

De manera contraria a las imágenes de polarización ideológica que proyectan el PRD y el PAN, y que dominan en las imágenes públicas de la política mexicana, en nueve elecciones han conformado alianzas conjuntas. Durante los sexenios priistas (1988-2000) formaron cuatro: el PAN y el PRD presentaron candidaturas comunes en San Luis Potosí (1991), Tamaulipas (1992), Nayarit (1999) y Coahuila (1999). Pero las que más desafían las imágenes públicas son las alianzas en las que ambos coordinaron sus fuerzas durante el sexenio de VFQ (PAN). Los partidos supuestamente más extremos en el continuo izquierda-derecha y en oposición abierta a nivel nacional desde que el PAN ocupó la presidencia de la República coordinaron estratégicamente en cinco elecciones de gobernador: la mega "Alianza por Chiapas" (Chiapas, 2000), "Candidatura Común" (Yucatán, 2001), "Todos Somos Colima" (Colima, 2003), "Todos Somos Oaxaca" (Oaxaca, 2004), "Todos somos Chihuahua" (Chihuahua, 2004). Del mismo modo, las 5 alianzas realizadas durante el sexenio de FCH: "Durango nos Une" (2010), "Hidalgo nos une" (2010), "Unidos por la Paz y el Progreso" (Oaxaca, 2010), "El Cambio es ahora por Sinaloa" (2010) y la megaalianza "Compromiso por Puebla" (2010), integrada además por el PANAL.

Más allá de las imágenes fuertemente ideológicas y polares que, por ejemplo, las elites nacionales del PRD y del PAN se han encargado de proyectar, como se puede apreciar sin ambigüedades, han llegado a acuerdos políticos importantes en materia de candidaturas conjuntas. La evaluación racional de evitar el peor resultado –esto es, que el partido en el último orden de preferencia resulte ganador– los llevó a una exitosa coordinación estratégica. Si bien este dato por sí solo corrobora la tesis del pragmatismo político de los partidos políticos mexicanos más grandes, la evidencia no se agota allí. Algunos partidos medianos y pequeños han sabido ser compañeros de ruta de partidos diferentes en diversas ocasiones y en el mismo sexenio, lo que amerita una exploración adicional.

4. Los partidos medianos y pequeños en las alianzas

A lo largo de estos sexenios, muchos partidos pequeños han emergido y se han sumergido. Así, podemos contar en los primeros sexenios al Partido Auténtico de la Revolución Mexicana (PARM), al Partido Sociedad Nacionalista (PSN), al Partido Alianza Social (PAS), al Partido de Centro Democrático (PCD), y más recientemente, al Partido Liberal Mexicano (PLM), Fuerza Ciudadana (FC) y México Posible (MP), por citar algunos casos. Todos estos partidos han integrado alianzas de algún tipo, pero no han logrado mantenerse en la competencia electoral más allá de unos años. En contraste con estos partidos, el Partidos del Trabajo (PT), el Partido Verde Ecologista de México (PVEM), Convergencia (CONV) y el Partido Nueva Alianza (PANAL) parecen mostrar mejores perspectivas para su supervivencia. No sólo logran mantenerse con éxito en la arena electoral durante todo este tiempo (fundamentalmente los tres primeros), sino que además han logrado acumular poder institucional en las legislaturas (como es el caso del PANAL, el PT y el PVEM) o encabezar algunas alianzas (como es el caso de CONV).

Si comparamos la integración de alianzas por parte de estos partidos, aparecen notables diferencias. Los partidos con larga existencia que han logrado sobrevivir han sido aquellos que se han adaptado a las nuevas condiciones de competencia aliándose: el PVEM pasó de integrar alianzas en 22% de las elecciones en el sexenio de EZPL a competir en alianzas en el 76% de las elecciones realizadas en el sexenio de FCH.

Tabla 4.4. Número de alianzas integradas por partidos políticos medianos y pequeños por sexenio

Partido político	Sexenio observado				TOTAL
	CSG 1988-1994	EZPL 1994-2000	VFQ 2000-2006	FCH 2006-2011	
PVEM	–	7 (21.87)	22 (68.75)	22 (75.86)	51
PT	–	10 (31.25)	20 (62.50)	18 (62.06)	48
CONV	–	1 (3.12)	17 (51.51)	17 (58.62)	35
PANAL	–	–	–	20 (68.96)	20
MP	–	–	2 (6.06)	–	2
FC	–	–	1 (3.00)	–	1
PLM	–	–	1 (3.00)	–	1
PAS	–	–	4 (12.12)	–	4
PCD	–	–	4 (12.12)	–	4
PSN	–	–	5 (15.15)	–	5
otros	5 (16.12)	2 (6.25)	7 (21.21)	9 (31.03)	24
Total	4 / 31	15 / 32	49 / 33	56 / 29	

Nota: en las celdas figura en valores absolutos el número de elecciones y entre paréntesis el porcentaje respecto del total de elecciones durante el sexenio. En el total se presenta el número total de alianzas registradas sobre el total de elecciones del sexenio.

El PT es, de los partidos pequeños y medianos, el que presenta un mejor promedio en conformación de alianzas, presentándose en alianzas en un tercio de elecciones durante el sexenio de EZPL, y duplicando ese comportamiento en los dos sexenios siguientes. De igual forma, Convergencia se ha presentado en los últimos dos sexenios en alianzas en la mitad de las elecciones estatales.

Comparado con los demás partidos, estos partidos presentan una mayor inclinación a la integración de alianzas, lo cual en parte (y legislación mediante) pudo haber ayudado a que sobrevivan en la competencia electoral y se hayan beneficiado. En cierto modo, el PANAL, de reciente creación, ha imitado esa estrategia en forma importante: en el 68% de las elecciones estatales ha concurrido en alianza.

Existen otros partidos menores y con electorados muy localizados que han formado alianzas electorales en el período. Los cinco que figuran en el sexenio de CSG son: en Guanajuato el PPS; en San Luis Potosí el PDM; y en Coahuila el PDM, el PACC y la UCA. En el sexenio de EZPL, se presentó en San Luis Potosí el Nava Partido Político y el Partido de la Revolución Socialista en Guerrero. En el sexenio de VFQ, en Colima, se presentó la Asociación por la Democracia Colimense (en dos ocasiones); el Partido Revolucionario Veracruzano; el PRS en Guerrero; en Tlaxcala el Partido por la Justicia Social; en Coahuila la Unidad Democrática Coahuilense. Algo similar sucede en el sexenio de FCH, donde además de los partidos del ámbito nacional existieron nueve fuerzas locales compitiendo en alianza con los otros partidos, como el Partido Alianza por Yucatán, el de Renovación Sudcaliforniana, el Partido Encuentro Social (Baja California) y el Partido Estatal de Baja California. Y reiteraron su presencia electoral el Partido Revolucionario Veracruzano, la Asociación por la Democracia Colimense, el Partido Demócrata y la Cruzada Ciudadana en Nuevo León, Conciencia Popular en San Luis Potosí, y el Partido Alianza Ciudadana de Tlaxcala.

Más allá de la descripción densa que pudiéramos hacer respecto de los partidos de tamaño mediano y pequeño, queda claro que el PVEM, el PT, CONV y el PANAL destacan muy por encima de todos los demás partidos por su éxito electoral e institucional. Exploremos un tanto más en profundidad las estrategias aliancistas de estos cuatro partidos.

5. La oscilación pragmática

A lo largo de los veinticuatro años bajo estudio, encontramos muchos partidos históricos que no lograron sobrevivir; y otros, que emergieron durante los años analizados pero no lograron superar la exigencia de un contexto electoral fluctuante y competitivo.[45] Quizás, al analizar la abrumadora cantidad de partidos que quedaron por el camino, resalta con más claridad el éxito que han tenido los cuatro partidos destacados: PVEM, PT, CONV y PANAL. Con una clara orientación pragmática, pudieron superar los cambios que se experimentaron en el mercado político electoral, convirtiéndose de este modo en partidos importantes del sistema de partidos mexicanos.

Partido Verde Ecologista de México

El PVEM integró 51 alianzas, de las cuales 7 se realizaron en el sexenio de EZPL y 22 al finalizar el sexenio de VFQ. Un análisis general del PVEM lo ubica certeramente

---

[45]   La supervivencia en la arena electoral está regulada por los requisitos para mantener el registro partidario o personería política que les permite y habilita a participar en las elecciones. En el Código Federal de Instituciones y Procedimientos Electorales (COFIPE) se establecen en el Libro Segundo, Título Quinto, las razones por las cuales un partido pierde su registro. Esta regulación estipula para los partidos con registro federal un umbral electoral mínimo del 2%. Recientemente, en las elecciones del 2006, el umbral fue reducido al 1.5%. En los Estados, el umbral es variable y oscila entre 1.5 y 4%.

como un partido aliado al PRI de manera abrumadora: de las 51 alianzas integradas, 39 fueron con este partido. Sin embargo, esto es el resultado de un proceso de transformaciones en sus alianzas, aunque siempre zigzagueante. Durante el sexenio de EZPL, fue aliado del PRD en dos Estados y aliado del PAN en otros dos: fue aliado del PRD en Nuevo León 1997 y Tlaxcala 1998; al año siguiente integró alianza con el PAN en Hidalgo 1999 y el Estado de México 1999. Integró dos alianzas mínimas con el PT: en 1998 en los Estados de Veracruz y Aguascalientes. Al mismo tiempo, integró la megaalianza antipriista en el Estado de Coahuila en 1999. Observando su comportamiento en los años noventa, se deduce un pragmatismo político que hace ardua la tarea de identificarlo espacialmente en los ejes de competencia.

Tabla 4.5. Orientación político-ideológica de las alianzas electorales integradas por el Partido Verde Ecologista de México por sexenios, 1988-2011

Alianza	Sexenio observado				TOTAL
	CSG 1988-1994	EZPL 1994-2000	VFQ 2000-2006	FCH 2006-2011	
Izquierda	0	2	1	0	3
Derecha	0	2	2	0	4
Anti-PRI	0	0	0	0	0
Megaanti-PRI	0	1	2	0	3
Priista	0	0	17	22	39
Mínimas	0	2	0	0	2
Total	0 / 31	7 / 32	22 / 33	22 / 29	51

Nota: en las celdas figura en valores absolutos el número de alianzas y entre paréntesis el porcentaje respecto del total de elecciones durante el sexenio. En el total se presenta el número total de alianzas registradas sobre el total de elecciones del sexenio.

Durante el sexenio de VFQ fue menos oscilante. Destacó en dos megaalianzas antipriistas la "Alianza por Chiapas" en el año 2000 y la "candidatura común" en 2001 en Yucatán. Fue compañero del PAN en el DF en el año 2000 y en 2001 en Baja California, mientras que en 2001 volvió a ser aliado del PRD. Las oscilaciones del PVEM integrando alianzas de izquierda junto con el PRD y de derecha junto con el PAN, además de las alianzas integradas por "todos juntos contra el PRI", son un indicador de la "adaptación pragmática" del Verde Ecologista de México. Pero hasta allí, no sería equívoco ubicarlo como un partido de centro pragmático y flexible, aunque claramente antipriista. Sin embargo, la constatación final de su pragmatismo ocurrió en este sexenio y se consolidó en el de FCH. Exactamente en las elecciones intermedias del sexenio de VFQ, el PVEM mutó una vez más de aliados. Desde 2003 en adelante, integró 39 alianzas electorales, en las cuales todas fueron en compañía del PRI: 17 en el sexenio de VFQ y 22 en el de FCH.

Partido del Trabajo

A la izquierda del espacio político-ideológico de competencia, se observan también reacomodos pragmático y estratégicos. El PT integró tantas alianzas como el PVEM, aunque a diferencia de éste, no fue extremadamente flexible. Un análisis general del PT lo ubica certeramente como un partido aliado al PRD de manera abrumadora: de las 48 alianzas integradas, 29 fueron con este partido. Y en todos los sexenios fue su principal aliado. Su estrategia no fue tan zigzagueante como la del PVEM –hay que decirlo para ser justo–, aunque ha sido el otro gran partido pragmático del sistema de partidos. A lo largo de todo el período observado, no integró una sola alianza de derecha, quizá por definición. Pero lo cierto es que nunca fue aliado exclusivo del PAN. Durante el sexenio de EZPL, especialmente en

1998, compartió tres alianzas mínimas: una con el Partido
de Centro Democrático (PCD) en Chihuahua, y otras dos
con el PVEM en Aguascalientes y Veracruz; en esta última
alcanzaron más del 5% de los votos.

Tabla 4.6. Orientación político-ideológica de las
alianzas electorales integradas por el Partido
del Trabajo por sexenios, 1988-2011

Alianza	Sexenio observado				TOTAL
	CSG 1988-1994	EZPL 1994-2000	VFQ 2000-2006	FCH 2006-2011	
Izquierda	0	5	11	13	29
Derecha	0	0	0	0	0
Anti-PRI	0	1	0	2	3
Megaanti-PRI	0	1	2	0	3
Priista	0	0	6	1	7
Mínimas	0	3	1	2	6
Total	0 / 31	10 / 32	20 / 33	18 / 29	48

Nota: en las celdas figura en valores absolutos el número de alianzas y entre paréntesis el porcentaje respecto del total de elecciones durante el sexenio. En el total se presenta el número total de
alianzas registradas sobre el total de elecciones del sexenio.

Durante ese sexenio integró cinco alianzas de izquierda
con el PRD: en 1998 en Tlaxcala, y en 1999 en los Estados de
Guerrero, Baja California Sur, Hidalgo y el Estado de México.
De manera adicional, participó en una alianzas antipriistas
junto al PRD y al PAN (Nayarit, en 1999) y una megaalianza
antipriista (PAN + PRD + PT + PVEM) (Coahuila, en 1999).
Hasta aquí, su comportamiento electoral es coherente, integrando alianzas de izquierda y sumándose en las alianzas
antipriistas en las que su socio (el PRD) participó. Con el
inicio del sexenio de VFQ, su comportamiento se modificó.
Si bien integró once alianzas de izquierda junto al PRD y se

sumó a las dos megaalianzas antipriistas (la "Alianza por Chiapas" en el año 2000 y la candidatura común del 2001 en Yucatán, lo que indica una continuidad en su estrategia aliancista), el PT integró además seis alianzas con el PRI: en el 2003, la "Alianza con Gustavo Vázquez Montes" en Colima; en el 2004, la "Alianza Contigo" (Aguascalientes), la "Alianza con la Gente" (Chihuahua), la "Nueva Fuerza Oxaqueña" (Oaxaca) y la "Alianza Zacatecas" (Zacatecas); y en el 2005, otra vez en Colima participó de la "Alianza para que Vivas Mejor".

Este comportamiento se redujo en el sexenio de FCH, al integrar sólo una alianza con el PRI (Chihuahua, en 2010). En este último sexenio, integró trece alianzas con el PRD, dos alianzas antipriistas con el PRD y el PAN, y Convergencia en el 2010: "Durango nos Une" y "Unidos por la Paz y el Progreso", en Oaxaca. Además, integró dos alianzas mínimas con Convergencia en el 2006, en Yucatán y Baja California. No obstante, y aunque pragmático, el PT puede ser fácilmente ubicado a la izquierda del espacio de competencia horizontal y en una posición intermedia en el eje de competencia vertical (priismo-antipriismo). Su comportamiento así lo indica.

Convergencia Partido Político Nacional

Otro partido emergente que ha logrado sobrevivir gracias a una férrea política de alianzas ha sido Convergencia. A diferencia de los anteriores, éste ha demostrado un poco más de estabilidad en la política de alianzas conformadas. Una mirada general de este partido nos indica que de las 35 alianzas que integró, 22 de ellas fueron con el PRD posicionándose claramente como un partido aliancista de izquierda. Aun más, integró cinco alianzas antipriistas y dos megaalianzas antipriistas (todas ellas con el PRD y el PAN). Por otra parte, integró cuatro coaliciones mínimas, algunas de ellas ya mencionadas al analizar los anteriores partidos.

Hasta aquí, no hay duda alguna de la coherencia de CONV en su política de alianzas, salvo por dos casos. Durante el sexenio de VFQ integró, en el año 2005, la alianza "Todos Somos Quintana Roo", y en el Estado de México, la "Alianza PAN Convergencia". Durante el sexenio de FCH, integró diez alianzas de izquierda, lo cual lo convierte junto con el PT en el aliado típico del PRD. Además de estas alianzas, destacan cuatro más de carácter antipriistas: "Durango nos Une", "Hidalgo nos Une", "el Cambio es Ahora por Sinaloa" y "Unidos por la Paz y el Progreso" en Oaxaca, en la cual no sólo participó sino que el candidato a gobernador ganador pertenece a este partido. Por otro lado, integró la megaalianza antipriista "Compromiso por Puebla". En las dos alianzas mínimas que integró en el año 2006, lo hizo junto al PT.

Tabla 4.7. Orientación político-ideológica de las alianzas electorales integradas por Convergencia Partido Político por sexenios, 1988-2011

Alianza	Sexenio observado				TOTAL
	CSG 1988-1994	EZPL 1994-2000	VFQ 2000-2006	FCH 2006-2011	
Izquierda	0	0	12	10	22
Derecha	0	0	2	0	2
Anti-PRI	0	0	1	4	5
Magaanti-PRI	0	0	1	1	2
Priista	0	0	0	0	0
Mínimas	0	1	1	2	4
Total	0 / 31	1 / 32	17 / 33	17 / 29	35

Nota: en las celdas figura en valores absolutos el número de alianzas y entre paréntesis el porcentaje respecto del total de elecciones durante el sexenio. En el total se presenta el número total de alianzas registradas sobre el total de elecciones del sexenio.

Convergencia ha demostrado una política de alianzas más coherente que la del PVEM, e incluso que la del PT. Aunque las dos alianzas con el PAN no hacen de este partido un partido de derecha, lo cierto es que permiten ubicarlo más hacia el centro que sus socios típicos, el PT y el PRD. También hay que destacar, al menos por ahora, otro rasgo de coherencia: jamás ha sido aliado del PRI, ubicándolo por debajo en el eje vertical de competencia.

Partido Nueva Alianza

El caso del PANAL es más sencillo de analizar, ya que sólo ha competido desde el año 2006. No obstante, tiene en su haber una política flexible de alianzas. Desde ese año, ha integrado veinte alianzas electorales, de las cuales doce fueron con el PRI como aliado; pero al mismo tiempo, en siete oportunidades lo hizo con el PAN y ha integrado, inclusive, la megaalianza en contra del PRI, "Compromiso por Puebla", en el 2010. De este modo, en el poco tiempo que lleva en el sistema político mexicano, el PANAL ha establecido una pragmática estrategia de alianzas que lo ha colocado en algunos Estados en posesión de un número de escaños incluso superior al de los partidos grandes del ámbito nacional. Su comportamiento aliancista lo ubica en el eje horizontal con una orientación hacia la centroderecha, e inclinado claramente en el eje vertical hacia el priismo.

6. Conclusión

El análisis realizado en este capítulo permite tener un panorama claro y profundo del comportamiento aliancista de los partidos políticos mexicanos en los Estados. La política de alianzas comenzó siendo rara en los años de Salinas de Gortari, experimentó en el sexenio de Ernesto

Zedillo una tenue propensión, y se disparó en el sexenio de Vicente Fox, convirtiéndose en la forma normal de competencia en el sexenio de Felipe Calderón. El espacio de competencia electoral en donde esas alianzas emergieron, lejos de ser unidimensional –según el estilo ideológico europeo, en donde los partidos se ubican de izquierda a derecha–, ha sido bidimensional. Transversalmente al eje de competencia ideológica clásica, se erige un eje de competencia local caracterizado por la posición de los partidos en relación con el otrora partido hegemónico: priismo-antipriismo. En este marco, los partidos asumen posiciones que los acercan o los alejan y les permiten establecer una política de alianzas flexible. Así predominan, por un lado, las alianzas de "centroizquierda", y por el otro, las alianzas "priistas". Junto a estas, pero en menor medida, se han destacado alianzas de "centroderecha" y alianzas "antipriistas". El PRD y el PRI parecen ser en la actualidad los partidos promotores de estas alianzas.

El estudio del comportamiento de los partidos políticos en la integración de las alianzas también nos ha dejado algunos resultados importantes para los partidos medianos y pequeños. El PVEM emerge como el partido más pragmático y zigzagueante del sistema, yendo de izquierda a derecha e integrando alianzas antipriistas, para finalmente encontrar su lugar al calor de las alianzas priistas. El PT le sigue en pragmatismo, aunque con un grado de coherencia mayor al no integrar nunca una alianza de "centroderecha". De todas formas, ha sido pragmático, en el sentido que si bien mayoritariamente ha integrado alianzas de izquierda y antipriistas, ha participado no obstante en alianzas con el PRI. De los partidos medianos, Convergencia aparece como un partido pragmático, aliancista y flexible, pero coherente en relación con no integrar hasta el presente ninguna alianza con el PRI, aunque ha integrado de manera abrumadora alianzas de izquierda y antipriistas, ha participado de alianzas de "centroderecha", si bien en pocas ocasiones. Por último, el PANAL oscila entre su abrumadora presencia en alianzas priistas y la integración de alianzas de "centroderecha", aunque cuando la oportunidad lo requiere, integra alianzas antipriistas.

El pragmatismo aliancista y la flexibilidad de estos partidos les han permitido sobrevivir a un contexto competitivo en el que muchos partidos no lo han logrado. No es menor el hecho de que en estos sexenios muchos partidos han perdido su registro y no lograron sobrevivir a las exigencias de la competencia electoral. En este sentido, hay que analizar el comportamiento estratégico y pragmático de estos partidos a la luz de sus resultados.

Capítulo 5
Las alianzas como estrategia dominante

Las alianzas electorales de "centroizquierda", de "centroderecha", priistas y antipriistas, que se han formado a lo largo de este tiempo no siempre resultaron ganadoras. Antes bien, podría decirse que se trató de un juego de ensayo y error. Para tener una idea general, de las 32 elecciones realizadas durante el sexenio de EZPL, sólo cuatro fueron ganadas por una alianza electoral; en el sexenio siguiente, 19 elecciones, sobre un total de 33, fueron ganadas por una alianza electoral; y finalmente, en lo que va del sexenio de FCH, 25 elecciones, sobre un total de 29, han sido ganadas por una alianza.[46] Como se puede apreciar, el éxito fue en aumento, pero no cierto.

En el capítulo anterior hemos indagado la política de alianzas electorales llevada adelante por los partidos políticos, pero no hemos dicho nada acerca del éxito que tuvieron ni de la posición que los partidos ocupaban cuando éstas se conformaron. En este capítulo continuamos lo indagado en el anterior, pero poniendo el acento en el origen oficialista u opositor de las alianzas electorales y el éxito que han tenido para conquistar el gobierno o bien para conservarlo, lo que ha dado lugar a que las alianzas sean una estrategia dominante para casi todos los partidos.

---

[46] Y se estima que en al menos dos de las tres elecciones que faltan realizar (Coahuila y Edomex) ganará una alianza.

1. Las alianzas electorales como resultado de equilibrio

En el capítulo 2 hemos revisado el problema estratégico de la formación de alianzas a través de juegos de coordinación. Considerando las preferencias de los actores que intervienen, podíamos transformar los diferentes juegos de interacción. Por su parte, en el capítulo 4 hemos dado cuenta de los diferentes tipos de alianzas que se han formado y hemos detectado la frecuencia de ellas, sobresaliendo las alianzas de izquierda y las alianzas priistas en mayor medida que las de derecha o las alianzas antipriistas. Pero analizando el momento de cada elección y considerando los triunfos y las derrotas de las alianzas, podemos tener una idea más acabada del fenómeno de formación de alianzas y de la probabilidad de su éxito o triunfo electoral.

Gráfico 5.1. Probabilidad de presencia de una alianza y probabilidad de triunfo electoral en una elección de gobernador, 1988-2011

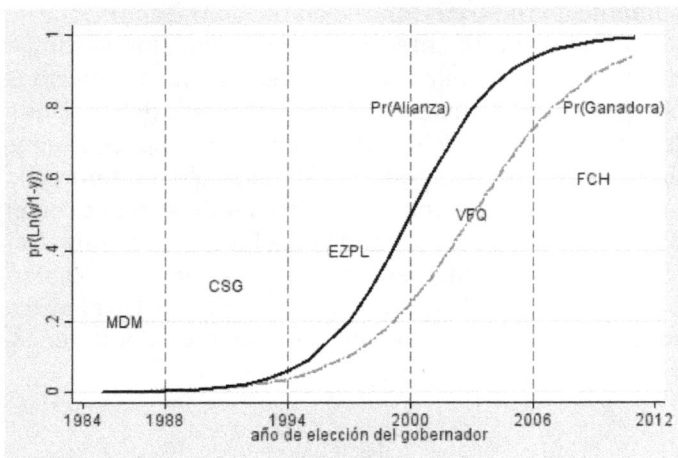

Fuente: elaboración propia. Probabilidades obtenidas mediante un modelo logit, $\ln(y/1-y) = a + b_1 x$

Como se puede apreciar en el Gráfico 5.1, la probabilidad de triunfo de una alianza tarda en aumentar en comparación con la presencia de una alianza en una elección, lo cual es lógicamente comprensible ya que la presencia de una alianza es la condición necesaria para su triunfo. No obstante, con el transcurso del sexenio de VFQ el aumento de la probabilidad de triunfo se va acercando a 1, llegando probablemente a su máximo en el próximo sexenio (2012-2018).

En este sentido, podemos destacar que las alianzas electorales se han ido convirtiendo en una estrategia dominante para los partidos políticos: esto es, no importa qué es lo que haga el otro, siempre conviene formar una alianza electoral. Y como este comportamiento se ha extendido, la mejor respuesta por parte de sus adversarios ha sido también conformar una alianza electoral. Esto ha devenido en que en todas las elecciones terminen por enfrentarse dos o más alianzas electorales. Así, la reacción en cadena generó un proceso de formación de alianzas electorales como un resultado de equilibrio.

Si bien al inicio las primeras alianzas electorales no condujeron al triunfo electoral, fueron mejorando las condiciones de competencia de los partidos que las integraban. Así, las primeras alianzas electorales que dieron por resultado el éxito electoral fueron las que se produjeron entre los partidos de oposición, para luego dar paso a las alianzas que los partidos en el gobierno promovieron para mantener el poder.

La Tabla 5.1 ordena esta información de un modo más comprensible. En las celdas figura en valores absolutos el número de elecciones ganadas por una alianza electoral. El segundo valor representa el número de triunfos de oficialista u opositores. En el número base se representan los triunfos de alianzas electorales sobre el total de elecciones realizadas en el sexenio.

Tabla 5.1. Alianzas electorales oficialistas y opositoras
ganadoras según sexenios, 1985-2011

Tipo de alianza	Sexenio observado				
	MDM 1985-1988	CSG 1988-1994	EZPL 1994-2000	VFQ 2000-2006	FCH 2006-2012
Oficialista	0 / 25	0 / 29	1 / 21	12 / 24	13 / 17
Opositora	0 / 0	0 / 2	3 / 11	6 / 9	11 / 12
Elecciones	25	31	4 / 32	18 / 33	24 / 29

Fuente: elaboración propia.

Como puede apreciarse, una vez más, la emergencia de las alianzas vino de la mano de los triunfos de oposición. En el sexenio de EZPL, la oposición ganó en once Estados y tres de estos triunfos fueron logrados por alguna alianza (dos de izquierda y una megaalianza antipriista). En el sexenio de VFQ, en cambio, la oposición obtuvo nueve victorias, pero seis de ellas fueron en alianza. En el sexenio de FCH, los triunfos opositores fueron doce, de los cuales once (casi todos) fueron en alianza. Las alianzas opositoras exitosas fueron *in crescendo*, pero el evento que ha convertido al fenómeno aliancista en una estrategia dominante fue la emergencia de las alianzas oficialistas: durante el sexenio de EZPL, de los 21 triunfos oficialistas sólo uno fue en alianza, pero esta cifra trepo a 12 de 24 elecciones ganadas por el oficialismo en el sexenio de VFQ y a 13 de 17 en el sexenio de FCH.

Puede apreciarse el proceso que lleva a la formación de alianzas como un resultado de equilibrio. El aumento de la probabilidad condicional de un triunfo de una alianza de oposición (dado un triunfo de Alianza), aunque sea tenue, dispara el aumento de la probabilidad de que se forme una alianza en una elección. El aumento de la presencia de alianzas en las elecciones y el aumento

de la probabilidad del triunfo opositor (condicional) en
alianzas fomentan la constitución de alianzas oficialistas
y, con ello, el aumento de la probabilidad condicional
de triunfos de alianzas oficialistas. Todo eso conduce al
final del período en la presencia casi segura (p~1) de una
competencia entre alianzas. El Gráfico 5.2 representa en
forma gráfica el aumento de probabilidades a lo largo del
tiempo, de la presencia de alianzas, de sus triunfos y de la
probabilidad condicional de los triunfos aliancistas de la
oposición y del oficialismo.

Gráfico 5.2. Probabilidad de presencia de una alianza
y probabilidad de triunfo electoral de opositoras y
oficialistas, en una elección de gobernador, 1988-2011

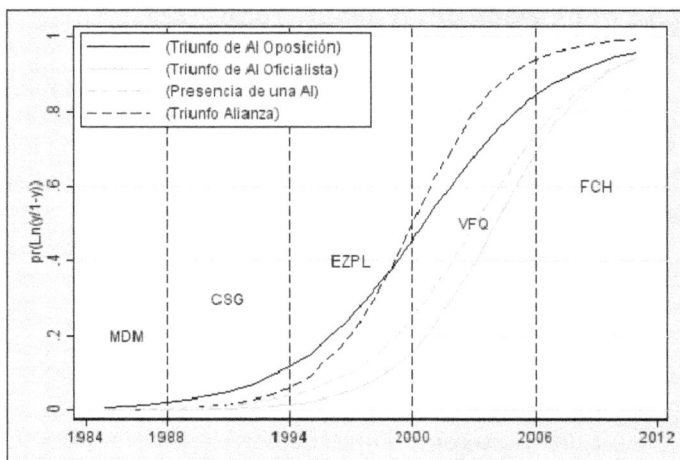

Fuente: elaboración propia. Probabilidades obtenidas mediante
un modelo logit, ln $(y/1-y) = a + b_1 x$

De este modo, en relación con la "coordinación estratégica" de los partidos políticos a nivel local, si bien
comenzó como "estrategia opositora", sus resultados

implicaron que fuera rápidamente copiada como "estrategia oficialista". Incluso, en el último sexenio, 13 de 17 triunfos electorales oficialistas fueron en alianza, mientras que la oposición logró triunfos en 11 de 12. Si bien la probabilidad de los triunfos opositores aliados siegue siendo mayor que la de los triunfos oficialistas, los resultados del análisis indican y permiten aseverar que serán indistintos. En consecuencia, las alianzas se han convertido en una estrategia dominante para oficialistas y opositores, produciendo así que el resultado de equilibrio sea la realización de elecciones con alianzas enfrentadas.

2. La orientación de las alianzas opositoras

Para inicios de la década de 1990, los "partidos de oposición" en forma individual no eran capaces de derrotar al Revolucionario Institucional, que dominaba los 31 Estados. Esa situación de debilidad electoral frente al aparato del PRI se convirtió, en algunos casos, en la condición de posibilidad para la conformación de alianzas electorales de los partidos de oposición. Desde entonces, las alianzas y las candidaturas comunes han constituido otra forma de competencia en la que los partidos suman fuerzas y votos para derrotar al partido en el gobierno. En la Tabla 5.3 se presentan detalladamente todos los casos en que una alianza o candidatura común desde la oposición ganó las elecciones. El orden de los partidos que integran la alianza comienza por el partido con el cual el gobernador ha sido identificado.

Tabla 5.3. Gobernadores electos por candidaturas comunes
y alianzas electorales opositoras 1989-2011

Estado	Fecha	Candidato	Alianza
Tlaxcala	01/11/98	Alfonso Abraham Sánchez Anaya	PRD + PT + PVEM Candidatura común
Baja California Sur	07/02/99	Leonel Cota Montaño	PRD + PT Candidatura común
Nayarit	04/07/99	Antonio Echeverría Ramírez	PAN + PRD Candidatura común
Chiapas	20/08/00	Pablo Salazar Mendiguchía	PAN + PRD + PT + PVEM + PCD + PSN Alianza por Chiapas
Yucatán	27/05/01	Patricio Patrón Laviada	PAN + PRD + PVEM + PT Candidatura común
Michoacán	11/11/01	Lázaro Cárdenas Batel	PRD + PT + PVEM + CONV + PAS + PSN Unidos por Michoacán
Nuevo León	06/07/03	José Natividad González Parás	PRI + PVEM + FC Alianza Ciudadana
Tlaxcala	14/11/04	Héctor Ortiz Ortiz	PAN + PCDT + PJS Alianza Ciudadana por Tlaxcala
Guerrero	06/02/05	Zeferino Torreblanca Galindo	PRD + CONV + PRS Por un Guerrero Mejor
Chiapas	20/08/06	Juan Sabines Guerrero	PRD + PT + CONV Coalición por el Bien de Todos

Estado	Fecha	Candidato	Alianza
Yucatán	20/05/07	Ivonne Ortega Pacheco	PRI + PVEM + PAY
Querétaro	5/07/09	José Calzada Rovirosa	PRI + PANAL
San Luis Potosí	5/07/09	Fernando Torazo Fernández	PRI + PVEM + PSD
Aguascalientes	4/07/10	Carlos Lozano de la Torre	PRI + PVEM + PANAL Aliados por tu Bienestar
Puebla	4/07/10	Rafael Moreno Valle Rosas	PAN + PRD + CONV + PANAL Compromiso por Puebla
Oaxaca	4/07/10	Gabino Cué Monteagudo	CONV + PRD + PAN + PT Unidos por la Paz y el Progreso
Sinaloa	4/07/10	Mario López Valdez	PRD + PAN + CONV
Tlaxcala	4/07/10	Mariano González Zarur	PRI + PVEM Unidos por Tlaxcala
Zacatecas	4/07/10	Miguel Alonso Reyes	PRI + PVEM + PANAL Primero Zacatecas
Baja California Sur	6/02/11	Marcos Alberto Covarrubias Villaseñor	PAN + PRS La Alianza es Contigo

Fuente: Elaboración propia en base a datos de los institutos electorales estatales

Como puede apreciarse en algunos casos, se ha tratado de candidatos claramente identificados con un partido, mientras que en otros, la apuesta fue por alguien no alineado de manera explícita a alguna de las fuerzas, con el objetivo de facilitar la alianza y reducir de un modo provisorio la desconfianza.[47] Tales pueden ser los casos de Pablo Zalazar Mendiguchía en Chiapas, o el ex priista Mario López Valdez en Sinaloa.

Los éxitos de la oposición en alianzas han sido significativos. El primer triunfo compartido sucedió en 1998, en Tlaxcala, donde el PRD, el PVEM y el PT se unieron detrás de su candidato común Alfonso Abraham Sánchez Anaya, lo que les permitió la victoria con el 46.52% de los votos. Del mismo modo ocurrió en Baja California Sur, donde Leonel Cota Montaño en 1999 ganaba la contienda con la postulación común del PRD y del PT con el 55% de los sufragios positivos. En ese mismo año, el PAN, el PRD, el PT y el PRS compartieron la candidatura en Nayarit al postular a Antonio Echeverría Ramírez, convirtiéndolo en gobernador del Estado con un 52.95% de los votos. También, para el año 2000 en Chiapas, la Alianza por Chiapas (PAN + PRD + PVEM + PT + PAS + PCD + PSN), conformada por todos los partidos políticos distintos al PRI, obtuvo la gubernatura del Estado impulsando la candidatura de Pablo Salazar Mendiguchía con el 52.66% del respaldo en las urnas. Le siguen en la lista de alianzas opositoras exitosas las de Yucatán, Michoacán, Tlaxcala y Guerrero. Pero en especial el triunfo de una alianza opositora que destaca por su contenido simbólico ha sido la Alianza Ciudadana, con la que el PRI recuperó el Estado de Nuevo León en 2003 en alianza con el PVEM y FC, llevando como

---

[47] Lo cierto es que tarde o temprano, los gobernadores tomaron decisiones de tal modo que en su desempeño pudieron ser claramente identificados como de uno u otro color político, si bien fueron electos por una alianza de partidos.

candidato a José Natividad González Parás[48] y obteniendo el
56.65% de los votos. A partir del 2003, el PRI en alianza pudo
recuperar muchos Estados perdidos en elecciones pasadas,
como fueron las elecciones de Yucatán en el 2007, Querétaro
y San Luis Potosí en el 2009 y Aguascalientes, Tlaxcala y
Zacatecas en el 2010. Por su parte, el PRD junto con el PAN
en el 2010 conformaron alianzas antipriistas que les dieron el
triunfo en Puebla, Sinaloa y Oaxaca, hasta entonces territorios
Priistas que no habían experimentado alternancia.

3. La orientación de las alianzas oficialistas

Así como las alianzas opositoras hicieron sentir el peso
del poderío opositor y arrebataron primero al PRI algunos
Estados,[49] las alianzas oficialistas también han sido exitosas.
Así, el evento más novedoso desde el punto de vista político y estratégico ha sido la conformación de candidaturas
comunes y alianzas electorales oficialistas. Se registraron
alianzas electorales de este signo en Colima (2003 y 2005),
Sonora, Guerrero, Hidalgo, Oaxaca, Quintana Roo, Veracruz
y en el Estado de México, en las cuales el socio principal fue
el PRI. De este modo, se puede observar que las alianzas
oficialistas, en un primer momento, responden a una estrategia del PRI con el firme propósito de mantener el control
político del Estado, recurriendo a sumar compañeros de ruta
que antes figuraban en alianzas opositoras a él. Surge de la
observación que, con excepción del Estado de Guerrero, en
todas ellas el aliado constante del PRI fue el PVEM.

---

[48]   Además de ganar Nuevo León como partido opositor en un Estado contro-
lado por el PAN, el PRI logró volver a conquistar una gubernatura perdida
en Chihuahua en 1998, postulando la candidatura de Patricio Martínez
García, y en Nayarit en 2005, postulando a Ney González Sánchez.

[49]   Aunque luego, éste, en algunos casos, mediante la misma estrategia,
los recuperó.

Tabla 5.4. Gobernadores electos por candidaturas comunes
y alianzas electorales oficialistas, 1989-2011

Estado	Fecha	Candidato	Alianza
Guerrero	07/02/99	René Juárez Cisneros	PRI + PRS Candidatura común
Distrito Federal	02/07/00	Andrés Manuel López Obrador	PRD + PT + CONV + PCD + PSN + PAS Candidatura común
Baja California	08/07/01	Eugenio Elorduy Walter	PAN + PVEM Alianza por Baja California
Sonora	06/07/03	José Eduardo Bours Castelo	PRI + PVEM Candidatura común
Colima	06/12/03	Gustavo Alberto Vázquez Montes	PRI + PVEM + PT Alianza con Gustavo Vázquez Montes
Chihuahua	04/07/04	José Reyes Baeza Terrazas	PRI + PVEM + PT Alianza con la Gente
Oaxaca	01/08/04	Ulises Ruiz Ortiz	PRI + PVEM + PT Nueva Fuerza Oaxaqueña
Veracruz	05/09/04	Fidel Herrera Beltrán	PRI + PVEM + PRV Fidelidad por Veracruz
Baja California Sur	06/02/05	Narciso Agúndez Montaño	PRD + CONV Alianza Democrática Sudcaliforniana
Quintana Roo	06/02/05	Félix González Canto	PRI + PVEM Quintana Roo es Primero
Hidalgo	20/02/05	Miguel Ángel Osorio Chong	PRI + PVEM Alianza por Hidalgo

Estado	Fecha	Candidato	Alianza
Colima	10/04/05	Jesús Silverio Cavazos Ceballos	PRI + PVEM + PT Alianza para que Vivas Mejor
México	03/07/05	Enrique Peña Nieto	PRI + PVEM Alianza por México
Distrito Federal	2/07/06	Marcelo Ebrad Casaubon	PRD + PT + CONV Coalición por el Bien de Todos
Guanajuato	2/07/06	Juan Manuel Oliva Ramírez	PAN + PANAL
Baja California	5/08/07	José Guadalupe Osuna Millán	PAN + PANAL + PES
Michoacán	11/11/07	Leonel Godoy Rangel	PRD + PT + CONV + ASD Coalición por el Bien de Todos
Campeche	5/07/09	Fernando Ortega Bernés	PRI + PANAL Coalición Unidos por Campeche
Colima	5/07/09	Mario Anguiano Moreno	PRI + PANAL
Nuevo León	5/07/09	Rodrigo Medina de la Cruz	PRI + PVEM + PD + Cruzada Ciudadana Coalición junto por Nuevo León
Chihuahua	4/07/10	Cesar Duarte Jaquez	PRI + PVEM + PANAL + PT
Hidalgo	4/07/10	Francisco Olvera Ruiz	PRI + PVEM + PANAL Unidos Contigo
Quintana Roo	4/07/10	Roberto Borge Angulo	PRI + PVEM + PANAL Alianza Quintana Roo Avanza
Tamaulipas	4/07/10	Egidio Torre Cantú	PRI + PVEM + PANAL Todos Tamaulipas
Veracruz	4/07/10	Javier Duarte Ochoa	PRI + PVEM + PRV Veracruz para Adelante
Guerrero	30/01/11	Ángel Aguirre Rivero	PRD + PT + CONV Guerrero nos Une

El PRD y el PAN también han encabezado alianzas oficialistas para defender sus conquistas, en las que resultaron triunfantes; el PRD en el DF y en Michoacán lo hizo en dos oportunidades, y en una oportunidad en Baja California Sur y Guerrero. El PAN defendió en alianzas en Baja California, en dos oportunidades, el control del Estado, y una vez en Guanajuato. Por lo general, las alianzas oficialistas resultaron exitosas. Sin embargo, ha habido derrotas importantes. Un dato surge de la comparación: nunca ha habido alianzas oficialistas antipriistas. Es decir, el PAN y el PRD pueden conquistar un Estado en alianza, pero rara vez lo defienden del mismo modo.

4. Conclusión

En este capítulo hemos puesto el acento en el origen oficialista u opositor de las alianzas electorales y el éxito que han tenido, ya sea para conquistar el gobierno o bien para conservarlo, lo que ha dado lugar a que las alianzas hayan ido en aumento.[50] Las alianzas se han convertido, de este modo, en una estrategia dominante para oficialistas y opositores, produciendo así que el resultado de equilibrio sea la realización de elecciones con alianzas enfrentadas. Predominan como alianzas opositoras exitosas las integradas por el PAN o por el PRD, pero destacan también las que encabezó el PRI como partido de oposición desde el año 2003. En el último sexenio se destaca la emergencia de

---

[50] Otra posibilidad es el retiro estratégico, que consiste en desistir o declinar la candidatura en favor de otro partido: el PRD retiró en Tlaxcala, en 2004, la candidatura de María del Carmen Ramírez; lo mismo hizo el PAN, que retiró la candidatura de Marcos Efrén Parra Gómez en las elecciones de Guerrero, en 2011. Estos casos se dan por razones distintas a las consideraciones que hago "bajo condiciones normales de presión y temperatura".

alianzas oficialistas que se conforman con el objetivo de mantener el control político del Estado ya conquistado, en el caso del PAN o del PRD, y del Estado recuperado, en el caso del PRI. Como sugiere la evidencia, cada vez más las alianzas se convertirán en la vía para competir electoralmente, tanto para los partidos de oposición como para los partidos que buscan mantener el gobierno de sus Estados.

PARTE III
MICROGENERALIDADES

Capítulo 6
Sistema electoral, número de candidaturas y juegos anidados

Hemos visto que la formación de alianzas se ha convertido en una estrategia dominante del sistema de partidos, generando un aumento de su presencia en las elecciones estatales, así como un acrecentamiento en la probabilidad de triunfo. La formación de alianzas electorales, de este modo, les permite a los partidos que se encuentran en la oposición aumentar la posibilidad de derrotar a quien ocupa el gobierno, y al partido que está en el gobierno, reunir fuerzas para evitar en lo posible perderlo. Juntos pueden obtener un mejor resultado del que obtendrían si compiten separados: esto es, ganar la elección, mantener el registro o acceder a escaños en el congreso, entre otros bienes, dependiendo del tamaño del partido.

Al reunir fuerzas en torno a un candidato común o en una lista única o boleta electoral común, las opciones que se presentan como oferta política ante el electorado se reducen. Supongamos que existen cinco partidos políticos {A, B, C, D, E} en la arena electoral, y tres de ellos forman una alianza: {A, B, C}; mientras los otros dos conforman otra: {D, E}. Debido a la conformación de estas dos alianzas a partir de esos cinco partidos, el número de opciones electorales que quedan a disposición de los electores queda reducido a dos. En consecuencia, la conformación de alianzas afecta directamente al número de competidores, sin reducir por ello el número de partidos. Al respecto, valgan algunos ejemplos para validar en términos empíricos el desarrollo.

En las elecciones del año 2000 en el Estado de Chiapas, el candidato del PRI, Sami David David, enfrentó a la "Alianza por Chiapas" (PAN + PRD + PVEM + PT + PCD + CV + PSN), que postulaba la candidatura de Pablo Salazar Mendiguchía; junto a ellos, el partido Democracia Social presentó la candidatura de Mario Arturo Coutiño. Si bien existían diez partidos con registro electoral, la oferta electoral se redujo a tan sólo tres candidaturas.[51] También, en el año 2003 en el Estado de Colima, los seis partidos políticos con registro oficial convergieron en la formación de dos grandes alianzas: "Alianza con Gustavo Vázquez Montes" (PRI + PVEM + PT) y la "Alianza Todos por Colima" (PAN + PRD + AC), dejando de este modo sólo dos opciones al electorado colimense.[52] Permítaseme ejemplificar con una elección más reciente para terminar de ilustrar el fenómeno: en las elecciones del año 2010 en el Estado de Sinaloa, siete partidos produjeron sólo dos candidaturas: por un lado, la candidatura de "Malova" (Mario López Valdez) fue respaldada por el PRD, el PAN y CONV, y por el otro, la de Jesús Vizcarra Calderón que fue impulsada por el PRI, el PVEM y el PANAL; por su parte el PT no registró ninguna candidatura.

A la luz de los ejemplos que se repiten y van en aumento a lo ancho de todo el territorio y del tiempo, es lógico que en su afán de conquistar el gobierno o de mantenerlo, los partidos políticos hayan aprendido que la coordinación de sus esfuerzos con otros partidos detrás de un candidato común aumente las posibilidades de derrotar a sus adversarios coyunturales, tal y como hemos demostrado en el capítulo 5. Así, la suma de apoyo partidario en la forma

---

[51]   Finalmente, la Alianza por Chiapas obtuvo el 52.66%, contra el 46.94% que obtuvo el candidato del revolucionario institucional y el 0.4% de los votos para el tercer candidato.

[52]   Los resultados finales fueron 51.92% de los votos para la Alianza PRI + PVEM + PT y el 48.07% para el candidato del PAN + PRD + AC.

de alianzas electorales genera una reacción por parte de los demás partidos que imitan la estrategia, produciendo que la contienda electoral se vuelva cada vez más reñida entre menos contendientes. Como fue destacado por Gary Cox (1997), en su seminal trabajo sobre los efectos de la coordinación estratégica en los sistemas electorales del mundo, en forma sencilla y elegante:

> La buena coordinación electoral implica, necesariamente, la reducción del número de competidores; pero dicha reducción a su vez implica, necesariamente, la selección de los competidores que habrán de sobrevivir, una selección cuyos efectos políticos son potencialmente significativos. El efecto reductor es más evidente cuando la coordinación electoral tiene éxito, y el distributivo es más evidente cuando la coordinación fracasa (Cox, 1997: 5).

En consecuencia, la conformación de alianzas afecta directamente al número de competidores, sin reducir por ello el número de partidos. Dadas las características del sistema electoral e institucional mexicano y la concurrencia de elecciones legislativas con fórmulas proporcionales, las elecciones de gobernador por mayoría relativa no conducen a un sistema bipartidista, a pesar de generar cada vez con mayor frecuencia dos candidaturas, tal y como lo sugiere el saber convencional inspirado en la Ley de Duverger: "El escrutinio mayoritario de una sola vuelta tiende al dualismo de los partidos" (Duverger, 1951: 245). En la literatura politológica, la ley ha sido objeto de profundas reformulaciones (Riker, 1986; Sartori, 1986) y reajustes (Duverger, 1986; Taagepera y Shugart, 1989; Shugart y Carey, 1992; Cox, 1997). Esos avances en la ciencia política permiten entender por qué no existe en México un sistema bipartidista, tal y como se podría esperar debido a su sistema electoral a simple pluralidad de sufragios, a partir de ciertos argumentos comportamentales e institucionales (cfr. Magaloni, 1996).

En este capítulo se analiza el impacto que la formación de alianzas electorales produce sobre el número de
competidores, resaltando que la formación de las alianzas
explica en parte la existencia de un sistema de candidaturas que tiende a la competencia dualista entre candidatos
y, al mismo tiempo, un sistema de partidos que tiende al
multipartidismo.

1. La Ley de Duverger

La investigación en torno a explicar el número de
competidores o partidos políticos que hay en un sistema
político ha estado dominada por lo que es ya común llamar
la Ley de Duverger (1951) y sus sucesivos derivados (Riker,
1986; Taagepera y Shugart, 1989; Palfrey, 1989; Cox, 1997).
En su clásico estudio sobre los partidos políticos, Duverger
marcó el rumbo de la investigación al señalar:

> El escrutinio mayoritario de una sola vuelta tiende al dua-
> lismo de los partidos (Duverger 1951: 245) [y] el escrutinio
> mayoritario de dos vueltas o la representación proporcional
> tienden al multipartidismo (Duverger, 1951: 266).

Así expresada, la Ley de Duverger establece directamente una relación entre el sistema electoral (la magnitud
de distrito y el tipo de método) y el sistema de partidos.
La primera de las proposiciones, como las denomina Cox
(1997: 13-14), es lo que podemos definir propiamente como
"la ley"; mientras que la segunda proposición es tan sólo
una hipótesis probabilística muy general que es válida casi
para cualquier resultado (Taagepera y Shugart, 1989: 143).
Debido a su grado de generalidad, la segunda proposición
predice casi cualquier resultado en donde el número de
partidos sea mayor a dos (Taagepera y Shugart 1989: 144).
De este modo, cobra mayor centralidad la primera de las

proposiciones, además de aplicar a las situaciones que nos preocupan en este libro: las elecciones de gobernador en los Estados en donde hay un solo cargo en disputa en el que gana quien obtiene el mayor número de votos.

Las razones teóricas involucradas en la ley son dos: un "efecto mecánico" de subrepresentación de los partidos perdedores y un "efecto psicológico" en los votantes que no desean desperdiciar sus votos en los partidos perdedores (Riker, 1986: 33).[53] El mecanismo explicativo[54] de los dos efectos es de tipo comportamental: el primero afecta directamente a los partidos pequeños y el segundo a los votantes. Estos efectos, en conjunto, a largo plazo destruyen a los terceros partidos y cristalizan en consecuencia un sistema bipartidista.

Con independencia de sus primeras preferencias, los votantes, tratando de impedir que el candidato más indeseado resulte ganador, evitan desperdiciar su voto por un candidato sin posibilidades y escogen entre uno de los dos candidatos con más probabilidades de ganar el único cargo en disputa. La posibilidad de que los votantes abandonen a un tercer candidato introduce presión sobre la decisión de ingresar a la competencia de los candidatos postulados por los partidos más pequeños. Estos políticos

---

[53] Los estudios comparados acerca del impacto de los sistemas electorales sobre el sistema de partidos se han dirigido con mayor frecuencia al estudio de los efectos mecánicos, esto es, el mecanismo de conversión de votos en escaños y menos al afecto psicológico, es decir, el impacto del sistema electoral en el comportamiento de los votantes y de los partidos. Las leyes de Duverger han estado sometidas a una continua revisión e indagación (Rae, 1967; Duverger, 1986; Riker, 1986; Sartori, 1986; Taagepera y Shugart, 1989; Shugart y Carey, 1992; Cox, 1997).

[54] La Ley de Duverger no está expresada en términos de explicaciones por medio de mecanismos (Elster, 1990), sino en un discurso empírico estadístico. No obstante, creo que es más entendible y más precisa cuando se la expresa por medio de mecanismos, tal y como después de él todos han intentado revisarla.

tratarán de evitar la competencia ya sea no ingresando o
retirándose, si saben que serán víctimas de los electores,
evitando de este modo el desperdicio de sus recursos
económicos y de su esfuerzo (Cox, 1997: 161). Por otra
parte, los políticos que buscan hacer "carreras" políticas
no tienen incentivos para sumarse a los partidos que son
subrepresentados y abandonados por los electores; de
este modo, la elite se anticipa a los electores y produce
una disminución de la oferta política que, en equilibrio,
se reduce a dos partidos o candidaturas. Es así como este
resultado es conocido en la literatura como "equilibrio
duvergeriano" (Palfrey, 1989; Cox, 1997).

2. Reformulaciones

Los trabajos que revisaron la correspondencia de la
Ley de Duverger se dirigieron a presentar anomalías que
la formulación de esa ley no podía explicar, y con ello, a
reformularla (Sartori, 1986; Riker, 1986). Giovanni Sartori
(1986) propuso nuevas reglas para ordenar a los sistemas
electorales clasificándolos en un continuo de fuertes a dé-
biles, según cuánta fuerza el sistema electoral introduzca
o ejerza sobre el comportamiento de los políticos y de los
electores (Sartori, 1986: 58-62).[55] Hoy sabemos que no sólo
los sistemas electorales uninominales de mayoría relativa
a una sola vuelta producen efectos tendientes a evitar el

---

[55]   De ello deriva una revisión y reescritura de las proposiciones de Duverger, del siguiente modo: "Ley de tendencia 1: los sistemas de mayoría
relativa en distritos uninominales (*plurality*) facilitan (son condiciones
que facilitan) un formato bipartidista y, en consecuencia, obstruyen (son
condiciones que obstruyen) el multipartidismo. Ley de Tendencia 2: los
sistemas proporcionales facilitan el multipartidismo y, en consecuencia,
difícilmente conducen al bipartidismo" (Sartori, 1986: 64). La propuesta
de Sartori sólo convierte en probabilística las proposiciones de Duverger
y no nos dice nada acerca de que produce ese efecto.

desperdicio de los votos.[56] Todos los sistemas electorales
introducen esta presión sobre el elector. La diferencia entre
ellos radica en el caudal de esa presión sobre los actores. De
este modo, los sistemas a dos vueltas también introducen
presión, pero la fuerza de esta presión es menor respecto
de los sistemas uninominales a simple pluralidad de sufragios. Los sistemas proporcionales, de este modo, no se
caracterizarían por la ausencia de presión sino por reducir
esa presión a un nivel mínimo.

La relación entre el sistema electoral y el número de
partidos formulada en "la ley" se limita sólo al ámbito
distrital, y no es extrapolable a la suma de los distritos. Sin
embargo, en su proposición original se infiere que el sistema
uninominal de mayoría relativa conduce a un bipartidismo
a nivel global, o al menos no se aclara el alcance y el nivel
en donde el efecto se puede producir. De este modo, durante mucho tiempo se sostuvo y aceptó que los sistemas
uninominales de simple pluralidad de sufragio conducen a
la formación de sistemas bipartidistas. Sin embargo, si bien
es preciso que dos competidores tiendan a prevalecer bajo
estas reglas, no es claro que en un sistema político siempre
sean los mismos dos partidos los que compitan en cada
distrito, de manera de garantizar un sistema bipartidista a
nivel agregado. Así, podría ser cierta la Ley de Duverger a
nivel distrital, pero no podría extrapolarse a otros niveles
si en cada distrito existen competidores partidarios diferentes. Trabajando en esa dirección, William Riker (1986),
al revisar la ley, sugirió una nueva reformulación:

> Los sistemas electorales de mayoría relativa en distritos
> uninominales conducen y mantienen una competencia
> bipartidista, excepto en países donde los terceros partidos
> nacionales son continuamente uno de los dos partidos

---

[56]   Una discusión formal y general en torno a cuándo sí se produce ello y
cuándo no, puede consultarse en Cox (1997: 181-202).

locales y excepto para los países donde un partido, entre muchos, es casi siempre en las elecciones un ganador Condorcet (Riker, 1986: 32).

Así, las siguientes reelaboraciones de la ley intentaron cubrir de alguna forma esas imperfecciones, y llevaron la propuesta de Duverger a una sola generalización empírica: la "regla de Duverger" (Taagepera y Shugart, 1989: 144), la cual intentaba expresar la fragmentación del sistema de partidos resultante a partir de la magnitud de distrito. La expresión empírica de esta relación entonces se definió como $N = 2.5 + 1.25\,\text{Log}10M$. En donde N, el número efectivo de partidos de Laakso y Taagepera (1979), es igual a una constante $\alpha = 2.5$ más otra constante $\beta = 1.25$ (el valor de la pendiente) por el logaritmo de la magnitud de distrito (M).[57]

Cox (1997) se dirigió nuevamente sobre el impacto que las reglas electorales producen en el número de competidores viables en la liza política, y arribó a una nueva conjetura. La "regla de Cox" establece que el efecto reductor de un sistema electoral es una función de la magnitud de distrito, pero tan sólo como umbral o límite superior. Así, la extensión o generalización de la Ley de Duverger a varios sistemas electorales permite esperar un número de partidos o competidores igual a $M + 1$, donde M representa la magnitud de distrito en los sistemas de una sola vuelta o el número de vueltas en los sistemas de dos o más vueltas (Cox, 1997: 139-143).

De acuerdo con esta regla, el número de candidatos o listas viables no puede exceder $M + 1$; esto es, el número de los cargos en disputa (la magnitud de distrito) más un competidor adicional. Por lo tanto si $M = 1$, como es el caso de un sistema uninominal a una sola vuelta, el límite

---

[57]   La generalización establece que empíricamente el número de partidos electorales en un sistema político cae dentro de un rango ± 1 respecto de N = 2.5 + 1.25 Log10M.

superior del número de candidatos viables esperados es igual a 2: el candidato que gana y su desafiante. Si $M > 1$, entonces el límite superior se remueve dando espacio para un número mayor de candidatos o listas viables. La regla establece el límite superior, pero no predice el número de candidatos viables que efectivamente competirán. Ello dependerá de múltiples factores.

Dentro de la gama de factores que contribuyen a explicar el número de partidos, hay que incluir el peso de las tradiciones político-partidarias estructuradas en un sistema político singular, y adicionalmente, algunas reglas del sistema electoral tales como la posibilidad o no de formar alianzas, de presentar candidaturas comunes y acoplar votos, de la existencia o no de elecciones concurrentes para otros cargos, etc. Las alianzas electorales, en este sentido, introducen un potencial de distorsión a los resultados teóricamente esperables.

3. Restricciones

El retiro estratégico de los candidatos de los partidos políticos en sistemas uninominales, a simple pluralidad de sufragios, a una sola vuelta, que deriva en equilibrios duvergerianos, se produce bajo un conjunto de condiciones muy específicas. Gary Cox señala que el equilibrio –esto es, el escenario o situación en el cual ningún actor tiene incentivos para abandonar unilateralmente su estrategia– depende de las consideraciones acerca de la viabilidad que hace cada candidato y de las metas de corto o largo plazo de los políticos (Cox, 1997: 153-161 y 170). Revisemos este asunto.

Expectativas sobre la viabilidad

Si en el momento en que deben tomarse las decisiones sobre competir o no en la contienda electoral todos los candidatos piensan que son igualmente susceptibles de sufrir una deserción estratégica por parte de los electores, entonces nadie querrá retirarse de la contienda.[58] Y si, por otra parte, los electores no tienen información acerca de las probabilidades de éxito de los contendientes, entonces no tendrán suficiente información para abandonar a un candidato en favor de otro con mayores probabilidades de éxito. En cambio, cuando algún candidato tenga información acerca de que él será probablemente la víctima de la deserción estratégica, entonces tendrá un incentivo importante para abandonar la competencia y ceder en favor de otro. Esta presión aumenta si sus potenciales electores conocen las probabilidades que éste tiene de ser derrotado y las probabilidades de éxito que tienen los otros candidatos o partidos. Incluso dadas todas estas condiciones de información, un candidato o partido político puede insistir en permanecer en la contienda electoral, pero ello no se deberá entonces a sus expectativas sobre su viabilidad, sino quizás a las metas de largo plazo respecto de su futuro político.

Metas

Cuando a los políticos sólo les interesa ganar la elección en curso o evitar que la peor alternativa, desde su punto de vista, gane la elección (corto plazo) y, adicionalmente, les preocupa la posibilidad de ser abandonados por el electorado, entonces la fuerza en dirección del retiro estratégico puede ser mayor. En cambio, si están dispuestos a sufrir

---

[58] Esto sucede, por ejemplo, en ocasiones cuando se da un empate en el segundo lugar y el candidato que encabeza las preferencias se aleja en intención de votos.

una derrota en la elección en curso con la esperanza de lograr una eventual victoria en el futuro o asentar las bases de un nuevo proyecto político a largo plazo, entonces la fuerza en dirección del retiro estratégico se debilita. Dado que algunos candidatos o partidos tienen metas de largo plazo que van más allá del inmediato objetivo de ganar la elección, la amenaza de ser derrotados no constituye un disuasivo suficiente para abandonar la contienda y retirarse, al menos en el presente. Los políticos con metas de corto plazo, de este modo, son más susceptibles de retirarse que los políticos con metas de largo plazo.

Las dos restricciones o condiciones requeridas antes para la producción de "equilibrios duvergerianos" en sistemas de mayoría relativa, en distritos uninominales, son estrictamente de carácter conductual. Si se cumplen esas condiciones de expectativas y metas, entonces los resultados de tipo duvergerianos son más probables. Ilustremos este desarrollo para darle cuerpo a lo que puede parecer simplemente una abstracción.

A cinco días de las elecciones del 30 de enero de 2011, en el Estado de Guerrero, el candidato del PAN, Marcos Efrén Parra Gómez, entendió a partir de la información que las encuestas reportaban que él sería el candidato abandonado por los votantes estratégicos,[59] sus expectativas eran claras al respecto. Sumado a ello, el candidato y su partido tenían como meta en el corto plazo evitar que ganara el PRI, lo cual podría complicar en otras arenas sus objetivos. De este modo, las metas de corto plazo, sumadas a las expectativas de deserción, contribuyeron a que declinara su candidatura en favor del candidato de la

---

[59] Las encuestas comenzaron en septiembre de 2010 reportando una intensión de voto del 5%. Para enero, no lograba superar ese umbral, mientras que sus adversarios ya superaban los 40 puntos porcentuales de intensión de voto.

alianza "Guerrero nos Une", Ángel Aguirre Rivero (PRD +
PT + CONV), contribuyendo a la competencia entre sólo
dos candidaturas.

Ahora bien, estas dos restricciones alcanzan para
predecir resultados si la competencia electoral se realiza
exclusivamente en una sola arena o escenario y no hay otro
juego anidado en ella. Por esa razón, incluyo una tercera
restricción vinculada con las arenas en disputa.

Arenas

Las arenas están determinadas estrictamente por el
sistema electoral e institucional *grosso modo*, y constituyen el juego electoral propiamente dicho.[60] Si junto al
sistema de mayoría relativa para la elección de un cargo
existe un sistema electoral yuxtapuesto que asigna cargos
proporcionalmente a los votos obtenidos, entonces las
presiones por el retiro estratégico se debilitan en virtud
de la forma en que los votos se conviertan en escaños, de
acuerdo a la segunda proposición de Duverger y la "regla
de Cox". Además, si son muchos los escaños que se asig-
narán proporcionalmente a los contendientes entonces la
fuerza, en dirección al retiro estratégico de los candidatos
y el voto útil del electorado, es mínima o imperceptible.
Aun más, si las elecciones presidenciales, legislativas, estatales, provinciales y municipales se realizan el mismo día
(elecciones concurrentes), entonces hay otros cargos en
disputa que pueden disipar la fuerza en dirección al retiro
estratégico. En consecuencia, el sistema electoral, al definir
los cargos en disputa y los métodos de conversión de los
votos en esos cargos, define las arenas en disputa en una

---

[60]   Las expetativas y metas, como restricciones, han sido desarrolladas teó-
         rica y empíricamente por Cox (1997: 73-75), la tercera restricción es una
         adecuación del sistema electoral tratado por Cox (1997) al argumento
         de "juegos anidados" de Tsebelis (1993).

elección. La fuerza en dirección al retiro estratégico que conduce al mantenimiento de dos candidaturas (equilibrio duvergeriano) será probablemente más fuerte si, y sólo si, la única arena que está en disputa es un solo cargo (por ejemplo, el gobernador), y no existen otras arenas en juego tales como: elecciones concurrentes de cargos legislativos en sistemas plurinominales y proporcionales.

Pero además, la presión hacia el equilibrio duvergeriano se ve seriamente socavada si existen otros juegos anidados tales como: el acceso al financiamiento público en relación con los votos obtenidos en la elección o el mantenimiento de la personería política y el registro partidario.[61] Esto significa que un resultado bipartidista será más probable si, y sólo si, hay un único cargo en disputa y no hay otros asuntos anidados en el juego electoral.[62] De lo contrario, las demás arenas producen un impacto similar al aumento de la magnitud de distrito, al poner incentivos para permanecer en la contienda con independencia de sus expectativas de triunfo o de fracaso en la conquista del único cargo aparentemente en disputa. De manera simple y a modo de ilustración, las elecciones que se realizan el mismo día que las elecciones legislativas y las elecciones federales (cargos nacionales) tenderán a presentar un número mayor de candidatos a gobernador que las elecciones que se realizan separadas de las elecciones nacionales y, aun más, de las elecciones legislativas.

---

[61]   En el Código Federal de Instituciones y Procedimientos Electorales (CO-FIPE), se establecen en el Libro Segundo-Título Quinto las razones por las cuales un partido pierde su registro. Esta regulación estipula para los partidos con registro federal un umbral electoral mínimo del 2%. Recientemente, en las elecciones de 2006, el umbral fue reducido a 1.5%. En los Estados, el umbral es variable y oscila entre 1.5 y 4%. La supervivencia en la arena electoral, el mantenimiento del registro partidario que permite y habilita a participar en las elecciones, ha sido el incentivo de los partidos pequeños para entrar en alianza con los más grandes.

[62]   El concepto de "juego anidado" (*nested game*) es extraído de Tsebelis (1993).

4. Efectos anidados

Si las fuerzas mecánicas y psicológicas operan tal y como lo predice la Ley de Duverger, entonces el sistema electoral de gobernador (uninominal a una sola vuelta) debe conducir a la consolidación de un sistema bipartidista, allí donde no haya otras arenas involucradas, las expectativas de deserción sean altas y las metas sean de corto plazo. Magaloni (1996) demostró que las expectativas acerca del predominio electoral del PRI por parte de los electores duros de los otros partidos no favorecían el voto estratégico, de modo que no se producían equilibrios duvergerianos en sentido propio. En la actualidad, el problema se mantiene a nivel nacional, tal y como afirmaba Magaloni (1996). Las elecciones presidenciales de julio de 2006, en las que tres candidatos llegaron muy parejos en porcentajes de votos, dan cuenta de estos "dilemas duvergerianos".[63]

Sin embargo, un examen minucioso de la política electoral en los Estados permite afirmar que en ese nivel no se dan mayoritariamente situaciones específicas de este tipo en forma estricta. Las elecciones se han vuelto cada vez más competitivas y los resultados ajustados indican una creciente corrida de votos detrás de las dos candidaturas con más posibilidades de obtener la victoria. Ello ha ido generando de manera paulatina un desenvolvimiento del sistema de candidaturas en dirección a equilibrios duvergerianos en sentido estricto y propio; esto es, la supervivencia exclusiva de dos candidaturas viables.

La existencia de otras arenas, como se mencionó, juega un papel importante para debilitar las fuerzas que operan en

---

[63]   La noción de "dilemas durvergerianos" la extraigo del artículo de Magaloni (1996). Respecto de la elección de 2006, he analizado el conflicto postelectoral como una consecuencia de estos dilemas en Reynoso (2006).

sentido a la dirección del bipartidismo. En primer lugar, el sistema electoral proporcional (o mixto proporcional) para elegir legisladores en forma concurrente con las elecciones de gobernador introduce una relajación de esas fuerzas.[64] El hecho de coexistir al mismo tiempo dos elecciones con diferentes M plantea el interrogante acerca de cuál M es el punto de referencia para derivar un resultado: si la M de la elección a gobernador, o bien la M de la elección del Legislativo. En este sentido, el sistema de partidos resultante es un producto simultáneo tanto de la ley como de la hipótesis de Duverger, las cuales operan en sentido contrario. Entonces: el resultado podría encontrarse en un punto intermedio entre las fuerzas hacia el multipartidismo y las fuerzas que presionan en dirección al bipartidismo.

En un sistemático análisis sobre la interacción de los diferentes sistemas electorales, Shugart y Carey (1992: 206-258) analizaron en forma más apropiada los efectos de contaminación entre las elecciones concurrentes en sistemas presidenciales. La existencia de elecciones legislativas concurrentes, en distritos plurinominales con fórmula proporcional, debilita el efecto reductor del sistema electoral uninominal a una sola vuelta que se utiliza en la elección de gobernador. Y viceversa: el sistema electoral uninominal contamina al potencial de relajación del sistema electoral proporcional en distritos plurinominales. En otras palabras, ni el sistema proporcional legislativo produce un número de partidos de acuerdo al nivel esperado, ni el sistema de

---

[64] La representación proporcional permite tener influencia política con pocos votos, de modo tal que un partido no está obligado a obtener la máxima proporción de los votos para obtener alguna parcela de poder institucional. Así introduce un incentivo a formar nuevos partidos y a que los partidos pequeños no abandonen la puja electoral (Riker, 1986: 29). En la representación proporcional en distritos plurinominales se desvanece el efecto reductor mecánico y psicológico de los sistemas uninominales a una sola vuelta.

simple pluralidad de sufragio de la elección presidencial reduce la competencia a dos alternativas viables exclusivas.

Extendiendo el argumento desarrollado por Shugart y Carey (1992), y considerando la posibilidad de formación de alianzas electorales,[65] se puede conjeturar para el sistema electoral mexicano que es posible observar, por un lado, como límite superior, un sistema multipartidista, y por el otro, una tendencia hacia la formación de alianzas bipolares como resultado de la fuerza que ejerce el sistema electoral de la elección del cargo de gobernador.

5. Número de partidos, número de candidaturas y candidatos viables

La revisión de la discusión existente en la disciplina y las características específicas del sistema electoral mexicano permiten plantear algunas hipótesis sobre los mecanismos que operan tanto en la existencia de partidos políticos, como en la presentación de candidaturas y en su viabilidad. En primer lugar, hay partidos políticos con registro electoral que constituyen la materia prima de la oferta electoral existente. En segundo lugar, el hecho de que puedan formar alianzas abre la posibilidad a que se produzca una reducción de alternativas entre el número absoluto de partidos con registro y el número de candidaturas, producto de la coordinación de la elite partidaria. En tercer lugar, una vez que la elite ha logrado (o no) coordinar en unas pocas candidaturas, los electores, dada la oferta electoral existente, eligen entre las alternativas que finalmente están

---

[65] El código electoral (Título cuarto, Capítulo segundo) exige acordar previamente a la formación de alianzas cómo será el reparto de los curules o bancas que le corresponderán a los partidos que integran una alianza, y establecer con prioridad al acto electoral cómo se conformarán los bloques que constituirán los diferentes contingentes legislativos.

disponibles produciendo una concentración del voto en un menor número de candidaturas. Es aquí donde la demanda ajusta la oferta existente, restringiendo el margen de candidaturas viables para ese mercado electoral. De este modo, existe una diferencia entre el número de partidos, el número de candidaturas y el número efectivo de candidaturas o candidatos viables, que por lo general se pasa por alto al analizar la oferta y la demanda electoral.

Número de partidos y número de candidaturas

El número de partidos que tienen registro electoral y que por ello pueden presentarse a elecciones constituye el elemento básico que integra el conjunto de la oferta política. No obstante, el total de partidos políticos no constituye finalmente la oferta electoral propiamente dicha. Muchos partidos, al formar alianzas o declinar en favor de otros, suman fuerzas detrás de un mismo candidato y con ello reducen las alternativas a disposición del elector. De este modo, la oferta electoral puede estar sujeta a las leyes de la "presión de Duverger", aunque los partidos no. Por *oferta electoral* entiendo de manera minimalista a la cantidad de competidores que presentan candidaturas en una elección y que puede o no coincidir con el número de partidos políticos existentes.[66] Sólo en el caso en que cada partido político presenta un candidato propio, entonces la cantidad de partidos coincide con el número de candidatos que compiten. Sólo en este caso podemos decir que el número de partidos es igual al número de candidaturas.

La distinción es más que necesaria. Durante el período bajo observación, en la mayoría de los casos el número de partidos es superior al número de candidaturas, y ello se debe estrictamente a la posibilidad de establecer alianzas

---

[66] El número de candidatos puede ser igual o inferior al número de partidos, pero nunca mayor.

y/o candidaturas comunes. En la Tabla 6.1 se describe para cada Estado por sexenio el número absoluto de partidos y el número de candidaturas. Como puede apreciarse, en promedio el número de partidos con registro en las elecciones locales se mantuvo constante, con leves aumentos coyunturales; sin embargo, el número de candidaturas fue disminuyendo.

Tabla 6.1. Número absoluto de partidos y número de candidaturas por sexenio 1988-2006, media, mediana, mínimo y máximo

	Sexenio observado				
	MDM **1985-1988**	**CSG** **1988-1994**	**EZPL** **1994-2000**	**VFQ** **2000-2006**	**FCH** **2006-2012**
Partidos	6.58 6.5 3-9	6.97 6 3-12	6.53 6.5 4-10	7.63 7 5-12	7.69 8 6-10
Candidaturas	6.44 7 3-9	6.74 6 3-12	5.87 5 3-10	4.90 4 2-11	4.20 4 2-7
N	25	31	32	33	29

Fuente: elaboración propia.
Nota: los valores de la celda indican las dos medidas de tendencia central: media y mediana, en ese orden; seguidos del valor mínimo y máximo.

La distribución comparada de las tendencias centrales por sexenio corresponde con la conjetura planteada, en torno a la coordinación estratégica de la elite. El número de partidos persiste, pero conforman alianzas que reducen el número de candidatos.

A media que el proceso de cambio se profundizó en el transcurso de los sexenios (aumento de competitividad y probabilidad de alternancia), los partidos se fueron aliando con mayor frecuencia. La coordinación estratégica entre los partidos fue en muchas elecciones formidable, y la presión para reducir el número de competidores en la liza política, como se puede apreciar, se hizo sentir. Sin embargo, en muy pocas ocasiones resultaron tan sólo dos competidores, tal y como lo predice la Ley de Duverger. En este sentido, se refuerzan nuestras conjeturas acerca del peso de los demás factores influyendo en el ingreso a la competencia. Las elecciones que arrojaron sólo dos competidores fueron tres en el sexenio de FVQ y dos en el de FCH: las elecciones de Colima en 2003 y 2005; las elecciones de Chihuahua en 2004; las elecciones de Sinaloa en 2010 y de Guerrero en 2011. En la primera, se enfrentaron una alianza integrada por el PRI + PVEM + PT contra otra alianza integrada por el PAN + PRD + AC. En el 2005, se reiteró el enfrentamiento, pero esta vez el PRD desertó de la alianza y de la contienda sin presentar candidatura. En Chihuahua hubo un choque frontal entre en el PAN + PRD frente al PRI + PVEM + PT. En todos estos casos, el número de partidos fue superior a cinco, pero el número de candidaturas fue de dos. En forma similar sucedió en Sinaloa, en donde se enfrentaron "el Cambio es Ahora" (PRD + PAN + CONV) y "Para Ayudar a la Gente" (PRI + PVEM + PANAL). El otro caso registrado tuvo como protagonistas a la alianza "Guerrero nos Une" (PRD + PT + CONV) frente a la alianza "Por tiempos mejores para Guerrero" (PRI + PVEM + PANAL), y aunque en principio el PAN había postulado su propio candidato cinco días antes de la elección, éste declinó en favor de la primera.

Existen varios casos adicionales que ayudan a ilustrar el modo en que el número de partidos excede el número de candidatos. En las elecciones del Distrito Federal del

año 2000, participaron once partidos políticos de los cuales
emergieron sólo seis candidaturas. La candidatura de Andrés
Manuel López Obrador fue respaldada por cinco partidos
(PRD, PT, CONV, PSN, PAS), mientras que la candidatura
de Santiago Creel Miranda fue sostenida por la alianza
entre el PAN y el PVEM. Adicionalmente, se presentaron
el candidato del PRI, el del PARM, el del PCD y el del PSD.

Las elecciones de Michoacán, en el año 2001, presentan otro caso exitoso de coordinación de seis partidos en
la alianza "Unidos por Michoacán" (PRD + PT + CONV +
PVEM + PSN + PAS), que redujeron de ocho partidos a tres
candidaturas. Las de San Luis Potosí del 2009 presenta la
existencia de nueve partidos que se coordinaron finalmente
en sólo tres candidaturas.

Pero, sin lugar a dudas, el ejemplo quizá más sobre-
saliente de cómo el número de partidos excede al número
de candidaturas ha sido la elección realizada en Chiapas
en el año 2000. Allí, el PRI se enfrentó a la mega "Alianza
por Chiapas", una alianza integrada por siete partidos. En
esa elección se presentaron en total diez partidos políticos, pero sólo tres candidaturas a la gobernación. Muchas
situaciones son de este tipo en la política local mexicana.

En resumen, la diferencia que se observa en muchas
elecciones entre el número de partidos y el número de
candidaturas es un indicador de cómo la elite política
entiende la señal que el sistema electoral y el sistema de
partidos envían. La disminución del número de partidos
a un número menor de candidatos es producto de la presión de las "fuerzas duvergerianas" sobre la elite. Pero la
coordinación de la elite exclusivamente no determina el
efecto total. Una vez que la elite coordina, o no, en unas
pocas candidaturas, le toca al electorado descartar a algunas alternativas que todavía permanecen en la liza. Y allí
la demanda electoral afecta la viabilidad de alguna de las
alternativas en oferta.

Número efectivo de candidaturas

No toda la oferta electoral producida por la elite tiene la misma demanda en el mercado electoral. Es decir, no todas las candidaturas reciben el mismo número de votos. Los volúmenes de votos que los partidos reciben constituyen la medida del éxito y la viabilidad de cada uno de ellos. Considérese un sistema de partidos con siete partidos políticos pero que en una elección se presenten sólo tres candidatos a gobernador, y que uno de ellos coseche el 90% de los votos, mientras que los otros dos restantes se repartan tan sólo el 10%. Es evidente que situaciones como esta no son reflejo de una oferta política competitiva (no monopólica). Por esa razón, el peso electoral de los partidos debe destacarse de algún modo sistemático con el objeto de comparar las variaciones en la composición de la oferta político electoral.

Por todo ello, he preferido mantener la denominación de "número de competidores" cuando nos referimos al número absoluto de candidatos en la puja electoral, y denominaré "número efectivo de competidores o candidatos" a esa cantidad ponderada por sus tamaños relativos. Para ello utilizo el índice de Laakso y Taagepera (1979), expresado del siguiente modo:

$$N_c = \left(\sum_{i=1}^{n} p_i^2 \right)^{-1}$$

En la ecuación, el número efectivo de competidores (Nc) es igual a la razón inversa de la suma de los cuadrados de las proporciones de votos o de escaños de los candidatos (p_i^2).[67] Originalmente, en el texto de Laakso y Taagepera

---

[67] En términos generales, podemos también considerar al número efectivo de competidores como un indicador del sistema de partidos, si admi-

(1979) el índice se utiliza para medir tanto la fragmentación del sistema de partidos a nivel electoral según la proporción de votos, como la fragmentación a nivel parlamentario o legislativo según la proporción de escaños de los partidos políticos. De este modo, el nombre original es "número efectivo de partidos" (*effective number of parties*).[68]

El número efectivo de partidos, de este modo, permite incluir en la comprensión del sistema de partidos la respuesta de los electores a la oferta electoral de los partidos políticos. Así, el nivel de fragmentación electoral ayuda a comparar en qué magnitud la coordinación estratégica pasa de la elite al electorado de masas. Cuando la elite logra una coordinación exitosa en reducir las candidaturas a dos, entonces el electorado no tiene más que elegir entre las dos opciones que se ofrecen. Pero eso sucede raras veces. Sólo en cinco ocasiones las candidaturas en competencia se redujeron a dos opciones exclusivas, y en dieciocho

---

timos que no sólo es importante el criterio numérico (formato) y sus tamaños relativos, sino también el sentido de la competencia (centrípeta o centrífuga) y la distancia ideológica entre ellos, es decir la mecánica (Sartori, 1976). Mainwaring y Scully (1993) agregaron además de los criterios clásicos sartorianos, el nivel de institucionalización como una variable nodal para entender el funcionamiento de los sistemas de partidos en comunidades políticas fluidas, como tal es el caso de América Latina.

[68]   De ahí que sus siglas usuales son ENPV y ENPS, que significan "número efectivo de partidos según los votos" y "número efectivo de partidos según escaños" (*seats*). La propiedad del índice radica en que si fuese el caso en que todos los partidos o candidatos obtienen el mismo porcentaje de votos, por ejemplo 25% para cada uno de los cuatro hipotéticos partidos o candidatos, el índice arrojaría como número efectivo de candidatos el equivalente al número de candidatos absolutos, es decir cuatro. En la medida que el número de competidores esté próximo a uno, se estará en presencia de un sistema de partido hegemónico, mientras que cuanto mayor sea el número de competidores, como resulta obvio, más alternativas viables y efectivas habrá en el sistema de partido. De este modo, el índice permite visualizar escenarios en donde el número absoluto de partidos electorales puede ser enorme y, sin embargo, los votos estar concentrados en unos pocos candidatos o en uno solo.

elecciones se redujo a tres. Lo cierto es que en el 85% de las elecciones fueron cuatro o más las candidaturas que ingresaron a la liza política. Cuando la elite no logró coordinar sus esfuerzos en dos candidaturas exclusivas, fueron los electores los que volcaron su apoyo en un número menor de candidaturas que las ofrecidas por los partidos políticos.

Tabla 6.2. Número de partidos, número de candidatos y número efectivo de candidaturas por sexenio. Media, mediana, mínimo y máximo.

	Sexenio observado				
	MDM 1985-1988	CSG 1988-1994	EZPL 1994-2000	VFQ 2000-2006	FCH 2006-2012
Partidos	6.58 6.5 3-9	6.97 6 3-12	6.53 6.5 4-10	7.63 7 5-12	7.69 8 6-10
Candidatos	6.44 7 3-9	6.74 6 3-12	5.87 5 3-10	4.90 4 2-11	4.20 4 2-7
Nc	1.46 1.36 1.08-2.09	1.88 1.96 1.11-2.48	2.52 2.46 2.01-3.29	2.45 2.43 1.95-3.38	2.46 2.34 2.02-3.46
N	25	31	32	33	29

Fuente: elaboración propia.
Nota: los valores de la celda indican las dos medidas de tendencia central: media y mediana, en ese orden; seguidos del valor mínimo y máximo.

En la Tabla 6.2 se agrega, a las medidas media y mediana anteriores, la media y mediana del número efectivo de candidaturas, así como sus valores mínimos y máximos. Como ya se señaló, mientras se mantiene relativamente constante el número de partidos, existe una reducción de la oferta electoral producto de la coordinación en pocas candidaturas.

La tabla ofrece además evidencia acerca del comportamiento de los electores, que suelen ser muy selectivos al concentrar los votos en dos o tres candidaturas. Incluso en aquellas situaciones en que los partidos políticos no logran reducir la oferta electoral, los electores abandonan muchas de las alternativas concentrándose en unas pocas. En el sexenio de CSG, cuando todavía en algunos Estados existía monopolio en la oferta electoral, el número efectivo de partidos arroja un valor inferior a dos, mientras que ya para el sexenio de EZPL lo supera. El aumento de la fragmentación indica el abandono de la votación hacia el PRI y el respaldo de los electores a más de una candidatura efectiva en la liza electoral. El número de candidaturas efectivas se estabiliza durante el sexenio de VFQ, y se mantiene en esos niveles en el de FCH.

Como se desprende de la información resumida en la Tabla 6.2, el mercado político electoral de los Estados se concentra en dos partidos y medio en promedio, a pesar de existir una oferta de candidaturas muchas veces superior y un número de partidos aun mayor. A modo de ilustración, nótese que en promedio en el sexenio de VFQ en cada elección se presentaron alrededor de ocho partidos políticos, repartidos en promedio en cinco candidaturas, y que de éstas, tan sólo dos y fracción fueron respaldadas efectivamente por el electorado. Algo similar ocurre en el sexenio de FCH con una mediana de ocho partidos y cuatro candidaturas por Estado, de las cuales en promedio dos y fracción recibieron respaldo electoral.

Han existido situaciones en las que el electorado no se ha coordinado con tanta precisión como para reducir a dos las candidaturas que recibieron votos, pero se podría decir que no abundan. Tan sólo once elecciones arrojaron un número efectivo de candidaturas superior a tres. Estas elecciones con mayor fragmentación electoral fueron las del Distrito Federal del año 1997 (3.06) y del año 2000 (3.38); las de Durango en 1998 (3.29); Michoacán en 1995 (3.11) y 2007 (3.18); la de Morelos 2006 (3.42); la de Sonora en 1997 (3.03); las de Tlaxcala de 1998 (3.04) y de 2004 (3.15); la de Veracruz del 2004 (3.16), y la elección con mayor fragmentación registrada hasta la fecha, la de Zacatecas del año 2010 (3.46).

En resumen, la formación de alianzas posibilita la existencia de un sistema con muchos partidos y pocas candidaturas, pero una vez reducida la oferta de candidatos por la elite política, los electores concentran sus votos en un número aun menor de ellos.

6. Hipótesis empíricas

La discusión teórica desarrollada en los apartados 3 y 4 permite estimar que el número de candidaturas efectivas que finalmente sobrevivirán a las consideraciones estratégicas de la elite y de los electores, descritas en el apartado anterior, es una función del sistema electoral, en especial de la magnitud de distrito y de las arenas anidadas en una elección. A continuación se presenta un conjunto de hipótesis empíricas que precisan las consecuencias observacionales implícitas en las conjeturas teóricas "duvergerianas" precedentes.

Hipótesis 1. El sistema electoral para elegir gobernadores tenderá a producir un sistema bipartidista bajo condiciones específicas de expectativa y metas, y cuando no haya otras arenas de competencia anidadas en la elección. En la medida que estos supuestos no se cumplan, el número de candidaturas efectivas tenderá a ser mayor que dos (N>2).

Hipótesis 2. Cuando existen otras arenas de competencia anidadas en una elección, menor será la presión para que los partidos desistan de ingresar a la liza competitiva. De este modo, cuando los partidos además de competir por el cargo de gobernador lo hagan por otros cargos o recursos, mayor será el número de partidos que ingresen a la competencia.

Hipótesis 2.1. Las elecciones de gobernador concurrentes con las de la legislatura tenderán a presentar un número efectivo de candidatos, mayor que las elecciones no concurrentes.

Hipótesis 2.2. Las elecciones de gobernador simultáneas con las elecciones de cargos federales tenderán a presentar un número efectivo de candidatos, mayor que las elecciones que no se realizan simultáneamente a las federales.

Hipótesis 3. Cuanto mayor sea la magnitud de distrito de la elección de legislador, más candidatos ingresarán a la competencia en busca de los escaños en disputa, y a la vez más partidos recibirán el apoyo del electorado. A la inversa, cuando menor es el tamaño de la magnitud de distrito, menor será el número de partidos favorecidos por el electorado, y en consecuencia menor también el ingreso a la competencia.

Las consecuencias observacionales que describen las hipótesis se pueden someter a una prueba estadística fácilmente. Respecto de las arenas anidadas, identificaremos con el valor de 1 a las elecciones que eligen a sus legisladores en forma concurrente con la elección de gobernador, y le asignaremos el valor de 0 a las que eligen a

sus gobernadores en elecciones singulares.[69] Del mismo
modo procedemos con las elecciones realizadas simultáneamente con las federales asignándole el valor de 1, y 0
a las que no se realizan en forma simultánea.

Por otra parte, al tratarse de sistemas electorales mixtos,
como ya fueron desarrollados en el capítulo 2, un conjunto
de escaños se eligen en distritos electorales uninominales
($M = 1$), y otra proporción de escaños se elige en distritos
plurinominales, de modo tal que hay efectos producidos
por ambos tipos de sistema electoral. La práctica común
en la disciplina es calcular la magnitud promedio como
el número de escaños sobre el número de distritos. En el
caso en que todos se elijan en distritos uninominales, el
valor de M será igual a 1. En la medida que mayor sea el
número de escaños elegidos en distritos plurinominales,
más grande será el valor de M.[70] Pero lo cierto es que el

---

[69] Las elecciones legislativas pueden clasificarse en función del ciclo
electoral respecto de la elección de gobernador. Así, las elecciones
concurrentes son aquellas que eligen la legislatura el mismo día en que
se elige el Ejecutivo. Las elecciones no son concurrentes cuando esto no
sucede, y se eligen en días separados ambos cargos. Los casos en que
se elige primero al Ejecutivo e inmediatamente después de conocer el
resultado se elige, en un día posterior, la legislatura, reciben el nombre
de *honneymoon election*. Según la teoría, estas elecciones tienen un
efecto concentrador favorable al partido que gana las elecciones para el
cargo ejecutivo. En otros casos se elige primero la legislatura y luego el
Ejecutivo; estas elecciones reciben el nombre de *counter-honneymoon*.
Finalmente, existe un conjunto de elecciones legislativas que se realizan
en la mitad del mandato del cargo ejecutivo, las que son conocidas con
el nombre de "elecciones de medio término". La clasificación brevemente
reseñada ha sido propuesta por Shugart y Carey (1992), quienes han
sido pioneros en estudiar la interacción del ciclo electoral y el sistema
electoral y su impacto en el sistema de partidos en los países presidenciales.

[70] Esta es la práctica habitual (Taagepera y Shugart, 1989; Rae, 1967)
para sistemas proporcionales con distritos de magnitud variable. No
obstante, Cox (1997) utiliza otra medida, la magnitud mediana. Si se
aplica el criterio de Cox, entonces la magnitud de distrito de los diferentes sistemas electorales subnacionales sería igual a 1 y constante

promedio tiende a ser un mal indicador del tipo de competencia que realmente se realiza, ya que en general el promedio nunca supera el valor de $M = 2$, imputando a todos los sistemas como más similares a los uninominales que a los plurinominales. De modo que he reemplazado el valor promedio de la magnitud de distrito por el valor promedio ponderado. Este surge de calcular, por un lado, la proporción de escaños en distritos uninominales de mayoría relativa, y por el otro, la proporción de escaños elegidos en el distrito plurinominal. Este nuevo valor nos da una idea más precisa del impacto de M sobre la competencia.

Tabla 6.3. Magnitud de distrito ponderada, número de escaños uninominales y número de escaños plurinominales por sexenio. Valor mediano

	CSG 1988-1994	EZPL 1994-2000	VFQ 2000-2006	FCH 2006-2012
Magnitud ponderada	4 1.0-10.8	5.4 2.0-12.6	5.9 2.4-12.6	6.1 2.0-10.9
Uninominales	18	19	19	21
Plurinominal	9	12	13	13
N	27	32	33	29

Fuente: elaboración propia.
Nota: los valores de la celda indican los valores medianos; para magnitud ponderada se presentan los valores mínimos y máximos.

La Tabla 6.3 refleja los cambios agregados en las modificaciones del sistema electoral de los Estados, así como las variaciones al interior de ellos. El aumento de M pasó de 4 a 6, en promedio, con situaciones muy variadas en los

---

para todos los Estados, debido a que ninguno supera el 50% de escaños plurinominales. De este modo, no se podría estimar el impacto de M sobre el número de partidos.

Estados que van de sistemas uninominales puros ($M = 1$) a sistemas con magnitudes efectivas ponderadas grandes ($M = 12$). Las diferencias entre los Estados y a lo largo de los sexenios se explica por los cambios en la proporción del número de escaños elegidos en los distritos uninominales y los elegidos en los plurinominales. Esperamos que tanto el número de candidatos que se presentan en una elección como su número efectivo tengan una relación positiva con la magnitud de distrito,[71] manteniendo los demás factores constantes.

7. Modelo, resultado y discusión

La investigación está diseñada para lograr una muestra completa y balanceada, de un total de 32 unidades observadas por momento.[72] Aquí se consideran a los Estados como la unidad de observación y los sexenios como momentos observacionales de cada unidad. El número de Estados i es de 32, y cada Estado i es observado t veces, una en cada sexenio t. Esto significa que teóricamente obtenemos cuatro observaciones de cada Estado. Una observación en el sexenio de CSG, otra en el de EZPL, otra en el de VFQ y otra en el de FCH. Las excepciones ya fueron señaladas en el capítulo 2. Para examinar el impacto de las covariables

---

[71]   Como se ha desarrollado previamente, la magnitud de distrito se ha constituido en el factor decisivo según las investigaciones clásicas en el estudio de los sistemas electorales (Taagepera y Shugart, 1989: 144-145). Consúltese además, Rae (1967), Lijphart (1994), Nohlen (1994), Cox (1997) y en especial el estado del arte que magistralmente presenta Farell (2001).

[72]   Para una ampliación ver Fitzmaurice, Laird y Ware (2004: 22-25). Un diseño completo es aquel que prevé que cada unidad sea observada en el mismo momento que las demás. En cambio, un estudio balanceado es aquel en que todas las unidades han sido observadas y no existe *missing*.

(el sistema electoral y los demás aspectos contextuales que afectan la elección) sobre la variable de respuesta (número efectivo de competidores), se especifican dos modelos: un modelo de regresión longitudinal con efectos fijos y otro modelo de regresión longitudinal con efectos aleatorios.[73] Al no ser una muestra seleccionada en forma aleatoria de una población más amplia, debido a que todas las unidades de la muestra son al mismo tiempo todas las unidades de la población, y todas las observaciones de cada unidad son todas las observaciones posibles para el período de tiempo analizado, los errores estándar de los coeficientes estimados están corregidos mediante la técnica *bootstrap*.[74] Los coeficientes de relación pueden ser estimados en un mismo modelo longitudinal con efectos fijos:

$$Y_{it} = \alpha + \beta_n X_n + v_i + \varepsilon_{it}$$

---

[73] Existen diferentes alternativas para modelizar un diseño combinado de unidades y series de tiempo (*cross-sectional time-series*), que dependen del número de unidades (*N*) y del número de sus observaciones a través del tiempo (*T*). Los modelos tradicionales de mínimos cuadrados ordinarios (OLS) no son apropiados, debido a que el tipo de datos viola un supuesto central: la independencia de las observaciones. Una forma común de evitar este problema es optar por un método de regresión OLS con efectos fijos con variables dicotómicas (*Least Square with Dummy Variables*-LSDV) (Sitmson, 1985). Pero ello tiene el inconveniente de inflar el coeficiente de codeterminación (R²) por medio de la adición de N-1 variables *dummy*. En cambio, los modelos longitudinales pueden construirse sin crear un artificial R² y corrigiendo los errores estándar de los coeficientes estimados. Para las muestras longitudinales existen dos modelos posibles: los modelos de regresión longitudinal con efectos fijos (también conocido como *within effect*) y los de efectos aleatorios (*between effect*). La elección de uno u otro modelo responde a cuatro criterios generales: el tipo de muestreo, los objetivos de la inferencia, el uso de variables constantes para cada unidad a lo largo del tiempo y la robustez del modelo en presencia de variables omitidas. Para una comprensión más acabada de las aplicaciones del análisis longitudinal o panel ver Frees (2004) y Fitzmaurice, Laird y Ware (2004).

[74] Consúltese Mooney y Duval (1993).

En donde: Y_{it} representa el valor promedio de la variable dependiente o de respuesta en el Estado i, en el momento t; α es el valor de la constante de la ordenada al origen; X es un vector de n variables independientes; y las β son los coeficientes estimados de la regresión para cada n variables. Además, el modelo longitudinal incluye un término de residuos (ε_{it}) que se asume constante para todos los casos (homocedasticidad), y un término de residuos (v_i) diferente para cada unidad pero constante para las observaciones de la unidades. En el modelo con efectos fijos, los coeficientes estimados deben interpretarse como el cambio esperado en la variable de respuesta, por cada unidad de cambio en la variable independiente dentro de cada Estado (*within-effect*). La ventaja de este modelo reside en que los efectos de las variables explícitamente estimadas están siendo controlados por todas las diferencias que existen entre los Estados, pero que no varían en el tiempo (*time-invariant differences*), de modo que los coeficientes estimados por el modelo de efectos fijos no están sesgados debido a potenciales variables omitidas (Kohler y Kreuter, 2005: 240), tales como por ejemplo, variables de tipo socioeconómico o geográfico. En el modelo con efectos aleatorios, los coeficientes estimados se deben interpretar como el impacto esperado en la variable de respuesta entre los Estados, y no al interior de ellos (*between-effect*).

Las hipótesis planteadas asumen, en primer lugar, un resultado de línea de base expresado en la hipótesis 1 (bipartidismo o bicandidaturismo), y luego diferentes estimaciones del desvío respecto de ese resultado. Las hipótesis 2.1 y 2.2 plantean que las elecciones concurrentes y las simultáneas generarán un incentivo para que permanezcan en la competencia más candidatos votados por los electores. La hipótesis 3 plantea que el incremento del número efectivo de candidaturas será una función del tamaño de la magnitud del distrito de las elecciones legislativas.

Tabla 6.4. Estimación del número efectivo de competidores en elecciones de gobernador. Modelo de regresión longitudinal (errores estándar corregidos *Bootstrap*)

	Efectos fijos			Efectos aleatorios		
	B (e.s.)	IC (95%)		B (e.s.)	IC (95%)	
Constante	**1.53 (.28)	.97	2.10	***1.39 (.14)	1.11	1.67
Magnitud	**.13 (.04)	.05	.21	***.07 (.02)	.03	.10
Concurrente	-.00 (.15)	-.30	.30	*.25 (.10)	.05	.45
Simultánea	**.39 (.13)	.12	.66	*.16 (.08)	.00	.33
FCH	*.24 (.11)	.02	.45	***.35 (.08)	.17	.52
VFQ	**.29 (.10)	.09	.49	***.38 (.08)	.22	.55
EZPL	***.41 (.10)	.22	.59	***.49 (.08)	.32	.65
R^2 *within*	.55			.52		
R^2 *between*	.19			.32		
Obs.	32			32		
N	121			121		

Nota: * significativo a $p < .05$; ** significativo a $p < .01$; *** significativo a $p < .001$.

En la Tabla 6.4 se presentan los resultados de los coeficientes estimados de los modelos sugeridos por las hipótesis, y se incluye además un grupo de variables *dummy* por sexenio, con base en el sexenio de CSG.[75] En el primer modelo, se asume que existen factores asociados a características específicas de cada Estado afectando la relación de

---

[75]　La inclusión de estas variables responde a controlar por efectos inerciales que el mismo sistema de partidos puede introducir en la competencia. En cierta medida, pueden ser considerados un *proxy* de las expectativas, pero agregadas. Es decir, cuando esta variable presenta un coeficiente estadísticamente significativo, estamos en presencia de un efecto endógeno del mismo sistema de partidos en el tiempo, manteniendo las demás arenas constantes.

las variables incluidas en el modelo (efectos fijos). Mientras que el modelo dos no asume dicho supuesto, sino antes bien que no hay diferencia entre los Estados atribuible a características fijas en ellos (efectos aleatorios).

Efectos fijos

En el primer modelo se confirma el impacto positivo que produce la magnitud de distrito sobre el número efectivo de candidaturas o competidores, y la diferencia estadísticamente significativa en las elecciones que son simultáneas de las que no lo son. Las elecciones concurrentes no presentan un coeficiente estimado estadísticamente significativo. Esto no permite concluir que no existen efectos anidados, sino que puede deberse a la reducida cantidad de Estados que presentan diferencias: la mayoría de los Estados realizan sus elecciones de gobernador en forma concurrente con la de la legislatura. Respecto de la magnitud de distrito, en cambio, los resultados se ajustan a nuestras conjeturas.

Cuanto mayor es el tamaño de la magnitud del distrito, esto es, cuantos más escaños se eligen en forma proporcional, mayor es el impacto sobre el número efectivo de candidatos en una elección de gobernador. El coeficiente estimado de la regresión es positivo y estadísticamente significativo con una $p < .001$. El efecto de los cambios a lo largo de los sexenios (t) del tamaño de la magnitud en un Estado (i) es en promedio de .13 (.04), en un intervalo de confianza que oscila entre .05 y .21 como límite inferior y superior respectivamente, por cada aumento de una unidad en la magnitud de distrito. Por su parte, las elecciones que son simultáneas respecto de las federales presentan .39 competidores efectivos más que las que no son simultáneas, con un rango que va de .12 competidores adicionales en el caso del límite inferior y alcanza un .66

competidores adicionales en el caso del límite superior. De forma adicional, se puede observar la diferencia estadísticamente significativa en el número de competidores a través de los sexenios. En todos los sexenios, el número de competidores efectivos es mayor que en el sexenio que tomamos como base (CSG), pero la diferencia se reduce a lo largo del tiempo siendo menor en el de FCH y mayor en el de EZPL. Ello explica, por un lado, el aumento del número de competidores desde el sexenio de CSG al de EZPL, y por el otro, un paulatino ajuste a situaciones que tienden al bipartidismo desde el sexenio de VFQ al de FCH.

El modelo describe con bastante precisión lo que sucede. Por ejemplo, en un distrito con magnitud promedio ponderada de 6, en el sexenio de FCH, en una elección simultánea con la federal, el modelo permite estimar un número efectivo de 2.94 competidores,[76] *ceteris paribus*. En ese mismo caso, pero en una elección no simultánea, el modelo estima un número de competidores efectivos de 2.55. Ahora bien, si se tratara del mismo caso en el sexenio de EZPL, el modelo estima un número mayor de competidores en ambos casos, de 3.11 para una elección simultánea y de 2.72 para una elección no simultánea. Como se puede apreciar, los resultados representan con bastante exactitud la situación competitiva de cada Estado, de acuerdo a nuestras hipótesis. Al mismo tiempo, se confirma que los valores de los competidores efectivos giran alrededor de la línea de base de dos candidaturas efectivas, *ceteris paribus*. Ello es deducible por el valor de la constante (1.53) y el valor estimado medio para cada sexenio. De este modo, en el sexenio de VFQ, el valor base del número de competidores en una

---

[76]   Las estimaciones parciales se hacen en base a reemplazar en el modelo los valores de M. Así, para un sistema como el descrito, el resultado del valor de N = 2.94 se estima $N = \alpha + \beta_n {}^*X$; reemplazando los valores de los coeficientes estimados, obtenemos la siguiente ecuación 1.53 + .13*6 + .39 + .24, que son los valores de los coeficientes estimados para cada variable.

elección no simultánea es de 1.95, lo que es indicativo de una situación de dos candidaturas efectivas.

En resumen, en el interior de los Estados hay evidencia que respalda la hipótesis del efecto duvergeriano "bicandidaturista", y de los desvíos producidos por los efectos de las arenas, como el de la magnitud de distrito de la elección legislativa sobre el número de competidores en la elección de gobernador y el de las elecciones simultáneas.

Efectos aleatorios

En el segundo modelo se verifican impactos estadísticamente significativos de todos los coeficientes estimados, al igual que en el modelo anterior, con el adicional del impacto de la elección concurrente. Ahora bien, cuando analizamos la diferencia *entre* los Estados con diferente magnitud de distrito, el efecto sobre el número efectivo de partidos se reduce a .07 (.02), aunque sigue siendo estadísticamente significativo con una $p < .001$, en un intervalo de confianza que oscila entre .03 y .10 como límite inferior y superior respectivamente. Es decir, la diferencia en el número efectivo de competidores, debida a la diferencia en la magnitud de distrito *entre* los Estados, no es tan pronunciada como la diferencia en el cambio en el número efectivo de competidores producto de las modificaciones de la magnitud de distrito *dentro* de un mismo Estado. En otras palabras, es mayor el efecto endógeno que produce la variación de la magnitud de distrito, registrada en el modelo de efectos fijos, que las diferencias institucionales entre los Estados. Pero al analizar la diferencia entre los Estados, la concurrencia o no de elecciones pasan a ser factores relevantes para explicar el número de competidores en un Estado *i*, en una elección *t*. Los Estados con elecciones concurrentes presentan en promedio un .25 competidores efectivos adicionales a los Estados que no poseen elecciones concurrentes, con un

intervalo de confianza que va de .05 cuando el impacto es
mínimo a .45 cuando el impacto es máximo. Ello implica
que en promedio presentan un cuarto de competidores
adicionales comparados con los que no poseen elecciones
concurrentes, impacto que llega en su máximo a medio
competidor adicional, de acuerdo a nuestras conjeturas.
Del mismo modo, los Estados con elecciones simultáneas
presentan un plus de competidores efectivos, pero entre los Estados este efecto es menor (.16) comparado con
la diferencia que se observa dentro de los Estados (.39).
Nuevamente, la diferencia entre los sexenios registra coeficientes estimados estadísticamente significativos.

Los resultados ofrecen evidencia empírica de las consecuencias observacionales planteadas en nuestras conjeturas, en base a la política de reducción de candidaturas
que hace la elite, por un lado, y la política de concentración
del voto que hacen los electores, por el otro. El modelo con
efectos fijos capta mejor las variaciones de la competencia
dentro de los Estados a lo largo del tiempo, mientras que
el modelo con efectos aleatorios describe las diferencias
entre los Estados. En ambos casos, la base de competencia
bicandidaturista se ve afectada por las arenas anidadas en
cada elección y las expectativas y metas que se adaptan a
lo largo de los sexenios.

8. Conclusión

En este capítulo hemos analizado y presentado evidencia respecto de la diferencia existente entre el número
de partidos, el número de candidatos y el número efectivo
de candidaturas. A lo largo del tiempo, hemos podido visi-
bilizar que los partidos y candidatos coordinan en alianzas
electorales que reducen la oferta electoral. Una vez que la

oferta electoral es presentada ante los electores, éstos –en la mayoría de los casos– se encargan de reducir aun más las candidaturas viables, otorgándoles el voto sólo a unas pocas de ellas. Según la Ley de Duverger, dado el sistema electoral a simple pluralidad de sufragio, este proceso debería conducir a un sistema bipartidista; resultado que es conocido en la literatura como "equilibrio duvergeriano". Pero no es el caso. Dado que los candidatos de algunos partidos pueden retirarse en favor de otros candidatos estableciendo alianzas electorales, pero mantener la etiqueta del partido vigente e incluso acceder a escaños en la legislatura, el número de candidaturas puede encontrarse por encima del "equilibrio duvergeriano" esperado. De esta suerte, los sistemas de mayoría relativa con distritos uninominales podrían conducir incluso a la reducción del número de candidatos a dos (manteniendo constante expectativas, metas y arenas), pero no por ello a un sistema bipartidista. El número de candidaturas tiende a reducirse a medida que la coordinación electoral se vuelve la estrategia dominante en el sistema de partidos, pero ello paradójicamente se produce en presencia de un sistema multipartidista que no cede siempre a la "presión duvergeriana". Estamos en presencia de un sistema multipartidista, con pocas candidaturas. En general, las elecciones de los Estados tenderán a converger en dos candidatos, pero con muchos partidos. Parte de la explicación de este fenómeno la hemos encontrado en el tamaño de la magnitud promedio de los distritos electorales (en donde juega un papel clave el tamaño del distrito plurinominal), en la realización de elecciones concurrentes con las elecciones legislativas y en la realización de las elecciones simultáneas con las federales. En estas elecciones, los partidos juegan otros "juegos anidados" que les invitan a permanecer en la liza competitiva. No obstante, como ya se ha observado en otros capítulos y se ha afirmado en este, permanecen formando alianzas electorales.

CAPÍTULO 7
LA REDUCCIÓN DE ALTERNATIVAS O EL JUEGO DE LA OFERTA Y LA DEMANDA

Allí donde algún tipo de coordinación tiene lugar, se produce una reducción indefectible de las candidaturas.[77] No obstante, no son los partidos la única causa de este "efecto reductor"; también los electores pueden hacerlo si concentran sus votos sólo en algunas candidaturas. Este problema ya fue planteado en el capítulo anterior. En este capítulo lo abordaremos desde otro lugar: la relación entre la reducción de candidaturas que hacen los políticos a través de las alianzas y la reducción selectiva que hacen los electores a través del voto. En este sentido, podemos plantear estos dos "efectos reductores" como el juego de la oferta política y la demanda política.

En las elecciones de los tres sexenios analizados siempre existe algún tipo de "efecto reductor". Ese efecto se produce por vía de la coordinación de los partidos exclusivamente, como sucedió en la elección de Colima en el año 2003, o por vía exclusiva del electorado, como fue el caso de la elección de Jalisco en el año 2000. Veamos la diferencia entre estos dos casos, para intentar definir los dos efectos reductores de manera anticipada.

---

[77] En muchos casos, las alianzas electorales o las candidaturas comunes para el cargo ejecutivo no se realizan para los cargos legislativos. Aquí no analizaré la coordinación y la votación estratégica para las elecciones de legisladores, que amerita un trabajo aparte, pero algo de ello hemos indagado en el capítulo 6. No obstante, puede ampliarse el problema en Cox (1997: 99-122) y Shugart y Carey (1992).

En las elecciones del 6 de diciembre del 2003, en el Estado de Colima, los seis partidos políticos con registro oficial convergieron en sólo dos candidaturas: la "Alianza con Gustavo Vázquez Montes" (PRI + PVEM + PT) y la "Alianza Todos por Colima" (PAN + PRD + AC). La coordinación electoral de los políticos en dos alianzas dejó a los electores sólo dos opciones. Los electores no tuvieron mayor trámite que votar por una u otra opción; el resultado fue para el candidato más votado, con 51.9%, mientras el segundo candidato obtuvo el 48.1%. Aquí, los esfuerzos de coordinación electoral reposaron exclusivamente en la elite política.

En las elecciones del Estado de Jalisco del 12 de noviembre del año 2000, por el contrario, los once partidos con registro oficial decidieron presentar cada uno su propio candidato, dejando en manos del electorado la decisión de votar estratégicamente entre alguno de ellos. Si los votos se hubieran repartido de manera uniforme, cada candidato habría recibido 9.1% de votos. Obviamente, los once candidatos no recibieron la misma cantidad de votos. Los votos se fragmentaron entre unas pocas candidaturas; el candidato más votado (Francisco Javier Ramírez Acuña, del PAN) recibió el 45.5%, mientras que su inmediato rival (Jorge Arana Arana, del PRI) recibió el 43.3% de los votos. Los electores llevaron adelante un proceso de coordinación electoral que dejó al candidato del PRD en un 5% de los votos, pero considerando el resultado final la coordinación electoral no fue perfecta. En esta elección, el 54.5% de los votos no fueron emitidos en favor del ganador. De haber existido un proceso de coordinación electoral exitoso, podrían haber evitado ese triunfo.

Los dos ejemplos anteriores permiten entender los efectos reductores. El primero, en manos de la elite; el segundo, en manos del electorado. En el resto de las elecciones observadas en esta investigación existe una combinación entre ambos tipos de coordinación y su consiguiente "efecto reductor". En otras palabras: encontraremos situaciones en donde tanto la elite como el electorado contribuyen a la reducción pero no en forma exclusiva.

1. La reducción de la "oferta política" y la reducción de la "demanda electoral"

Como se revisó en capítulos previos, en primer lugar, existen partidos políticos con registro electoral que constituyen la materia prima de la oferta electoral existente. En segundo lugar, el hecho de que esos partidos puedan formar alianzas abre la posibilidad a que se produzca una reducción de alternativas entre el número absoluto de partidos con registro y el número de candidaturas. Esta primera reducción de la oferta de candidatos es la que podemos denominar como "oferta política". Esta reducción es exclusivamente producto de los acuerdos entre las elites político-partidarias, de ahí el nombre que hemos escogido como etiqueta. En tercer lugar, una vez producida esta primera reducción de la "oferta política", los electores pueden dispersar sus votos entre todas las candidaturas presentadas, o bien pueden concentrar sus votos en unas pocas menos, como en el ejemplo citado antes de la elección de Jalisco. Esta segunda reducción que produce el electorado es la que podríamos denominar como "demanda electoral" (a falta de un buen nombre).[78] Ambos fenómenos son mensurables empíricamente.

---

[78]   Antes intenté utilizar los términos "elitista" para la oferta política y "masiva" para la oferta electoral, pero una lectora atenta del asunto consideró que podría haber una coordinación masiva por parte de la elite en el caso que enfrentaran a un candidato sumamente desagradable. Así, la coordinación política de la elite en una alianza del tipo "Todos unidos contra el PRI" podría ser una reducción masiva de la elite. De este modo,

Reducción de la oferta política

Un indicador directo de la reducción de la oferta política puede ser calculado a partir de la diferencia entre el número de partidos absolutos (P_a) y el número de candidaturas (C_a) que compiten en una elección. De este modo, la reducción de la "oferta política" puede estimarse de la siguiente forma:

$$ROP = \frac{P_a - C_a}{P_a}$$

La estimación de la reducción de la oferta política (ROP) es igual a la diferencia entre el número absoluto de partidos con registro (P_a) y el número de candidaturas (C_a) que compiten en una elección, normalizada por el número absoluto de partidos. Cuanto mayor sea el número de partidos y menor el número de candidaturas, mayor será el valor que asumirá ROP. En el límite, si la reducción de la oferta política es total, el indicador se aproximará asimptóticamente a 1. Por el contrario, cuando el número de candidaturas sea igual al número de partidos, el indicador ROP asumirá un valor de 0.

Reducción de la demanda electoral

La reducción de la demanda electoral se puede estimar de manera similar, estableciendo la brecha existente entre el número de candidaturas (C_a) que compiten en una elección y el número efectivo de candidaturas (N_c).[79] De este modo, la reducción masiva puede estimarse de la siguiente forma:

---

a falta de un buen término utilizaré "oferta política" y "demanda electoral" para cada una. No obstante, me sigue gustando la idea de elite y masa como niveles separados en donde se puede dar la coordinación.

[79] Ya se ha definido en el capítulo anterior el índice de Laakso y Taagepera (1979) como Número efectivo de candidaturas o competidores. El índice

$$RDE = \frac{C_a - N_c}{C_a}$$

La estimación de la reducción de la "demanda electoral" es igual a la diferencia entre el número de candidaturas (C_a) que compiten en una elección y el número efectivo de candidaturas (N_c), normalizado por el número de candidaturas. Cuanto mayor sea el número de candidaturas y menor el número efectivo de candidaturas, mayor será el valor que asumirá RDE. En el límite, si la reducción de la demanda electoral es total, el indicador se aproximará asimptóticamente a 1. Por el contrario, cuando el número de candidaturas sea igual al número efectivo de partidos, el indicador arrojará el valor de 0.

2. Hipótesis empírica

Entre la reducción de la "oferta política" y la reducción de la "demanda electoral" hay una relación de sacrificio (*trade-off*) importante. Cuando la elite es exitosa en conformar alianzas y reducir las alternativas que se le ofrecen al electorado, menor margen existirá para que el electorado seleccione y descarte entre las pocas candidaturas. Lo contrario es, sin embargo, probable y no inverso. Cuando la elite fracase en conformar alianzas y ofrezca muchas alternativas, el electorado tendrá un margen mayor para seleccionar y descartar alternativas, pero podrá existir tanto mucha como poca reducción masiva dependiendo del comportamiento de los electores. De ello se pueden derivar las siguientes hipótesis empíricas:

---

se expresa como $N_c = \left(\sum_{i=1}^{n} p_i^2 \right)^{-1}$,en donde el número efectivo de candidaturas (N_c) es igual a la razón inversa de la suma de los cuadrados de las proporciones de votos de los candidatos (p_i^2).

Hipótesis 1. Existe un *trade-off* entre ROP y RDE. Cuanto mayor sea la primera menor tenderá a ser la segunda. Mientras que cuanto menor sea la primera, mayor será la segunda, pero con un amplio rango de incertidumbre sobre su realización. *Hipótesis 2.* Cuanto mayor sea el número de candidaturas, indicando que la elite ha fallado en producir la reducción de la oferta política, mayor será la reducción de la demanda electoral.

3. Evidencia

Para verificar las hipótesis planteadas, se presentan relaciones bivariadas acompañadas de un diagrama de dispersión (*scatterplot*), con el objeto de ilustrar en forma visual las relaciones planteadas. Junto a ellos, se estima el modelo que corresponde a la relación, que en todos los casos es estimado en forma alternativa al ajuste clásico de regresión lineal.

Trade-off

Los gráficos 7.1 y 7.2 ofrecen evidencia de la hipótesis 1. Se puede observar que al inicio del período observado, la reducción de la demanda electoral es mayor y tiende a lo largo de los sexenios a reducirse, conforme la reducción de la oferta política comienza a aumentar. En el Gráfico 7.1 se puede observar un punto de encuentro entre ambas fuerzas reductivas, que se fija alrededor del 40%.

En este sentido, podemos decir que para el inicio del sexenio de FCH, la diferencia entre el número de candidaturas y el número de partidos, respecto de la base de partidos, era del 40%; mientras que la diferencia entre el número efectivo de partidos y el número de candidaturas, respecto de la base de candidatura, era también del 40%.

Gráfico 7.1. Reducción de oferta política y reducción
de demanda electoral, por sexenio (1985-2012)

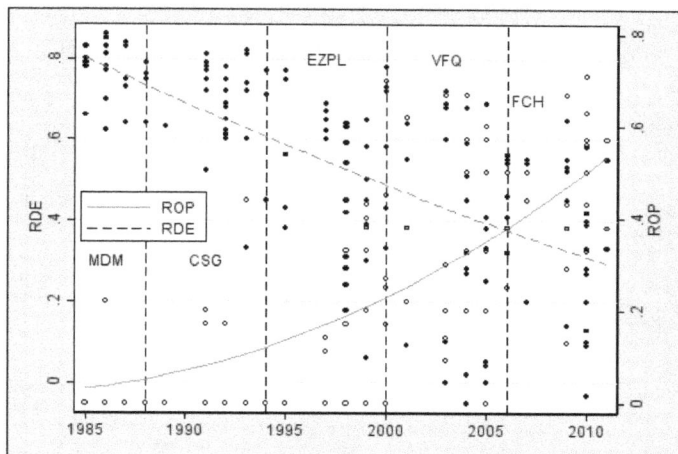

Fuente: elaboración propia con datos estimados mediante ROP y
RDE.

A partir del sexenio de FCH –podemos afirmar sin error
posible–, es mayor la reducción de la oferta política que la
reducción que se puede esperar a partir de la coordinación
del electorado (demanda electoral). En otras palabras, la
elite produce un menor número de candidaturas y deja al
electorado menos margen de error que en los anteriores
sexenios. El Gráfico 7.2 confirma una vez más el *trade-off*
entre ambas reducciones. Cuando la reducción de la oferta
política es mínima se puede observar una mayor dispersión
de los valores que puede asumir la reducción de la demanda
electoral. De este modo, los análisis estadísticos realizados
permiten respaldar que, por un lado, a mayor reducción de la
oferta política se observa una menor reducción de la demanda

electoral, y por el otro, a menor reducción de la oferta política
se observa una mayor dispersión en los niveles posibles que
puede alcanzar la reducción de la demanda electoral.

Gráfico 7.2. *Trade-off* entre reducción de oferta política
(ROP) y reducción de demanda electoral (RDE)

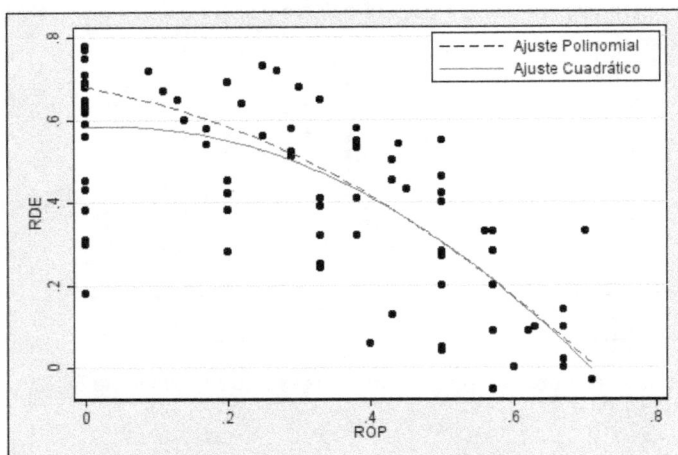

El gráfico presenta dos estimaciones: una estimación está
basada en una regresión polinómica fraccional de segundo
orden (*fractional polynomial regress*) ($y = \alpha - \beta_1 x - \beta_2 x^2$), mientras que la otra estimación se basa en un ajuste de regresión
cuadrático ($y = \alpha + \beta_1 x - \beta_2 x^2$). En ningún caso asumimos una
relación lineal, aunque sí monotónica. Ambas estimaciones
de la relación entre ROP y RDE coinciden sustantivamente
cuando los valores de ROP son elevados, conforme a lo que
ya hemos planteado antes. Sin embargo, predicen valores
levemente diferentes en un 10%, debido a la dispersión que
se puede observar en RDE cuando ROP es igual a 0, o en otras
palabras, cuando no hay coordinación de la elite.

Gráfico 7.3. Reducción de oferta política y reducción de demanda electoral, por sexenio (1985-2012), por Estado

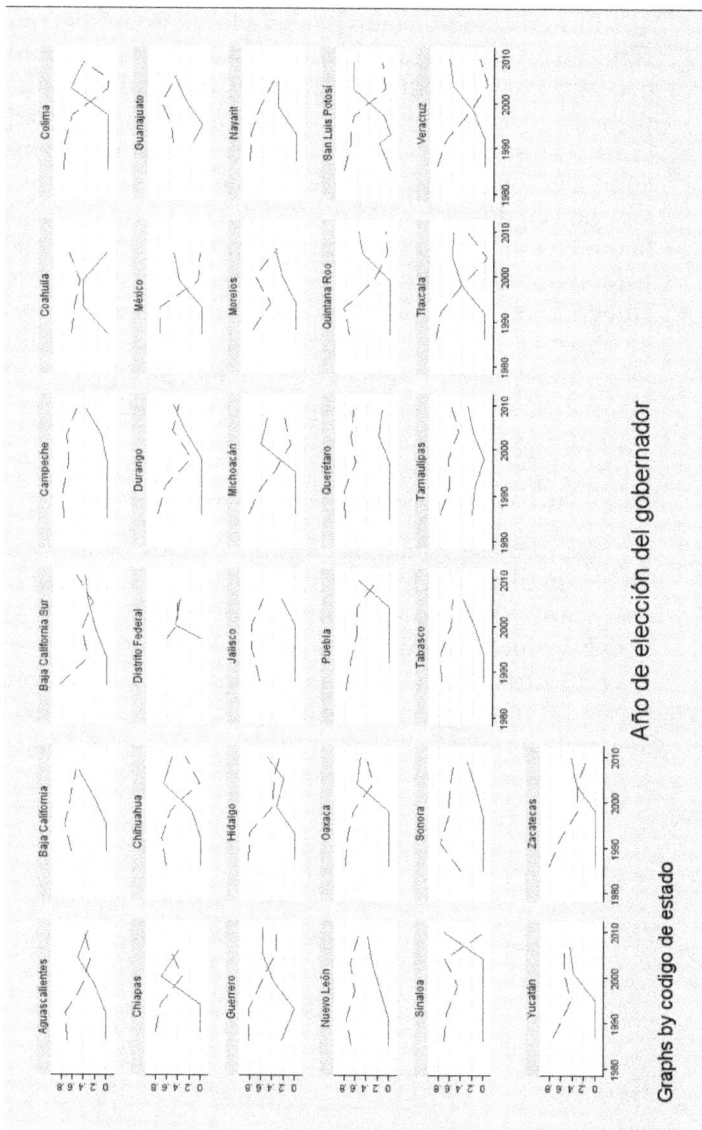

Año de elección del gobernador

Graphs by codigo de estado

Si analizamos Estado por Estado, tal y como se representa en el Gráfico 7.3, podemos constatar que en todos se experimenta un aumento de ROP y una disminución del papel de RDE. A su vez, en la amplia mayoría de lo Estados, antes o después, los valores de ROP van en aumento hasta superar a los valores de RDE. Las únicas excepciones en las que la reducción de la oferta política no ha superado a la reducción producida por la demanda electoral son los Estados de Baja California, Campeche, Jalisco, Querétaro, Nuevo León, Sonora, Tabasco y Tamaulipas, donde no se observan, incluso en algunos, mucha estabilidad en el comportamiento de la elite y el electorado, como de alguna manera sucede en Querétaro y relativamente en Tamaulipas.

Candidaturas y reducción de la demanda electoral

La hipótesis 2 plantea que la reducción de la demanda electoral es una función del número de candidaturas. Así, cuanto mayor sea el número de candidaturas, mayor será la reducción producida por el electorado a través de la concentración del voto. En nuestro caso, el indicador de este fenómeno es, desde luego, RDE. En el Gráfico 7.4 se puede apreciar visualmente que las observaciones se ajustan a la conjetura planteada.

Gráfico 7.4. Reducción de la demanda
electoral y número de candidaturas

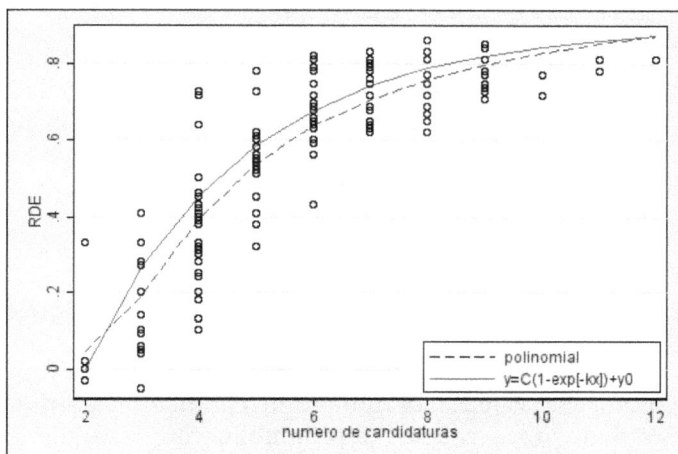

Fuente: elaboración propia. Modelo exponencial con pendiente
proporcional al valor límite.

El gráfico presenta la distribución de las observaciones
en función de los valores de RDE y el número de candidaturas. Junto a ellos, se estima el modelo de ajuste entre
ambas variables. El modelo se estima en función de los
niveles de medición de cada una de las variables. En este
caso, RDE tiene un valor máximo finito (C), tal que: 0 <
RDE < C, donde C asumimos que es igual a .9. La distribución del número de candidaturas (C_a), en cambio, puede
asumir un valor entre los siguientes límites: 2 < C_a < + ∞.
De este modo, tenemos un punto de ancla que indica que
para cuando C_a = 2, RDE = 0. Siguiendo a Taagepera (2008:
106), para una relación con tres restricciones (ninguna

puede asumir valores negativos y una de ellas tiene un valor límite), obtenemos:

$$y = C\,(1 - e^{-kx}) + y_0$$

Donde y es la variables de respuesta, C el valor máximo que puede alcanzar y, e es la constante de euler (2.7183), k es el coeficiente estimado que puede ser cualquier número real, y_0 es el valor de y cuando x es igual a 0. Alternativamente, despejando, podemos expresar esa ecuación del siguiente modo:

$$y = C - C \cdot e^{\,[k\,(x0 - x)]}$$

Reemplazando por nuestras variables, obtenemos que el valor de RDE = .9 - .9*$e^{0.35(2-Ca)}$.

De este modo, podemos estimar RDE como una función de C_a.[80] Cuando el número de candidaturas empíricamente observado es el mínimo, la reducción de la demanda electoral es igual a cero. A medida que aumenta el número de candidaturas, la reducción tiende asimptóticamente al límite, en forma exponencial. Dicho de otro modo, al aumentar el número de las candidaturas, esto es, la oferta final de alternativas, la demanda del electorado determina exponencialmente el número viable de candidaturas efectivas.

4. Conclusiones

En este breve capítulo se planteó que el éxito de la coordinación de la elite (reducción de la oferta política) reduce el margen para que el electorado produzca una

---

[80] En este sentido, cabe señalar que el logaritmo natural de (C-y) es una función lineal de x. Para profundizar en el desarrollo de relaciones no lineales para modelos cuantitativos predictivos ver Taagepera (2008), en especial pp. 97-119.

mayor reducción de las candidaturas efectivas (reducción de la demanda política). En esa dirección, se ha presentado evidencia de la compensación inversa (*trade-off*) entre ambas variables. La primera fue definida como la reducción de oferta política que produce la elite entre el número de partidos que participa en una elección y el número de candidatos que finalmente ingresan a la competencia. La segunda se entiende como la diferencia producida entre la oferta política y el número efectivo de candidatos.

Como se puede constatar a lo largo de este capítulo, existe evidencia suficiente que respalda la conjetura formulada acerca de la relación de compensación entre la oferta política y la demanda electoral. Cuando los partidos disminuyen la oferta política por medio de la realización de alianzas electorales, el trabajo de coordinación no recae completamente sobre los electores. Por esa razón, donde los partidos logran formar alianzas y presentar pocas candidaturas, la reducción de la demanda electoral tiende a ser igual a 0. En consecuencia, cuanto mayor sea el número de partidos que se unen a las alianzas que se presenten en una elección, menos margen de coordinación (y menos potenciales fracasos) quedan en manos del electorado.

La reducción de los competidores, producto de las alianzas que forman los partidos, implica en consecuencia que los electores tienen menos para elegir. Y si los electores tienen menos para elegir, pueden considerar que el sistema es menos satisfactorio en reflejar sus preferencias más cercanas. Entonces, se produce una paradoja que merece ser presentada como tal: en la medida que los partidos se coaliguen, facilitarán el trabajo de los electores a la hora de votar, pero a costa de una disminución de las alternativas electorales. La coordinación electoral instala un fuerte *trade-off* entre la efectividad del voto y la variedad de la oferta electoral.

CAPÍTULO 8
VOTO ÚTIL, DESPERDICIO DE VOTOS
Y GANADORES INESTABLES

La reducción del número de candidaturas que ingresan a la competencia se produce, entre otras cosas, a partir de los incentivos que las reglas electorales introducen tanto para los partidos como para los votantes. Tratando de impedir que, según sus preferencias individuales, el peor de los candidatos resulte ganador, los votantes instrumentales evitan desperdiciar su voto por el candidato que ocupa el primer lugar en su orden de preferencia, pero que según la información disponible tiene pocas probabilidades de ganar. Así, tienen que cotejar la utilidad esperada de votar al candidato preferido (U_1) y que, por hacerlo, gane el candidato menos deseado, desperdiciando su voto, frente a la utilidad esperada de votar por un segundo candidato no tan preferido, pero con mayores probabilidades de derrotar al peor candidato (U_2). En este sentido, al intentar maximizar la utilidad esperada de sus votos, enfrentan un problema estándar de decisión. De este modo, cuando existe un solo cargo en disputa, los terceros partidos suelen ser las víctimas de la votación estratégica (Cox, 1997).

Sin embargo, se puede objetar que los votantes, o al menos una porción de ellos, no modifican su voto por razones vinculadas a la utilidad o al desperdicio del voto. Para los votantes duros o expresivos las elecciones no son concebidas como un acto de inversión, en donde el voto es el medio para obtener un resultado en materia de política pública que satisfaga sus intereses o minimice sus perjuicios. Por el contrario, el voto es en sí un acto de consumo en donde la utilidad se extrae del hecho de manifestar su primera preferencia y no del potencial resultado que la manifestación de ésta pudiera acarrear (Brennan y Lomasky, 1993; Brennan y Hamlin, 2000).

En consecuencia, dependiendo de la proporción de los tipos de electores existentes en una elección, habrá más o menos deserción desde los terceros candidatos en dirección al primero y al segundo. La posibilidad de que los votantes abandonen al tercer candidato introduce un nivel de presión sobre el tercer candidato o partido respecto de la decisión de ingresar o de mantenerse en la competencia, que afecta los cálculos de la elite. De este modo, algunos políticos tratarán de evitar la competencia directa, ya sea no ingresando o bien retirándose en favor de otro candidato, si saben que serán víctimas de los electores estratégicos. Y ello con el objetivo de evitar el desperdicio de sus recursos económicos y el esfuerzo de su exposición política. Por el contrario, si en el electorado predominan los votantes expresivos o duros, la elite política no tendrá mayor presión para abandonar la competencia. Por esa razón, la elite, en algunas ocasiones, se anticipa a los electores generando una reducción de la oferta política, y otras veces, persiste en sus intentos de mantenerse en la competencia aumentando así el número de competidores.

Cuando los candidatos persisten en la arena electoral, son los electores los que deben decidir acerca de cómo coordinar sus votos para evitar su desperdicio. Si la coordinación electoral entre los partidos se realiza con éxito, entonces se produce una mayor reducción de la oferta política, y al reducirse la oferta política, aumenta la probabilidad de que la dispersión del voto por parte del electorado se reduzca. Si hay menos alternativas, hay menos probabilidades de desperdiciar el voto y, en consecuencia, la candidatura ganadora podría obtener un respaldo mayoritario de los electores. Por el contrario, si los partidos no coordinan, se produce un número mayor de candidaturas abriendo las puertas a que sean los electores los que lo reduzcan, vía demanda electoral, pero al mismo tiempo, aumentando la probabilidad de que los electores dispersen sus votos entre las diversas alternativas. Si el voto se dispersa y sólo existe un ganador, entonces la probabilidad de que la candidatura ganadora no reciba un respaldo mayoritario aumenta.

En otras palabras, es altamente probable que cuando la oferta política es elevada, el candidato que resulte vencedor de la contienda no haya sido votado por la mayoría de los electores, sino por una simple pluralidad de sufragios. Así, cuando hay muchos partidos (esto es, poca reducción de la oferta política) y el desperdicio de votos es alto (esto es, poca reducción de la demanda electoral), podría surgir un ganador de mayoría sin un respaldo mayoritario.

En este capítulo, en primer lugar, desarrollo un argumento respecto de las condiciones en las cuales las consideraciones de los votantes conducen a la reducción de alternativas vía un comportamiento estratégico, y de las condiciones en las cuales la presión hacia ese comportamiento se reduce. En segundo lugar, se analiza la deserción de los votantes desde los terceros candidatos hacia los primeros y segundos, presentando proposiciones que predicen consecuencias observacionales que se derivan de esa discusión teórica. En tercer lugar, se derivan algunas proposiciones observacionales a modo de hipótesis respecto del nivel de desperdicio de votos, asociado a los fallos en la votación estratégica. En cuarto lugar, se analiza la relación entre el éxito o el fracaso de la coordinación y los resultados electorales inestables, esto es, sobre resultados donde el ganador pudiera haber sido derrotado por una mayoría de electores si ellos hubieran coordinado mejor sus votos.

1. Una teoría de los electores

Gary Cox, en su monumental e influyente obra sobre la coordinación electoral en diferentes sistemas electorales del mundo, plantea que el comportamiento de los electores está condicionado por sus preferencias, creencias y expectativas respecto de las candidaturas o alternativas electorales (Cox, 1997: 73). Así, define a cada una de estas variables de la siguiente forma:

Preferencias: los electores ordenan el conjunto de alternativas $A_i = \{a_1...a_K\}$ en función de un orden de preferencias $u_i = \{u_{i1}...u_{iK}\}$, obteniendo una utilidad máxima con el triunfo de la alternativa más preferida.

Creencias: ningún elector puede saber con certeza cuál es el tipo de preferencias de los demás electores, pero tiene creencias acerca de la distribución F de los tipos de electores existentes, en el electorado en general, según las alternativas.

Expectativas: los electores tienen expectativas acerca de cómo le irá a cada candidato en la elección $\pi_i = (\pi_{i1},....,$ $\pi i_K)$, en donde π_{ij} representa la proporción del electorado que el votante i espera que vote por j.

De este modo, dadas las preferencias, creencias y expectativas, y el número de electores n, cada elector enfrenta un problema de decisión estándar. La decisión óptima del elector con preferencias u_i y expectativas π_i será aquella que maximice la utilidad esperada del voto: V $(u_i; \pi_i; n)$.

La coordinación estratégica tenderá a producirse con mayor o menor intensidad dependiendo de la fuerza de los cálculos. De este modo, anticipándose a explicar los fallos de los "equilibrios duvergerianos", Palfrey (1989) logró establecer teóricamente dos clases de equilibrios: los ya denominados *duvergerianos,* en los cuales el nivel de votación estratégica es tal que el apoyo a todos los candidatos, menos a dos de ellos, se ve completamente socavado; y los *no duvergerianos*, en los cuales dos o más candidatos están tan cerca de empatar en el segundo puesto, que los votantes no pueden decidir a quién de ellos descartar y, por consiguiente, dos o más candidatos obtienen un significativo número de votos. Por esa razón, se pueden esperar equilibrios no duvergerianos en diferentes sistemas electorales, incluso en sistemas a simple pluralidad de sufragios en distritos uninominales (Myerson y Weber, 1993; Palfrey, 1989; Cox, 1997).[81]

En este sentido, las preferencias, las creencias y las expectativas funcionan como el margen de rozamiento o fricción que desvía la trayectoria teóricamente planteada por Duverger para producir mediante la reducción de alternativas un formato de competencia bipartidista. Así, los límites de producción de un bipartidismo puro pueden provenir, como señala Cox (1997: 79), de (1) la presencia de votantes que no son instrumentalmente racionales en el corto plazo; de (2) la falta de información pública sobre las preferencias del votante y sus intenciones de voto (y, por lo tanto, sobre qué candidatos quedarán probablemente "fuera de la competencia"); de (3) la creencia pública de que un candidato específico ganará con certeza; o de (4) la presencia de muchos electores interesados sólo en su primera opción, y casi indiferentes entre la segunda y las subsiguientes opciones, es decir: votantes no instrumentalmente motivados o votantes expresivos.

---

[81] La derivación de equilibrios para diferentes sistemas electorales, bajo esta lógica, ha sido desarrollada por Gary Cox en varios artículos y un libro seminal sobre la coordinación estratégica en el mundo (Cox, 1997). Tuve el honor de hacer la revisión técnica de la traducción del libro de Cox (1997) al español, lo cual contribuyó a conocer aun más a fondo la lógica y la fuerza de la explicación formal del impacto que los sistemas electorales producen en el sistema de partidos, a través de introducir incentivos al comportamiento de los partidos y de los electores.

En primer lugar, pueden existir votantes que están dispuestos a esperar que se realicen más elecciones antes de convertir a su partido en partido de gobierno. Mientras tanto, su voto funciona como un posicionamiento de alternativas frente a los más votados. De este modo, no están interesados en maximizar la utilidad esperada de sus votos hoy, en la elección presente, sino en aumentar las posibilidades de esos votos en el largo plazo. Para ilustrar esta conjetura, pueden tomase como ejemplos las sucesivas elecciones en las que los votantes del PRD o del PAN, por mínimo que sean sus proporciones de votos, deciden seguir votando a los candidatos del partido a no ser que, claro está, el partido retire sus candidatos o bien forme alianza con el otro. No ha sido descabellada ni ineficiente la entrada estratégica de muchos terceros partidos a lo largo de estos años. Un caso típico de esta situación puede ejemplificarse con el PAN en Campeche. En las elecciones de 1991, el PAN obtuvo el 1% de los votos; para 1997, el PAN todavía ocupaba el 4° lugar, con una votación del 3.10%, incluso detrás del PT (6.92%). En el 2003, ocupó el segundo lugar con una votación aproximada del 40%, y en el 2009, volvió a ratificar su lugar de competidor con el 43% de los votos válidos, forzando al PRI a ir en alianza para evitar la derrota. El caso no es tomado al azar; por el contrario, su singularidad radica en que en las cuatro elecciones jamás lo hizo aliado a algún otro partido. Si bien no son mayoritarios los casos de persistencia sin formación de alianza, este es pues un claro ejemplo del comportamiento de largo plazo.

En segundo lugar, la información pública es fundamental para tener una clara estimación de las posibilidades de cada candidato, así como de la distribución de preferencias de los demás votantes. De no existir esta información en forma gratuita, los costos de adquirirla impedirían que muchos votantes pudieran discernir respecto de cuál candidato debe ser abandonado. Las fuentes de generación

de conocimiento común acerca de las posibilidades de
los candidatos y la distribución de las preferencias, por
lo general, son las encuestas, los análisis de las noticias, y
el conjunto de información básicamente libre (Cox, 1997:
78).[82] Por supuesto, en nuestro caso, cada vez más circula
un cúmulo de información que permite a los electores estimar la distribución de preferencias de todos los votantes,
así como las posibilidades de cada candidato. De hecho, el
IFE ha regulado en cada ocasión las condiciones mínimas
que la información producida por las encuestas debe reunir
para notificar adecuadamente a los electores, así como los
minutos de publicidad y propaganda política destinada a
cada agrupación política.

En tercer lugar, si existe una expectativa racional acerca
del triunfo inevitable del candidato que va en primer lugar,
entonces los votantes del partido número tres no afectarán
el resultado de la elección votando por el candidato del
partido o de la alianza número dos. En consecuencia, la
certeza del triunfo de un candidato favorece el voto sincero
(el voto por la primera preferencia) y reduce la utilidad de
votar estratégicamente. En varias elecciones, pero sobre
todo en las primeras elecciones de las series sexenales
observadas, los electores tenían la expectativa de un triunfo
cierto del PRI, razón por la cual no había incentivo alguno
para abandonar al partido preferido por el partido que se
encontrara en segundo lugar de intención de voto. Así,

---

[82]   La información tiene que ser libre, porque así como los votantes ra-
       cionalmente ignorantes no analizan cuidadosamente las posiciones
       del candidato, tampoco se esforzarán por determinar quién va a la
       cabeza (Downs, 1957). De no contar con esta información en forma
       libre, no podrán estimar ni las distribuciones de los demás votantes ni
       las posibilidades de cada candidato. En consecuencia, no tendrán los
       elementos que les permitan votar instrumentalmente con el objetivo
       de maximizar la utilidad de sus votos.

votantes del PRD o del PAN no encontraban motivo alguno para votar por el otro partido.

Por último, la proporción de votantes expresivos (Brennan y Lomasky, 1993) o "votantes duros" (aquellos que sólo están dispuestos a votar por su primera preferencia) afecta el impacto que finalmente tendrá la votación estratégica por parte de los votantes instrumentales. A este resultado arriba Magaloni (1996) al analizar la imposibilidad de derrotar al PRI por parte de los votantes del PAN y del PRD en las elecciones de 1994. Pero, claro está, ello ha cambiado y mucho desde entonces.

2. La deserción desde los terceros partidos

Si los candidatos logran coordinar sus esfuerzos detrás de unas pocas candidaturas, por ejemplo dos, entonces los electores no tienen margen para actuar estratégicamente. Así, la elite se anticipa a los electores y les "simplifica" el problema. Un ejemplo de esta simplificación o "reducción de la oferta política" fueron las elecciones de Colima en 2003 y 2005, las elecciones de Chihuahua en 2004, las elecciones de Sinaloa en 2010 y las reciente elecciones de Guerrero en enero de 2011, todas ellas citadas y comentadas en el capítulo 6.

Si los partidos no son exitosos en el juego de la coordinación, como sí lo han sido en esas elecciones mencionadas, prevalece un mayor número de candidaturas. En el extremo, si ningún partido lo logra, pueden suceder situaciones como la de Jalisco, en donde los once partidos con registro presentan cada uno su propio candidato a gobernador, generando de este modo una oferta política de once candidatos en la liza electoral. Cuando la oferta política es tan grande, el desafío se traslada a los electores. Si los electores dispersan sus votos entre las diferentes candidaturas que integran la oferta, entonces el desperdicio de votos puede ser alto. Muchos votos podrían haberse utilizado de otra forma y producir un resultado electoral diferente, incluso más satisfactorio para el mismo elector. En cambio, si los electores logran coordinar sus votos en alguna candidatura que haya emergido como "punto focal", entonces pueden evitar el desperdicio de los votos y mejorar su rendimiento. Cuando los electores logran coordinar, y de este modo "hacer que sus votos cuenten" (Cox, 1997), el resultado electoral es más satisfactorio dado que un mayor número de votos ha tenido algo que ver en el triunfo del ganador y ha tenido un impacto en la elección. Pero del mismo modo que los votos rinden más, los candidatos de los terceros partidos son más castigados porque sufren la deserción de sus potenciales votantes.

Así, cuanto mayor sea la coordinación partidaria y el voto estratégico, entonces mayor será la competitividad de la elección (menor el margen de victoria entre el ganador y su inmediato rival), y mayor la deserción que sufrirán los terceros partidos, producto del cálculo estratégico de los votantes.[83] De este modo, la consecuencia observacional que se deriva de este argumento se puede expresar en la siguiente hipótesis:

Hipótesis 1. Cuanto menor sea el margen de victoria entre el primer y el segundo contendiente, mayor tenderá a ser el margen de votos entre el segundo y el tercero de los contendientes.

El margen de victoria (MV) se puede estimar como la diferencia entre la proporción de votos del partido más votado (P_1) y la proporción de votos del partido que le sigue

---

[83] El hecho de que se pueda corroborar un nivel de votación estratégica no significa que ésta se ajuste al equilibrio duvergeriano. Tal es así que el caudal de los P3 también se incrementa a lo largo del período, y sólo se puede revelar la correlación negativa entre competitividad y votos del P3 cuando la controlamos por P1.

inmediatamente en orden (P_2); el indicador también es denominado "cercanía" (*closeness*) (Gray, 1976). De modo que se puede estimar como MV = P_1-P_2. De la misma manera se procede para obtener el margen de votos (MV2) entre segundo (P_2) y el tercero (P_3). Debido a que ambas variables tienen restricciones en sus extremos, los rangos posibles de las variables son: 0 < MV < 1. y 0 < MV2 < .50. En este sentido, no se puede estimar una relación que prediga valores por fuera de los rangos esperados posibles. Por esa razón, descartamos como test una regresión lineal ya que no podemos estimar MV2 como una función lineal de MV. Así, es lógico plantear los puntos de anclaje de la relación de estas variables.

Por un lado, cuando MV llega al límite 1, MV2 no puede ser sino 0, debido a que si el partido más votado gana con un MV = 1 significa que obtuvo el 100% de los votos. En el otro extremo, cuando MV = 0, MV2 puede alcanzar un valor máximo de .50, ya que en caso de que los dos primeros partidos empaten con 50% de votos cada uno, el tercer partido sólo puede obtener 0% de votos, de modo que la diferencia entre la proporción de votos del segundo y la del tercero como máximo puede ser de .50.

Así, considerando la hipótesis planteada, en situaciones extremas, como las de un sistema de partido hegemónico, las segundas y terceras fuerzas obtienen casi la misma cantidad infinitesimal de votos. Por otra parte, a medida que la competitividad se incrementa y la elección es más reñida entre el primer y el segundo candidato más votado, mayor es la distancia entre el segundo y el tercero. El segundo partido compite por el triunfo y de este modo arrastra a los votantes de las terceras fuerzas a optar entre el primero o el segundo de los contendientes con más posibilidades, dejando muy rezagados a los terceros partidos.

El Gráfico 8.1 ofrece evidencia de la relación señalada. En ella se puede observar la línea que establece el límite de los valores probables y los valores conceptualmente prohibidos, que une los puntos de anclaje extremo de los valores posibles de las variables.[84] Por encima de la línea en diagonal, no pueden registrarse valores algunos, sujetos a las restricciones de los puntos de anclaje entre MV y MV2, (MV = 0; MV2 = .5; MV = 1; MV2 = 0). Debajo de la línea de restricción se encuentran todas las observaciones, que si bien parecen caóticas y aleatoriamente distribuidas, puede establecerse un patrón de ocurrencia probable. Esto es importante, porque más allá de la estética de la modelización, nos permite predecir qué valor esperado posible puede alcanzar el tercer partido y a cuánta distancia del segundo puede entrar, dado el MV entre el posible ganador y el segundo competidor. Para describir la relación entre las dos variables, estimé dos modelos de predicción del valor más frecuente, basados en Taagepera (2008: 97-119); se arriba a las dos posibles ecuaciones no lineales:

$$y = e^{-10x} / 2$$

$$y = \ln(x) / -10$$

Donde y representa los valores de MV2 y x los valores de MV; e representa el valor de la constante de euler (2.7183) y $\ln(x)$ el logaritmo natural de x. En ambos casos, la mejor predicción estimada es exponencial con valor límite (los límites lógicamente deducidos que no pueden superar MV y MV2), y pueden verse como la relación inversa una de la otra.

---

[84]   La línea de los valores límites se estima como $y = a-b*x$, donde y es MV2,
y $a = b = 0.5$, mientras x asume los valores de MV

Gráfico 8.1. Margen de victoria y deserción de electores de terceros partidos

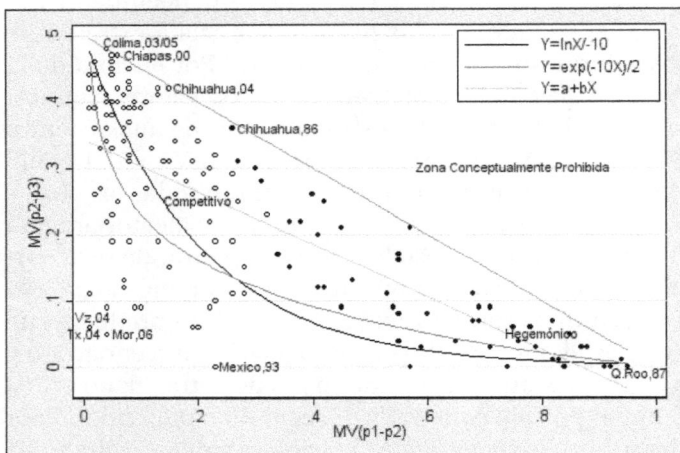

Fuente: elaboración propia, con modelo predictivo exponencial con restricciones.

En el extremo, ambas estimaciones permiten predecir que cuando el MV es igual a 1, el MV2 será igual a 0. Para cuando MV se aproxima a 0, la estimación es sensible a cambios abruptos en los valores probables de MV2. Para estas situaciones, la estimación predice los valores más probables o medianos de MV2.

Se pueden observar dos situaciones extremas: los resultados en sistemas de partido hegemónico (como por ejemplo, Quintana Roo en 1987) y los resultados en sistemas de partidos competitivos, tal y como se ha advertido antes. No obstante, en la zona de competencia, podemos advertir la situación en donde el reducido margen de victoria entre el primero y el segundo está asociado a márgenes de votos amplios entre el segundo y el tercero, propios de bipartidismos. Son las situaciones que se encuentran más cercanas a la línea límite que separa las observaciones lógicamente esperadas de la zona prohibida. En el gráfico se destacan, como ejemplos, las elecciones de Colima 2003 y 2005, Chiapas 2000 y Chihuahua 2004. Por otra parte, debajo de ese grupo de observaciones, cercanas al ángulo inferior izquierdo del gráfico, se presentan las elecciones en donde el margen de votos entre el segundo y el tercero es más reducido, a pesar de ser reducido el margen de victoria entre el primero y el segundo. Estas observaciones responden a los casos donde primero, segundo y tercero llegan muy cerca, dividiendo en tercios al electorado. En el gráfico se destacan, a modo de ilustración, las elecciones de Tlaxcala 2004, Veracruz 2004 y Morelos 2006.

Así, en sistemas bipartidistas, el margen en la proporción de votos entre el segundo y el tercero es mayor que en los sistemas multipartidistas en tercios, por definición y restricción lógica, pudiendo expresar abandonos de las terceras fuerzas. Los sistemas multipartidistas de tres partidos, en cambio, se caracterizan por producir resultados en donde las elecciones reñidas entre el primero y el segundo no derivan en una reducción del caudal de votos del tercer partido y, como se desprende del diagrama de dispersión, dan lugar a una competencia reñida entre el segundo y el tercero.

3. Desperdicio de votos

En forma coherente con los supuestos teóricos que he venido desarrollando, se puede derivar una relación entre la coordinación de la elite, el voto estratégico o útil y el impacto que esto produce en el desperdicio de los votos en una elección. Para ello se requiere estimar la cantidad de votos desperdiciados en una elección. La mayoría de los trabajos toman por votos desperdiciados a aquellos votos que no se han convertido en puestos de representación. En los sistemas parlamentarios, los votos desperdiciados son aquellos votos que recibieron los partidos que no obtuvieron representación en el distrito. Por esa razón, en sistemas electorales de lista y reparto proporcional, el número de votos desperdiciado es menor que en los sistemas con distritos uninominales y de simple pluralidad de sufragios (Anckar, 1997).

En las elecciones concurrentes de los sistemas presidenciales o con elección directa del Ejecutivo, la cuestión es un poco más compleja. Habría, de este modo, un desperdicio para un tipo de elección y otro nivel de desperdicio para la otra. Como el objeto de estudio aquí son las elecciones de gobernador, se deja de lado el potencial desperdicio de votos que se produce en las elecciones para elegir a los diputados de los congresos locales.

Considerar como votos desperdiciados los votos que no se transforman en puestos de decisión implicaría asumir que los votos que no se dirigen al partido ganador han sido desperdiciados, y ello, en cierto sentido, no hace justicia al comportamiento estratégico de los electores que apoyan al segundo candidato. No parece conveniente ni intuitivamente acertado afirmar con liviandad que los votos que recibió el segundo candidato han sido desperdiciados.[85] La objeción no necesita mayor justificación. En los sistemas bipartidistas, por ejemplo, muchos investigadores asumen como votos desperdiciados a los que se dirigen hacia los partidos más pequeños que el segundo. Esta medida del desperdicio tampoco resulta un buen indicador en nuestro

---

[85]   Seguramente, los simpatizantes duros del tercer, cuarto y quinto partido tampoco considerarán que sus votos son un desperdicio. La cuestión es controvertida.

caso, y no es coherente con los límites que imponen las condiciones en las que se da el voto estratégico.

Con el objetivo de eludir los problemas que se han destacado, propongo una medición que considera incluso el potencial de desperdicio de votos que podría existir si un elector vota por el primer partido cuando su voto no es necesario, y lo agrega a los votos que de haberse usado de otro modo pudieron alterar el resultado. Mi definición es instrumental, no esencialista. No estoy asignándole ningún valor normativo al término "desperdicio". Por lo tanto, defino al conjunto de votos desperdiciados en una elección como:

$$Vd = 1 - [p_2 + (p_2 + \varepsilon)]$$
$$= 1 - (p_2 \times 2) + \varepsilon$$

En la ecuación, $p2$ representa la proporción de votos del partido que entró en segundo lugar; ε representa una fracción mínima positiva de votos suficiente para superar al segundo partido y ganarle; y 1 representa la proporción total de votos (100%). De este modo, el total de votos desperdiciados (V_d) es igual a todos los votos (1) menos la proporción de votos del segundo partido (p_2) en conjunto con la proporción justa de votos que necesita cualquier partido para ganarle al segundo ($p_2 + \varepsilon$). La expresión indica que la proporción de votos que cualquier partido requeriría haber obtenido en una elección para ganar es igual a la proporción de votos del segundo partido más una mínima fracción ε. De este modo, puede considerarse que del total de votos que obtuvo el partido ganador, hay un plus que no fue necesario obtener (matemáticamente hablando) para ganarle al segundo. Con este indicador, polémico y cuestionable pero instrumental, claro, podemos determinar cuán desperdiciados o aprovechados fueron los votos en cada elección.

A lo largo de los sexenios, podemos observar un aumento de la utilidad del voto; o a la inversa, una reducción del desperdicio. Así, en promedio, el desperdicio del voto pasa de .82 en el sexenio de Miguel de la Madrid a .17 en el de Felipe Calderón. Junto con la deshegemonización del sistema de partidos, que implicaba un alto desperdicio de votos (el partido ganador obtenía siempre mucho más de lo necesario para ganarle al segundo), el aprendizaje de los electores, al colocar más ajustadamente los votos entre los candidatos con posibilidades, genera un menor nivel de votos desperdiciados.

Tabla 8.1. Desperdicio del voto por sexenio.
Media, mediana, mínimo y máximo.

| | Sexenio observado | | | | |
	MDM 1985-1988	CSG 1988-1994	EZPL 1994-2000	VFQ 2000-2006	FCH 2006-2012
	.76	.57	.29	.24	.22
Vd	.82	.70	.26	.26	.17
	.27 - .98	.07 - .96	.06 - .58	.05 - .51	.08 - .54
N	25	31	32	33	29

Fuente: elaboración propia.
Nota: los valores de las celdas indican las dos medidas de tendencia central, media y mediana, en ese orden; seguidos del valor mínimo y máximo.

Las dos elecciones que menos votos desperdiciados arrojaron en el período bajo observación fueron la de Colima en 2003 y la de Colima en 2005. En la primera elección, la segunda fuerza, "Alianza Todos por Colima" (como ya se señaló, una alianza integrada por el PAN + PRD + AC), obtuvo el 48.07%, mientras que la primera candidatura ("Alianza con Gustavo Vázquez Montes", integrada por el PRI + PVEM + PT) obtuvo el 51.92%. En la segunda elección, nuevamente la segunda fuerza ("Locho me da Confianza", PAN + ADC) obtuvo el 48% de los votos, contra el 52% de la alianza vencedora ("Alianza para que vivas Mejor", PRI + PVEM + PT. Los votos de los electores fueron aprovechados al extremo. De todos modos, en términos estrictamente económicos, a la primera fuerza le hubiese bastado con obtener un poco más del 48% + ε para ganarle a sus contrincantes. Cabe señalar aquí que la formación de alianzas en Colima ha producido una alta utilidad del voto colimense.

En el otro extremo, la elección que mayor número de votos desperdiciados arrojó fue la de Quintana Roo, en 1993. Allí, el segundo partido, el PRD, obtuvo tan sólo el 2.64% de los votos, mientras que el PRI, el 95.10%. Puede parecer un cálculo absurdo, pero al PRI le hubiesen bastado unos pocos votos para derrotar a su adversario, de modo tal que un gran número de votos no fueron necesarios para que el PRI ganara la elección y, desde este instrumental punto de vista, una gran cantidad de votos fueron desperdiciados.

En forma intuitiva, se puede derivar una relación precisa entre el desperdicio de votos, el comportamiento estratégico del electorado y la coordinación política de la elite. En el extremo, un sistema en donde sólo dos candidatos concentran los votos tenderá a tener una menor cantidad de votos desperdiciados, mientras que cuanto mayor sea la dispersión entre las fuerzas, mayor será el desperdicio. Sin embargo, como el caso de Quintana Roo lo sugiere, cuando la concentración de los votos se dirige hacia un solo partido (sistema de partido hegemónico), el desperdicio tenderá a aumentar nuevamente, ya que el porcentaje de votos que el primer partido necesita para ganar es inferior al porcentaje de votos que realmente obtiene. De este modo, planteamos una hipótesis de equilibrio.

Hipótesis 2. El incremento en el número efectivo de competidores desde un sistema hegemónico a uno de formato bipartidista reduce el desperdicio de votos hasta el límite; mientras que un incremento en el número de competidores desde un formato bipartidista a uno multipartidista tiende a producir nuevamente un incremento en el desperdicio de votos.

Así, la relación entre desperdicio de votos y número efectivo de candidaturas puede describirse en un modelo no lineal, en donde el desperdicio de votos disminuye a medida que el sistema de partidos deja de ser hegemónico y el número efectivo de candidatos[86] se acerca a 2, mientras que luego de ese umbral vuelve a incrementarse a media que el N_c aumenta. De este modo, la hipótesis 2 plantea un modelo cuadrático de segundo orden, que de manera formal es el siguiente: $V_d = \alpha - b_1 N_c + b_2 N_c^2$. En donde α es el valor de la ordenada al origen, y b_i los coeficientes estimados de la regresión para N_c y N_c^2.

El Gráfico 8.3 presenta en forma visual la relación planteada. Las observaciones que aparecen en el gráfico están divididas en tres grupos. Las cruces representan los sistemas de partidos hegemónicos: el partido que gana lo hace con más del 60% de los votos. Los puntos negros indican las elecciones cuyo sistema de partidos refleja las características de un sistema de dos candidatos o bialiancista. Los círculos abiertos indican las elecciones con sistemas multipartidistas o de multicandidaturas. Como se puede apreciar, el menor desperdicio de votos se observa en las situaciones donde los electores convergen en dos

---

[86] Para ello utilizo el índice de Laakso y Taagepera (1979), expresado del siguiente modo:

$$N_c = \left(\sum_{i=1}^{n} p_i^2 \right)^{-1}$$

candidatos (una vez más, las elecciones de Colima en 2003 y 2005). En los casos donde el candidato ganador supera el 50% + ε de los votos, todos los demás votos que obtiene este candidato no son necesarios para obtener el triunfo, de modo tal que esos votos no afectaron al resultado final. Las situaciones de partido hegemónico con un alto nivel de desperdicio de votos destacadas en el gráfico son San Luis Potosí, en 1991, y Quintana Roo, en 1993. Las situaciones de tres candidatos competitivos que se reparten el voto del electorado son las que arrojan dentro de las situaciones competitivas el mayor número de votos desperdiciados, como se puede apreciar a partir del modelo estimado. Destacamos dentro de este conjunto la que más: Zacatecas en 2010.

Gráfico 8.2. Número efectivo de candidaturas y desperdicio de votos

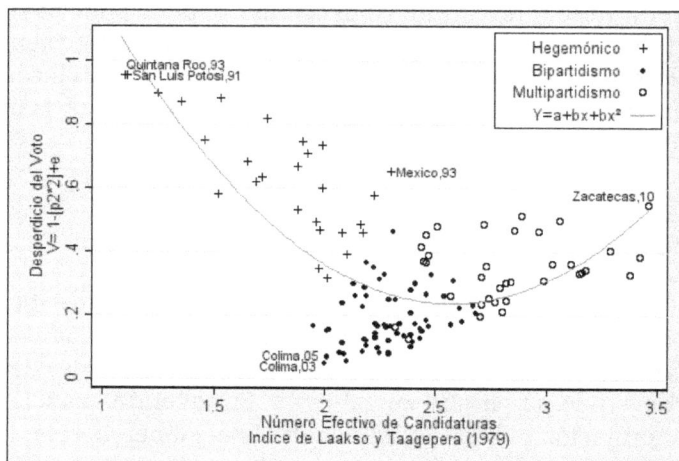

El modelo sugiere además una consecuencia directa sobre los terceros partidos. Si el desperdicio de votos es muy grande, entonces puede significar dos cosas: o bien el sistema de partidos es hegemónico, o bien los terceros partidos o candidatos han obtenido un caudal importante de votos y los electores han fallado en coordinar estratégicamente, pudiendo de otro modo haber evitado el triunfo del partido más votado.

Si bien son los electores los que en definitiva utilizan o desperdician sus votos, en el sentido teórica y analíticamente señalado, la elite contribuye a facilitar la producción de ese desperdicio cuando fracasa en formar alianzas, y favorece la reducción del desperdicio cuando las constituye, porque con ello reduce el número de alternativas. Entonces, cabe esperar que cuanto mayor sea el número de candidaturas que se presentan en una elección a consideración del electorado, mayor será la probabilidad de que el desperdicio de los votos sea alto, dependiendo de si el electorado coordina en unas pocas candidaturas o bien reparte el voto entre varias. Por ese mecanismo, la presencia de una alianza electoral en la liza política contribuiría a disminuir el desperdicio de votos.

4. Ganadores inestables

El comportamiento estratégico del electorado no debe darse por sentado. En primer lugar, pueden existir votantes que están dispuestos a esperar más elecciones antes de convertir a su partido en gobierno. En segundo lugar, la información pública es fundamental para tener una clara estimación de las posibilidades de cada candidato, así como de la distribución de preferencias de los demás votantes. En tercer lugar, si existe una expectativa racional acerca del triunfo inevitable del candidato que va en primer lugar, entonces los votantes del partido número tres no afectarán el resultado de la elección votando por el candidato del partido o alianza número dos. En consecuencia, la certeza del triunfo de un candidato favorece el voto sincero (el voto por la primera preferencia) y reduce la utilidad de votar estratégicamente, aumentando el desperdicio de votos. Por último, la proporción de votantes expresivos o "votantes duros" afecta el impacto que finalmente tendrá la votación estratégica por parte de los votantes instrumentales.

Si se conoce *ex ante* que un partido obtendrá el 55% de los votos, entonces los electores de los otros partidos no tienen mayores incentivos para calcular la utilidad esperada de comportarse de una forma o de otra. Hagan lo que hagan, el resultado será inequívocamente el triunfo del partido que posee el 55% de intención de votos. Sin embargo, como hemos desarrollado, el partido que resulta ganador no necesita obtener el 55% de los votos para no correr riesgo de ser derrotado. Simplemente, con el 50% + 1 de los votos no podría existir forma alguna de que los demás coordinen y logren quitarle el triunfo. En otras palabras, su triunfo estuvo asegurado y no existía alternativa para los demás de derrotarlo.

El partido ganador no puede ser derrotado por una mayoría de los demás votantes, porque juntos no superan al partido ganador. Así, los votantes del tercer partido no tienen incentivo para dejar de votar por su partido. Nada de lo que hagan en favor del segundo modificará el triunfo del primero. A este resultado lo denomino un "triunfo estable", ya que no hay incentivos para modificar las estrategias de voto sincero. El resultado no puede ser alterado por un cambio en el comportamiento de los votantes del segundo y tercer partido.

En contraste con esta situación, si se conociera *ex ante* que el partido más favorecido por el electorado alcanzará el 37% de los votos, entonces la posibilidad cierta de que

una alternativa política diferente a esta pueda ganarle
–digamos, por ejemplo, reuniendo el 38% de los votos–
introduce un incentivo poderoso para que los electores
comiencen a hacer sus cálculos (si es que los políticos no lo
hicieron primero, como ya se vio en capítulos anteriores).
Si, respecto del partido más preferido, existe una alternativa
que se perfila con claridad en segundo lugar, los votantes
de los demás partidos podrían encontrarla atractiva para
converger hacia ella y evitar el triunfo del primero. O bien,
si la posibilidad de que el segundo partido triunfe, y esto
se considera peor que el triunfo del primero, entonces los
votantes del tercer partido se inclinarán por el primero. Así,
de un modo u otro, los votantes del tercer partido duver-
gerianamente podrían abandonar su primera preferencia
en favor del primero o del segundo.

Cuando sucede esto, los electores se comportan estratégicamente, y la alternativa favorecida por el electorado
funciona como un "punto focal" (Scheling, 1968) en donde los electores coordinan sus esfuerzos y hacen valer el
voto de cada uno. Si logran hacer efectiva la coordinación,
podrían derrotar al partido que las primeras preferencias
o preferencias sinceras de los demás votantes colocaban
en primer lugar.

Sin embargo, las situaciones no siempre son tan sen-
cillas para los electores. Cuando existen muchas candidaturas y ninguna emerge como "punto focal", los electores
no tienen los incentivos suficientes como para hacer sus
cálculos y coordinar sus votos de forma tal de evitar el
desperdicio de votos del resultado electoral; o bien no
tienen la información suficiente y necesaria para hacer
sus cálculos en forma eficiente. Incluso, algunos de ellos
pudieran comportarse estratégicamente pero sin poder
lograr coordinar con los demás e influir en el resultado de
la elección, desperdiciando sus votos de todos modos. Debe
considerarse, entonces, que el desperdicio del voto se da

en aquellas situaciones en donde si los electores hubiesen invertido su voto en otra alternativa habrían alterado el resultado electoral. En otras palabras, si el partido ganador no supera el 50% de los votos, algún otro partido podría haberle ganado si algunos de los electores de otros partidos hubiesen abandonado sus primeras preferencias y volcado su apoyo electoral sobre esta candidatura. El resultado, de este modo, es inestable porque el partido ganador podría haber sido derrotado por una mayoría electoral estratégica. De esto trata la coordinación electoral.

Si no existe coordinación, puede darse el caso en donde un partido con el 30% de los votos, por ejemplo, podría ganar la elección a pesar de que el 70% de los electores no lo prefieren, puesto que si estos hubiesen coordinado, podrían haberlo derrotado. Así es como se produce un resultado inestable y con un alto desperdicio de votos.[87]

El resultado paradójico e inestable teóricamente planteado encuentra muchos ejemplos que lo corroboran. Quizás el caso más ilustrativo fue la elección del Distrito Federal del año 2000, en donde el triunfo de Andrés Manuel López Obrador se debió más a un fallo de coordinación del electorado que de la elite. La alianza que respaldó al candidato ganador estuvo integrada por cinco partidos (PRD + PT + CV + PCD + PSN + PAS) y obtuvo el 35% de los sufragios; mientras que el rival inmediato, Santiago Creel, de la "Alianza por el Cambio" (PAN + PVEM), obtuvo el 34% de los votos positivos. Partiendo del supuesto de que del

---

[87] Asumo que los votos que pudieran haberse utilizado de otra forma están desperdiciados. Con ello no se está haciendo un juicio de valor sobre el elector, ni tampoco sugiriendo que debería haberlo hecho de otra forma. Puede consultarse una extensa literatura que cuestiona incluso el término de "voto desperdiciado", por considerarlo normativamente inapropiado. Comparto el horizonte normativo de las críticas. Pero desde un punto de vista analítico, lo cierto es que algunos votos podrían producir un mejor resultado para el elector de haberlo hecho por otra alternativa. En este sentido, desperdició su voto.

23% de los votantes del PRI no todos eran votantes duros o expresivos, quizás un mínimo de electores instrumentales o estratégicos podrían haber alterado el resultado de esa elección. En este caso, la coordinación de la elite partidaria fue importante, como lo ilustran las dos grandes alianzas conformadas; sin embargo, los electores dispersaron sus votos y produjeron un resultado electoral en donde el 65% de los electores no votaron por el ganador. Este es un ejemplo concreto, y no sin consecuencias políticas de largo plazo,[88] en donde un fallo de coordinación electoral conduce a un resultado que podría haber sido muy diferente, en el cual el actual ganador hubiera sido derrotado por una potencial mayoría virtual.

En el Gráfico 8.3 se resumen todos los casos en donde el partido ganador podría haber sido derrotado si los electores del segundo y el tercer partido hubiesen sumado sus respectivas fuerzas electorales detrás de un candidato común. El eje vertical indica la proporción de votos obtenidos por el partido o la alianza vencedora, a la vez que el eje horizontal indica la suma de las proporciones del segundo y el tercer partido. Del total de elecciones que cubre nuestro estudio, ninguna elección del sexenio de CSG fue inestable: en todos los casos, el ganador superó al segundo y al tercero, sumados. En el sexenio de EZPL contamos doce elecciones de este tipo, en donde el primero pudo haber sido derrotado por una alianza entre el segundo y el tercero, mientras que en el sexenio de VFQ fueron dieciséis. En el sexenio de FCH se pueden apreciar los frutos de la coordinación y de la disminución del

---

[88]   Santiago Creel fue derrotado por Felipe Calderón en la elección interna del PAN con miras a la candidatura presidencial del 2006. Por su parte, Andrés Manuel López Obrador se convirtió en Jefe de Gobierno del DF para el período 2000-2006; con posterioridad fue el candidato a presidente de la "Alianza por el Bien de Todos", la cual fue derrotada en el 2006 por el PAN, cuyo candidato presidencial fue Felipe Calderón.

desperdicio de votos, ya que en este sexenio, sólo hubo siete elecciones con resultados inestables.[89] Estas fueron: Chiapas en 2006, Distrito Federal en 2006, Jalisco en 2006, Morelos en 2006, Michoacán en 2007, San Luis Potosí en 2009 y Veracruz en 2010.

Gráfico 8.3. Elecciones inestables, N = 35

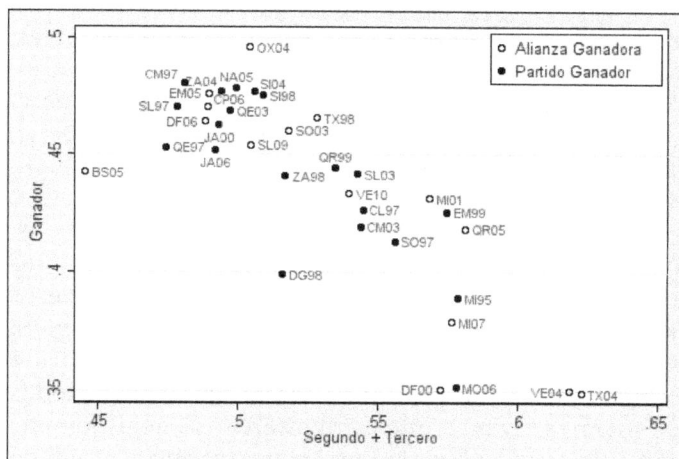

Al analizar los 35 casos, surgen algunos patrones comunes. En primer lugar, de los 32 Estados, once de ellos nunca han tenido una elección inestable: Aguascalientes, Baja California, Chihuahua, Colima, Guanajuato, Guerrero,

---

[89] Una rápida aclaración. Las elecciones inestables no son todas en las que el partido ganador obtuvo menos del 50%, sino aquellas en donde el segundo y el tercero sumados lo podrían haber derrotado. Ha habido un número de elecciones en donde el partido ganador no alcanzó el 50% de los votos, y aun así el segundo y el tercero sumados no hubieran logrado derrotarlo. De más está decir, se debe a la presencia de un cuarto y hasta un quinto candidato.

Hidalgo, Nuevo León, Puebla, Tabasco y Tamaulipas. En estos Estados, los partidos y las alianzas ganadores nunca pudieron ser derrotados por una coordinación del segundo y el tercero. En segundo lugar, en siete de ellos sólo una vez se produce una elección inestable: Baja California Sur, Campeche, Chiapas, Colima, Durango, Morelos, Nayarit y Oaxaca. En estos casos, sólo una vez se produce un resultado inestable y ello sucede entre 1997 y 2006. Finalmente, son trece los Estados en donde se repiten elecciones inestables: Campeche, Distrito Federal, Jalisco, México, Michoacán, Querétaro, Quintana Roo, San Luis Potosí, Sinaloa, Sonora, Tlaxcala, Veracruz y Zacatecas. De ellos, el Distrito Federal, Michoacán y San Luis Potosí siempre han dado lugar a elecciones inestables.

Como puede constatarse, hay tres grupos de Estados: los que siempre coordinan, los que fallaron una vez, y los que asiduamente producen ganadores inestables. En esos Estados, pues, hubieran generado un resultado diferente si porciones de votantes del tercer partido hubieran cambiado su voto por el segundo. Nótese que no se exige que todos los votantes tuvieran que comportarse estratégicamente, sino que con una pequeña porción de votantes el resultado se hubiera modificado. Es importante resaltar esa condición, dado que no se supone que "todos" los votantes sean estratégicos, sino tan sólo una porción dispuesta a hacer valer sus votos.

5. Conclusión

Los sistemas de mayoría en distritos uninominales son más proclives a la votación estratégica que los de distritos plurinominales. Si se dan, además, ciertas condiciones, las víctimas de la votación estratégica son los terceros partidos. De este modo, la votación se concentra entre las dos alternativas con más posibilidades de ganar, generando a largo plazo un sistema bipartidista. Sin embargo, la presencia de "votantes duros" junto con determinados arreglos institucionales –tales como el registro partidario, el financiamiento, las elecciones legislativas concurrentes y el peso de la política nacional–, alteran las condiciones que permiten la emergencia del denominado "equilibrio duvergeriano" bipartidista.

Tanto para el tercer partido como para los partidos menores, los beneficios vienen dados por otras arenas distintas de la elección de gobernador. Esperar resultados en próximas elecciones, mantener el registro y acceder al financiamiento público, o bien mantener presencia en distritos adversos para garantizar la presencia nacional de la agrupación política, todos esos factores adicionales modifican la matriz de pagos de estos partidos.

Para muchos partidos, el ingreso en la competencia electoral no tiene como objetivo la conquista del cargo en el corto plazo. Magaloni, por ejemplo, sostiene que esta ha sido la estrategia de los principales partidos de oposición: "Institucionalizarse en puestos de elección popular locales como un medio para ir convenciendo al electorado nacional de su capacidad de ganar las elecciones nacionales" (Magaloni, 1996: 271).

Existen, sin embargo, situaciones donde la probabilidad del triunfo de tres competidores es similar, de modo tal que los tres tienen fuertes incentivos para presentar candidatos propios y desechar la conformación de alianzas electorales. Cuando los electores enfrentan un escenario con tres candidatos fuertes, el cálculo para la coordinación es más exigente, como sucedió en las elecciones presidenciales del 2006, y como puede sostenerse que ha sucedido en los casos de ganadores inestables, como sucedió en el DF en el año 2000, en Veracruz y Tlaxcala en el 2004, y en Morelos 2006. Allí, los ganadores pudieron haber sido derrotados muy fácilmente si los electores de terceros y segundos partidos hubiesen coordinado. Y este es uno de los problemas de la coordinación del electorado masivo, que la formación de alianzas ayuda a disminuir. Si los electores no logran coordinar con precisión, el resultado será una parcelación de tercios del electorado y, en consecuencia, cualquier partido puede resultar ganador con un mínimo porcentaje de votos, incluso el partido que peor se ubica en el orden de preferencias del resto de la mayoría abrumadora de electores. De este modo, allí donde la coordinación partidaria no es lo suficientemente fuerte, existe una mayor probabilidad de desperdiciar el voto por parte del electorado y producir ganadores que la mayoría no desea. Pero eso, cada vez más, está siendo corregido por la formación de alianzas. En los próximos capítulos seguiremos demostrándolo.

PARTE IV
EFECTOS

CAPÍTULO 9
ALIANZAS ELECTORALES Y MARGEN DE VICTORIA

La formación de alianzas electorales para las elecciones de los cargos ejecutivos (presidente y gobernadores) se han convertido en un fenómeno cada vez más recurrente en la política mexicana. Si bien la valoración pública que suele hacerse de ellas por lo general no es positiva, las alianzas electorales constituyen una buena oportunidad para los partidos políticos de sumar sus votos detrás de un candidato común y mejorar así las probabilidades de obtener un triunfo electoral, evitando la dispersión del respaldo electoral entre diferentes candidatos y/o partidos frente a un partido rival o alianza de partidos rivales. A este fenómeno se lo conoce en la literatura como coordinación estratégica.[90] En este capítulo, demostramos que la formación de

---

[90] La coordinación estratégica se puede dar en dos niveles. Un nivel es el de la elite, cuando deciden ir juntos en alianzas electorales o candidaturas comunes; el otro nivel es el de los electores, cuando deciden abandonar al partido preferido, si se percibe que éste no tiene mayores oportunidades de ganar la elección, en favor de otro en segundo orden de preferencia pero cuyas oportunidades sean mayores (Cox, 1997). Cuando los partidos consiguen ponerse de acuerdo en cuanto a qué candidato apoyar, y coaligarse para obtener un mejor resultado, estamos en presencia de una coordinación estratégica exitosa a nivel de la elite, tema sobre el cual versa este trabajo. Si ellos fracasan al coordinar sus estrategias en un candidato común, los electores pueden abandonar a los partidos con menos probabilidades y votar por aquel con probabilidades reales de ganar. A esto último se lo denomina "voto estratégico", y consiste en tomar la decisión de no votar por la primera preferencia inmediata (el propio partido), que mayor utilidad le produciría en caso

las alianzas electorales no depende exclusivamente de la proximidad ideológica de sus integrantes, sino que son el resultado endógeno de los cambios en las condiciones de la competencia electoral y a la vez un acelerador de esos cambios.

1. Revisión del supuesto

La extensión de la formación de alianzas electorales como estrategia de competencia puede encontrar su fundamento en la rendición de sus frutos: le permite a los partidos que se encuentran en la oposición aumentar la posibilidad de derrotar a quien ocupa el gobierno, y al partido que está en el gobierno reunir fuerzas para evitar en lo posible perderlo. Juntos pueden obtener un mejor resultado del que obtendrían si compiten separados: esto es, ganar la elección, mantener el registro o acceder a escaños en el congreso, obtener dinero para financiar sus actividades, etc. Al reunir fuerzas en torno a un candidato común o en una lista única o boleta electoral común, las opciones que se presentan como oferta política ante el electorado se reducen. Supongamos que existen cinco partidos políticos {A, B, C, D, E} en la arena electoral, y tres de ellos forman una alianza {A, B, C}, mientras los otros dos conforman otra {D, E}. Debido a la conformación de estas dos alianzas a partir de esos cinco partidos, el número de opciones electorales que quedan a disposición de los electores queda reducido a dos. En consecuencia, la conformación de alianzas afecta directamente al número de competidores, sin reducir por

---

de resultar ganadora, por una segunda preferencia (otro partido) con el fin de evitar el peor de los resultados posibles: que la alternativa que mayor desutilidad le genera gane la elección (el triunfo del partido menos preferido), sobre este asunto versan los trabajos de Magaloni (1996), Poiré (2000), Magaloni y Poiré (2004), entre otros.

ello el número de partidos. Al respecto, valgan dos ejemplos para validar empíricamente el desarrollo.

En las elecciones del año 2000 en el Estado de Chiapas, el candidato del PRI, Sami David David, enfrentó a la "Alianza por Chiapas" (PAN + PRD + PVEM + PT + PCD + CV + PSN), que postulaba la candidatura de Pablo Salazar Mendiguchía. Junto a estos, el partido Democracia Social presentó la candidatura de Mario Arturo Coutiño. Si bien existían diez partidos con registro electoral, la oferta electoral se redujo a tan sólo tres candidaturas. Finalmente, la "Alianza por Chiapas" obtuvo el 52.66%, contra el 46.94% que obtuvo el candidato del revolucionario institucional y el 0.40% de los votos para el tercer candidato. Nuevamente en Chiapas, en las elecciones del año 2006, se presentaron la "Coalición por el Bien de Todos" (PRD + PT + CONV), la "Alianza por Chiapas" (PRI + PVEM), y por separado, el PAN. Junto a estos tres candidatos, el PSD y el PANAL presentaron sus propios candidatos. El resultado fue un empate técnico entre las dos alianzas: la alianza encabezada por el PRD obtuvo el 46.98 % de los sufragios, mientras que la Alianza encabezada por el PRI obtuvo nada menos que 46.45%.

A la luz de los ejemplos que se repiten a lo ancho de todo el territorio y a lo largo del tiempo, es lógico que en su afán de conquistar el gobierno o de mantenerlo, los partidos políticos hayan aprendido que la coordinación de sus esfuerzos con otros partidos detrás de un candidato común aumente las posibilidades de derrotar a sus adversarios coyunturales. Así, la suma de apoyo partidario en la forma de alianzas electorales genera una reacción por parte de los demás partidos que imitan la estrategia, produciendo que la contienda electoral se vuelva cada vez más reñida entre menos contendientes. Como fue destacado por Gary Cox (1997), en su seminal trabajo sobre los efectos de la coordinación estratégica en los sistemas electorales del mundo, en forma sencilla y elegante:

La buena coordinación electoral implica, necesariamente, la reducción del número de competidores; pero dicha reducción a su vez implica, necesariamente, la selección de los competidores que habrán de sobrevivir, una selección cuyos efectos políticos son potencialmente significativos. El efecto reductor es más evidente cuando la coordinación electoral tiene éxito, y el distributivo es más evidente cuando la coordinación fracasa (Cox, 1997: 5).

De este modo, la formación de alianzas electorales entre los partidos tiene diferentes consecuencias inmediatas: reduce el número de candidaturas y produce resultados muy ajustados en términos del margen de victoria entre el ganador y su inmediato contrincante. Algo que de algún modo ya hemos explorado, pero no demostrado completamente. La relación entre la formación de alianzas electorales y la competitividad electoral resulta así evidente, aunque de un modo paradójico haya quedado parcialmente descuidada en la literatura especializada.

2. Trabajos previos

Los estudios sobre el cambio político mexicano han arribado a algunos puntos de consenso respecto de las transformaciones acontecidas en los últimos tres sexenios: en primer lugar, se observa una transformación del sistema de partido hegemónico[91] en un sistema de partidos competitivos (Peschard, 1993; Rodríguez, 1998; Lujambio, 2000), concomitante con un proceso de reforma institucional electoral incremental (Becerra, 1996; Crespo, 1996; Méndez Hoyos, 2006). La bibliografía que ha estudiado

---

[91]   El sistema de partido hegemónico mexicano se caracterizaba por la ausencia de competencia (Sartori, 1976: 277-289), en donde si bien existían otros partidos políticos, no suponían alternativas reales con posibilidad de derrotar al PRI en las elecciones.

estos procesos desde diversos enfoques es vasta.[92] De todos modos, es claro que a diferencia de otros casos de cambio de régimen, las elecciones jugaron un papel central en el proceso de democratización, en un juego anidado entre el nivel nacional y el estadual (Schedler, 2002). Los estudios han tratado de comprender y, en algunos casos, explicar dos procesos políticos electorales fundamentales: el aumento de la competitividad de las elecciones[93] y la alternancia partidaria en los gobiernos de los Estados.[94]

Los primeros estudios que indagaron sobre las causas o los determinantes de los cambios han tendido a destacar el papel de ciertos factores socioeconómicos (urbanización, escolaridad, ingreso y empleo) en la disminución del apoyo electoral priista y en el aumento de la competencia partidaria (Valdés, 1993: 270-300; Klesner, 1988: 388-450; Gómez, 1991: 216-260; Molinar, 1993: 166-170). Los estudios

---

[92]   Los cambios en materia electoral fueron los más analizados, aunque las reformas institucionales no se limitaron exclusivamente a ello. Para una clara comprensión de los cambios políticos anidados consúltese Elizondo (1995).

[93]   Aquí cabe hacer una distinción entre competencia y competitividad. Por "competencia" se entiende a la estructura o regla del juego que permite y garantiza que los partidos compitan entre sí. En ese sentido, la competencia es la condición característica de un régimen democrático. Por "competitividad", a diferencia de la competencia, se entiende un estado concreto del juego (Sartori, 1976: 260). De este modo, calificamos a una elección como competitiva cuando "dos o más partidos consiguen resultados aproximados y ganan por escasos márgenes" (Sartori, 1976: 260). Por ejemplo, en un sistema de partido predominante existe competencia, mientras que un sistema de partido hegemónico está caracterizado por la ausencia de esa condición. No obstante, en ambos casos las elecciones pueden ser de escasa o nula competitividad. La competitividad, entonces, refiere a cuán reñida es una elección. En otras palabras, a cuán cercanas son las proporciones de votos que obtienen el primer y el segundo contendiente.

[94]   Cabe acotar que algunos estudios han señalado que la alternancia en México se dio en muchos casos sin que se dieran cambios en los niveles de competitividad, aseverando de este modo que "alternancia y competencia no siempre van de la mano" (Buendía Laredo, 2003).

posteriores a estos se preocuparon por la disminución en
el margen de las victorias electorales del PRI (Molinar,
1997: 3-9; Valdés, 1995: 29-41; Pacheco, 1997: 319-350).
Estos trabajos se focalizaron más en factores sociológicos
externos al proceso político que en estudiar los factores
propiamente políticos del proceso. Con la acentuación
del proceso de cambio, nuevos estudios aportaron una
mirada más propiamente política y endógena. Así, los
procesos de cambio político institucional, y en especial
las reformas electorales, pasaron a ocupar un rol central
en la explicación del aumento de la competitividad. La
introducción de reglas electorales más justas comenzó a
tener un peso mayor en la explicación del aumento de la
competitividad (Méndez Hoyos, 2003: 143), al punto tal
que para la explicación del cambio en la competitividad los
factores socioeconómicos dejaron de tener peso estadístico
significativo (Méndez Hoyos, 2003: 174).

Los incrementos en la competitividad electoral fueron
erosionando el poder hegemónico de los gobernadores ganadores, y con ello, aumentando el control de los partidos de
oposición en las legislaturas locales (Lujambio, 2000; Beer,
2003).[95] El aumento de la competitividad se ha reflejado no
sólo en los partidos políticos de "oposición", sino también
en el poder relativo de los diferentes sectores del PRI. La
competitividad electoral, de este modo, condujo a una
modificación en los procesos de selección de candidatos
del Revolucionario Institucional (Langston, 1998: 461) y
en la búsqueda de una base mayor de sustentación de sus
candidaturas (Mizrahi, 1995).

---

[95]   La competitividad electoral *per se* no repercutió directamente, claro
     está, en más y mejor control; sino en la medida que la fragmentación
     partidaria de la legislatura fue facilitada por las reformas electorales
     tendientes a producir resultados más proporcionales (Solt, 2004).

Por otra parte, la alternancia en el poder fue vista como el punto crítico al que llevaría el proceso de aumento de la competitividad electoral. Este proceso se produjo en forma secuencial, como un impulso desde la periferia hacia el centro (Zaid, 1987). Esta "vía centrípeta" de la transición, como la define Mizrahi (1995: 186), consistió en progresos electorales por parte de los partidos de oposición que les permitió acceder lenta pero acumulativamente al gobierno de los Estados. Estos triunfos electorales por parte de la oposición fueron aumentando hasta nuestros días,[96] y han obligado al PRI a "volverse más competitivo, a redefinir sus estrategias y tácticas de lucha electoral y a buscar candidatos más populares, con más apoyo de sus bases y con mayor arraigo local, sobre todo en los lugares donde enfrenta una fuerte oposición" (Mizrahi, 1995: 177). En general, se puede afirmar que el aumento de la competitividad ha tenido efectos duraderos sobre todos los partidos en el gobierno, obligándolos a "tener un mejor desempeño si aspiran a ganar la próxima elección" (Rodríguez, 1998: 164).

De este modo, se puede apreciar que en la literatura especializada ha contribuido a explicar el aumento de la competitividad en México, así como el impacto que ella ha tenido en el comportamiento de los actores. Sin embargo, la formación de alianzas electorales, a pesar de ser un rasgo

---

[96]   Este proceso, al inicio, fue experimentado fundamentalmente por el PAN en el Estado de Baja California, en 1989, para luego expandirse a Guanajuato en 1991, Chihuahua en 1992, Jalisco en 1995, Querétaro en 1997; hasta la llegada del PRD al gobierno del Distrito Federal en 1997. A este proceso se sumaron Nuevo León en 1997 (PAN), Tlaxcala y Zacatecas en 1998 (PRD), Aguascalientes en 1998 (PAN), Nayarit en 1999 (Alianza PAN + PRD), Baja California Sur en 1999 (PRD). En 1998, el Estado de Chihuahua regresó a manos del PRI. A partir del año 2000 se siguieron sumando más Estados a las filas del PAN y el PRD: Morelos, Chiapas, Michoacán, Yucatán, San Luis Potosí, Tlaxcala y Guerrero. Hubo otras alternancias, esta vez a favor del PRI, en Nuevo León en 2003 y Nayarit en 2005.

saliente de la competencia electoral, no ha sido analizada de manera comparativa y sistemática, a lo largo del tiempo y entre los Estados. Hasta donde conozco, el problema de la coordinación electoral entre los electores y entre los partidos fue abordado originalmente en el trabajo de Magaloni (1996). Allí se destaca que frecuentemente los fallos de coordinación electoral contra el PRI se explican por un problema de elección social, debido a la caracterización de los partidos en el eje unidimensional de izquierda-derecha,[97] en la cual el PRI ocuparía la posición mediana e impediría de este modo la coordinación entre el PAN y el PRD. No obstante la transformación del espacio de competencia de uno unidimensional a uno multidimensional con la emergencia de un eje prosistema-antisistema (o

---

[97] Sobre este punto en particular hay algunas diferencias. Para Moreno (1999) el PAN ocupa una posición de centro en el espectro político, con el PRI a su derecha y el PRD a su izquierda, de modo que no es en absoluto difícil entender las alianzas tanto de la elite como de los electores. Sin embargo, los estudios tradicionales sobre la ubicación de los partidos políticos en el espectro izquierda-derecha coinciden en colocar al PAN a la derecha, al PRI en el centro y al PRD en la izquierda. Por ejemplo, así lo entiende Magaloni (1996) al analizar el reducido margen para el voto estratégico en las elecciones de 1994. Otro estudio sobre la autoubicación ideológica de las elites parlamentarias, realizado por el equipo de Manuel Alcántara de la Universidad de Salamanca, coincide en ubicar al PAN a la derecha, al PRI en el centro y al PRD a la izquierda del espectro político, según las propias respuestas de los legisladores nacionales en una escala de 1 a 10 (donde 10 representa el valor máximo de derecha y 1 el valor máximo de izquierda). Las encuestas realizadas en 1994, 1997, 2000 y 2003 arrojan resultados muy similares: los diputados del PAN en promedio se autoubicaron alrededor del 8.94 y el 9.17 de la escala durante los cuatro años; el PRI entre 6.09 y 6.94; y el PRD 2.68 y 2.78. En la misma dirección, el estudio de López Lara y Loza (2003) acerca de las preferencias y opiniones de los legisladores en doce congresos estatales arrojó la siguiente posición relativa para los partidos mexicanos de izquierda a derecha: 2.8 para el PT; 3.08 para el PRD; 6.0 para el PVEM; el PRI asume un valor de 6.1 y finalmente los legisladores del PAN se autoubicaron en promedio en un 6.8.

autoritarismo-democracia), el PRI perdería la posición espacial de medianía.[98] A pesar de la existencia de incentivos institucionales que los partidos pequeños poseen para formar coaliciones con alguno de los dos grandes capaces de derrotar al PRI (1996), el PAN y el PRD enfrentan juegos de interacción de entrada que los llevan a competir entre sí buscando establecerse como la fuerza opositora más creíble (Magaloni, 1996: 319). No obstante, destaca Magaloni, la posibilidad de éxito de las alianzas entre el PAN y el PRD depende de la "distribución de ordenamientos completos de preferencias individuales en el electorado. Cuanto más considere el electorado de oposición la dimensión prosistema-antisistema, mayor número de electores radicales de oposición existirán y mayores serán las ganancias electorales de la formación de alianzas" (Magaloni, 1996: 322).

3. Hipótesis: señalización y competitividad

La formación de alianzas se ha ido desplegando mediante un proceso de aprendizaje por parte de los partidos políticos, desarrollado en los capítulos 4 y 5. Así como

---

[98] Los trabajos desarrollados en el programa de la teoría de la elección social han demostrado que si bien el mediano en una distribución unidimensional es el ganador en competencia de a pares (Black, 1948), cuando el espacio es de dos o más dimensiones sólo prevalece en situaciones extremadamente inusuales, tales como aquellas donde el mediano sea el mismo en todas las dimensiones y ocupe un lugar central de "simetría radial" (Plott, 1967). Si bien estas situaciones son posibles teóricamente, sus probabilidades de ocurrencia son casi nulas. El mediano, en una dimensión, puede no ser el mediano en todas las otras dimensiones. Por lo tanto, cualquier mediano unidimensional puede ser derrotado por una coalición de actores con posiciones en múltiples dimensiones y, de este modo, cualquier resultado es posible de alcanzar (McKelvey, 1976).

las elecciones presidenciales del año 2000 y del año 2006 fueron testigos de la conformación de grandes alianzas electorales a nivel nacional,[99] a nivel de los Estados se ha podido observar una mayor frecuencia de su constitución, y debido al número de casos, se puede intentar extraer algunas conclusiones sobre las regularidades que presenta la formación de alianzas electorales y sus consecuencias potenciales sobre la competencia electoral.

La formación de alianzas electorales podría explicarse como la respuesta que los partidos políticos encontraron, en su afán de conquistar el poder o de mantenerlo, en un contexto de cambios en la competencia y competitividad del sistema de partidos. De este modo, puede asumirse que los partidos políticos más grandes coordinan sus esfuerzos con otros partidos cuando el contexto electoral les indica que las variaciones experimentadas en el caudal de votos de los otros partidos ha sido tal que la coordinación estratégica mejora las posibilidades de derrotar a sus adversarios (Cox, 1997). Asimismo, cuando los partidos coordinan sus bases de apoyo electoral en forma de alianzas, producen un inmediato impacto en los resultados electorales: el voto se concentra en un número menor de alternativas y, en efecto, la distancia entre el partido ganador y el partido que obtiene el segundo lugar se reduce.

---

[99]   En la elección presidencial del año 2000, el Partido de Acción Nacional (PAN) conformó la "Alianza por el Cambio", junto con el Partido Verde Ecologista de México (PVEM), al cual además se sumó informalmente el Partido Auténtico de la Revolución Mexicana (PARM); mientras que el Partido de la Revolución Democrática (PRD) conformó la "Alianza por México" junto al Partido del Trabajo (PT), Convergencia Ciudadana (CPN), Partido de la Sociedad Nacionalista (PSN) y el Partido Alianza Social (PAS). En el 2006, nuevamente varios partidos políticos volvieron a sumar sus votos: la "Alianza por el Bien de Todos" estuvo integrada por el PRD, el Partido Convergencia y el PT, mientras que la "Alianza por México", a diferencia del 2000, estuvo integrada por el PRI y PVEM.

De este modo, podemos estimar que las alianzas se forman, *ceteris paribus*, debido a los cambios que experimenta el contexto electoral, y a su vez, su presencia tiende a disminuir el margen de victoria entre los principales contendientes, retroalimentando la tendencia a una competitividad creciente de los resultados electorales. Así, una vez que el proceso dispara la dinámica, la relación entre alianzas electorales y márgenes de victoria cerrados se estabiliza.

La teoría desarrollada permite ser representada en un modelo dinámico que puede ser resumido del siguiente modo: a) los partidos observan señales en la competencia que vienen dadas por los cambios en la competitividad de los resultados electorales y por la volatilidad del electorado; b) estas señales ofrecen nueva información para que los partidos de oposición emprendan nuevas estrategias con el objetivo de ganar la elección; c) la presencia de las alianzas electorales contribuye a disminuir el número de candidatos y evitar la fragmentación del voto; d) como consecuencia de ello, se reduce el margen de victoria entre el partidos ganador y el partido competidor inmediato; e) en la medida que los partidos de oposición aprenden a formar alianzas electorales que amenazan derrotar al PRI, éste imita la estrategia y conforma alianzas con partidos más pequeños para evitar la derrota; f) el resultado de este proceso es una estabilización de la formación de alianzas electorales y resultados electorales con márgenes de victoria cada vez más ajustados.

El modelo dinámico descrito anteriormente tiene dos componentes estratégicos endógenos: la señalización y la competitividad. Los partidos observan los cambios en la competencia, emprenden estrategias de alianzas y con ello alteran la misma competencia. En este sentido, las señales que los actores observan provienen de las elecciones pasadas (t_{-1}), de modo que deben incluirse en el modelo variables rezagadas, cuando ello lo requiera: esto es, los valores de las variables en la observación anterior. Las siguientes hipótesis pretenden establecer un criterio de verificación o refutación de las dinámicas planteadas: *Hipótesis de señalización 1.* Los cambios en el sistema de partidos en un Estado *i*, en un momento t_{-1}, disparan una señal para que los partidos se alíen electoralmente en la próxima elección con la expectativa de producir un resultado más favorable. En este sentido, cuanto menor sea el margen de victoria en una elección, más probable será que en la elección siguiente (Estado *i*, en un momento *t*o) se presente una alianza electoral.

Hipótesis de competitividad 2. La formación de alianzas electorales reduce el número de competidores, y mediante la coordinación del voto en unas pocas candidaturas, el margen de victoria entre los principales contendientes se reduce aun más. En las elecciones en las cuales se presentan alianzas electorales, el margen de victoria entre el candidato ganador y su inmediato rival será más pequeño que el margen de victoria observado en las elecciones en donde los candidatos son respaldados por partidos políticos individuales.

4. Variables

Los indicadores utilizados para poner a prueba (o hacer el test de) las hipótesis de señalización y de competitividad corresponden al margen de victoria, a la fragmentación y la formación de al menos una alianza electoral.

Margen de victoria (MV)

Como ya fue definido en capítulos precedentes, es igual a la diferencia entre la proporción de votos del candidato más votado (P_1) y la proporción de votos del candidato que le sigue inmediatamente en orden (P_2), el indicador también es denominado en la literatura con el término de "cercanía" (*closeness*) (Gray, 1976). La distribución de MV arroja una media y una mediana de .47 y .47 para el sexenio de CSG, de .13 y .09 para el sexenio de EZPL; de .11 y .07 para el de VFQ y de .10 y .06 para el de FCH, respectivamente. Como es fácil apreciar, la reducción de los márgenes de victoria se ha modificado verticalmente en el sexenio de EZPL y ha permanecido relativamente estable desde entonces. Estas distribuciones reflejan la tendencia central general, pero por supuesto existen variaciones entre los Estados a lo largo del tiempo. Estas variaciones, según hemos hipotetizado, son los indicadores de las señales del juego de la formación de alianzas. Así consideraremos los valores rezagados[100] de la variable para ver su impacto en la formación de esas alianzas.

Fragmentación

La fragmentación remite a la distribución de los votos entre los partidos o candidaturas en competencia. Cuanto más concentrados estén los votos en una sola candidatura o partido, menor será la fragmentación, y viceversa. El indicador estandarizado para medir la fragmentación partidaria es el número efectivo de partidos de Laakso y Taagepera (1979), que aquí hemos traducido como número efectivo de candidaturas (N_C) y hemos utilizado en capítulos precedentes. Cuando no existen alianzas electorales, el número de candidaturas es igual al número de partidos; sin embargo, la alianza de dos o más partidos reduce el

---

[100] Los valores rezagados de una variable cualquiera de una unidad de observación corresponden a los valores que la unidad de observación *i* posee en un momento t_{-1}, es decir, a los valores de la observación en el momento anterior.

número de candidaturas aunque los partidos permanezcan, como ya ha sido desarrollado. El valor del NC se calcula a partir de la siguiente ecuación:

$$N_c = \left(\sum_{i=1}^{n} p_i^2 \right)^{-1}$$

Donde N_C es igual a la razón inversa de la suma de los cuadrados de las proporciones de votos obtenidos por cada uno de los candidatos (p_i^2).

De manera adicional al índice de Laakso y Taagepera (1979), presentamos un índice alternativo que descuenta el peso del partido más grande, y cuya autoría es de Molinar Horcasitas (1991: 1384-1385). El truco consiste en contar al partido ganador separado del resto de los partidos, contando al partido ganador como 1 (P_1) y estableciendo el número de partidos como la contribución de los partidos minoritarios. De este modo, Molinar Horcasitas obtiene:

$$H_o = 1 + N \frac{\left(\sum_{i=1}^{n} p_i^2 \right) - p_1^2}{\sum_{i=1}^{n} p_i^2}$$

En el texto original, las iniciales para identificarlos son NP, pero decidimos reemplazarlas por H_c (Horcasitas) para evitar confusiones.[101] Este índice corrige algunos sesgos que el índice de Laakso y Taagepera puede presentar para situaciones como la de México, en donde ciertas distribuciones de votos en sistemas de partido hegemónico suelen arrojar un número efectivo de competidores igual o cercano a 2.

---

[101] Una forma rápida de calcular el índice de Molinar Horcasitas conociendo los valores N_c y P_1 es sustituyendo por el inverso de N_c, lo cual ahorra mucho tiempo en imputación.

La Tabla 9.1 presenta una pequeña muestra de sistemas de partido hegemónico, o por lo menos predominante, en donde Nc arroja valores de fragmentación típicamente bipartidistas ($N_c \sim 2 \pm \varepsilon$), y el correspondiente valor de H_0.

Tabla 9.1. Índice de Laakso y Taagepera y Molinar Horcasitas en elecciones con partidos hegemónicos o predominantes

Elección	Nc	Ho	P1	P2
Coahuila 1993	1.98	1.30	.65	.27
Coahuila 1999	2.01	1.49	.61	.35
Colima 1991	1.99	1.13	.69	.13
México 1993	2.30	1.23	.63	.18
Guanajuato 2006	2.16	1.37	.62	.26
Guerrero 2003	2.08	1.33	.64	.27
Jalisco 1988	2.17	1.40	.61	.27
Morelos 1994	2.22	1.29	.63	.22
Nuevo León 1991	1.97	1.42	.63	.33
San Luis Potosí 1993	1.99	1.20	.67	.21
Tamaulipas 1992	1.96	1.27	.66	.26
Tamaulipas 2010	2.10	1.43	.62	.31
Veracruz	1.92	1.13	.70	.15

Fuente: elaboración propia, en base a índices de Taagepera y Shugart (1979) y Molinar Horcasitas (1991)

Así, por ejemplo, las elecciones de Colima en 1991 arrojan un N_c de 1.99, lo cual podría apreciarse como situaciones perfectamente bipartidistas, no obstante el partido más votado recibió el 69% de los votos, mientras que su inmediato rival alcanzó tan sólo el 13%. Es evidente que esta observación no puede contar como bipartidista, y de hecho no ha contado como tal, ya que nuestro criterio para aceptar un sistema como bipartidista ha sido el umbral del 60% para el primer partido y un piso del 30% para el

segundo. Pero en las mediciones agregadas pueden per-
derse de vista las consecuencias de incluir una elección de
esas características como si fuera fragmentada. El índice de
Horcasitas, en cambio, registra mejor el efecto del partido
más grande, ya que arroja un 1.13 de competidores efectivos.

Comparando por sexenios, podemos observar algunas
correcciones que sugiere el índice de Horcasitas, fundamentalmente en cuanto a no sobreestimar la fragmentación
electoral en los sexenios de CSG y EZPL. No obstante, en
términos generales, el índice sugiere una estabilización en
sistemas bipartidistas casi perfectos.

Tabla 9.2. Índice de Laakso y Taagepera y Molinar
Horcasitas comparados, por sexenio

	CSG 1988-1994	EZPL 1994-2000	VFQ 2000-2006	FCH 2006-2012
NC	1.88	2.52	2.45	2.46
	1.96	2.45	2.43	2.34
HO	1.30	1.98	2.03	2.03
	1.20	1.98	1.94	1.97
N	27	32	33	29

Fuente: elaboración propia.
Nota: los valores de las celdas indican los valores medio y mediano.

5. Evidencia

Las hipótesis de señalización y competitividad sugieren
un efecto de retroalimentación entre los cambios ocurridos
en la competencia, la formación de alianzas y el impacto
que a su vez producen en la competitividad. Así, en primer lugar, presentamos evidencia de la señalización. En
el Gráfico 9.1 se presenta la probabilidad estimada de que
en una elección compita una alianza (y de su probabilidad

de triunfo electoral) dependiendo de cuán cerrada haya sido la elección de gobernador anterior (MV_{t-1}).

El modelo se estima a partir de: $\ln(y/1-y) = a + bx_{t-1}$. Donde y asume 1 en presencia de una alianza, y 0 cuando esto no sucede (así como en el modelo 2, estas categorías son reemplazadas por 1 cuando gana y 0 cuando pierde); a y b son los coeficientes estimados de la regresión logística y x representa el valor de MV en la elección de gobernador precedente.

Gráfico 9.1. Probabilidad de formación de alianza y triunfo de alianza, según margen de victoria de elección precedente

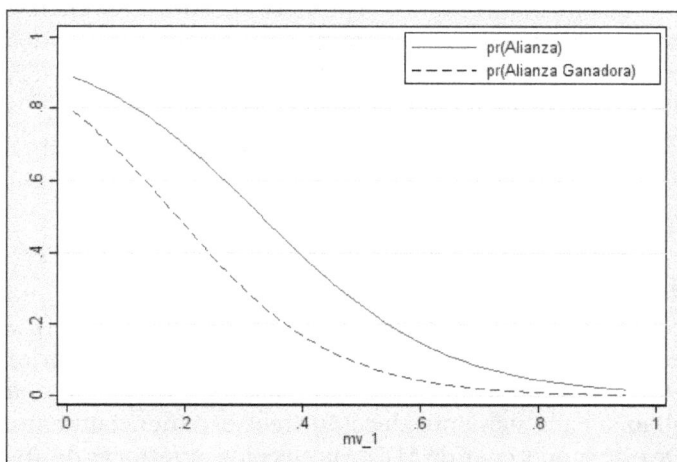

El coeficiente estimado b es de -6.47 (en un intervalo de confianza de -8.78 y -4.15) estadísticamente significativo a $p < .001$, y el valor estimado de la constante a es de 2.13 (con intervalos de confianza con límite inferior de 1.35 y límite superior de 2.91), también estadísticamente significativo a $p < .001$. De modo que podemos estimar la probabilidad de la presencia de una alianza en una elección a partir de:

$$y/(1-y) = e^{2.13 - 6.47^*MV}$$

Así, cuando MV es .33, las posibilidades de encontrar una alianza o no encontrarla son las mismas, con idéntica probabilidad .50. A medida que MV se reduce, la probabilidad de encontrar una alianza es mayor que la de no encontrarla; de este modo, en el límite, cuando el margen de victoria de la elección anterior es de .01, las posibilidades de que una alianza se forme son 7.88 veces más respecto de que no se forme, o lo que es lo mismo: existe una probabilidad de .88 de que se presente una alianza.

Lo mismo sucede con la probabilidad de que la alianza en cuestión resulte ganadora. Los coeficientes estimados en este caso corresponden para $a = 1.40$ y para $b = -7.52$, ambos estadísticamente significativos a $p < .001$. Con estos coeficientes podemos determinar que la probabilidad de que una alianza gane la elección es de:

$$y/(1-y) = e^{1.40 - 7.52^*MV}$$

Al igual que en la estimación anterior, cuando el MV de la elección anterior es de .18, el modelo estima una equiprobabilidad de triunfo o derrota de una alianza ($p = .50$). Eso significa que cuando el MV de la elección anterior es aun más estrecho, la probabilidad del triunfo de una alianza en la siguiente elección crece exponencialmente. De este modo, cuando MV de la elección anterior es de .01, las posibilidades de triunfo de una alianza son 4.37 veces mayores que las de que sea derrotada, o lo que significa lo mismo: existe una probabilidad de .81 de que una alianza electoral gane una elección si el MV de la elección anterior fue tan estrecho como .01.

La evidencia es contundente: cuanto más estrecha fue una elección, tanto más probable ha sido que emerja una

alianza electoral como respuesta a ese nivel de competitividad o cercanía en el resultado, y más probable se vuelve el
triunfo de una alianza electoral. La hipótesis de señalización
encuentra evidencia y puede ser modelizada con exactitud.
Para demostrar, a la inversa, el impacto que la formación de alianzas electorales ha tenido en la producción de
resultados reñidos, consideramos los valores de MV de la
misma elección t en donde observamos la presencia o no de
una alianza. Esta prueba coloca como variable dependiente
al margen de victoria (MV), y como variables independientes las alianzas electorales y la fragmentación del sistema
de partidos. Para estimar el impacto de las alianzas y los
competidores efectivos (medidos según N_C y H_O) utilizare-
mos un modelo longitudinal endógeno con efectos fijos.[102]

$$Y_{it} = a + b_n X_n + v_i + \varepsilon_{it}$$

En donde: Y_{it} representa el valor promedio de la variable
dependiente (MV) en el Estado i, en el momento t; α es el valor
de la constante de la ordenada al origen; X es un vector de n
variables independientes; y las b son los coeficientes estimados de la regresión para cada n variable o regresor. Además, el

---

[102]   Ya hemos analizado la diferencia entre ambos. En el modelo con efectos
fijos, asumimos que existen efectos vinculados con factores no observados
propios de cada Estado, de modo que los coeficientes estimados deben
leerse como el impacto que la variable x produce sobre la variable y dentro
de cada Estado (*within effect*). La ventaja de este modelo reside en que los
efectos de las variables explícitamente estimadas están siendo controlados
por todas las diferencias que existen entre los Estados, pero que no varían
en el tiempo (*time-invariant differences*), de modo que los coeficientes
estimados por el modelo de efectos fijos no están sesgados debido a potenciales variables omitidas (Kohler y Kreuter, 2005: 240), tales como por
ejemplo, variables de tipo socioeconómico o geográfico. En el modelo de
efectos aleatorio no asumimos efectos diferentes producidos por variables
omitidas específicas de los Estados, de modo que el efecto es estimado
independientemente de las características de los Estados (*between effect*).
En ambos casos, por lo tanto, esperaríamos que el signo del coeficiente
estimado para el impacto de la presencia de una alianza electoral sobre
el margen de victoria sea negativo y estadísticamente significativo.

modelo longitudinal incluye un término de residuos (ε_{it}) que se asume constante para todos los casos (homocedasticidad), y un término de residuos (υ_i) diferente para cada unidad pero constante para las observaciones de la unidades.

En la Tabla 9.3 se presentan los resultados de los modelos estimados. Así se estiman los coeficientes de la relación endógena que hay entre la formación de alianzas y las señales del sistema de partidos, tanto para cuando utilizamos el índice de Laakso y Taagepera, como para cuando usamos el de Molinar Horcasitas. El modelo está corregido cuadráticamente para evitar una predicción lineal absurda, ya que la variable MV está restringida en su origen y en su máximo $(0 < \text{MV} < 1)$.

Tabla 9.3. Hipótesis de competitividad: alianzas electorales, fragmentación y aumento de resultados electorales reñidos. Modelo longitudinal con efectos fijos

Variable dependiente: MV	Estimación con Laakso y Taagepera			Estimación con Molinar Horcasitas		
Variables independientes:	Coef. (s. e.)		IC (95%)	Coef. (s. e.)		IC (95%)
Constante	1.75 (.11)	**	1.54 1.97	2.10 (.06)	**	1.98 2.23
ALIANZA	-.13 (.02)	**	-.17 -.08	-.02 (.01)	*	-.04 .00
NC	-.92 (.10)	**	-1.12 -.71	-1.69 (.07)	**	-1.84 -1.54
NC2	.11 (.02)	**	.07 .16	.34 (.02)	**	.30 .38
R^2 (within effect)	.87			.95		
R^2 (between effect)	.39			.83		
N de unidades	32			32		
N de Observaciones	146			146		

Nota: * significativo a $p < .05$. ** significativo a $p < .01$.

Como puede apreciarse, todos los coeficientes estimados tienen el signo esperado y son estadísticamente significativos (a un nivel $p < .01$). En primer lugar, se estima que en las elecciones en las que se presenta una alianza, el MV es más estrecho en comparación con las elecciones en las que no compiten. El coeficiente estimado es en promedio de -.13, para cuando utilizamos el N_C como control, mientras que se reduce a -.02 cuando utilizamos H_O. Por otra parte, cuando consideramos el efecto del sistema de partidos sobre MV, la relación no es lineal, y se comporta de acuerdo a lo hipotetizado. A medida que aumenta el número de competidores efectivos desde situaciones hegemónicas a situaciones de tipo competitivas, el MV se reduce, como resulta lógico. No obstante, cruzando cierto umbral la fragmentación del sistema de partidos, la reducción marginal del MV se estabiliza sin reducirse más allá de los límites lógicos: $MV_{\to 0}$.

El Gráfico 9.2 presenta la información anterior de un modo comparativamente distinto. El eje horizontal representa el nivel de fragmentación de la oferta electoral medido con el índice de número efectivo de competidores (H_o) de Molinar Horcasitas (1991), mientras el eje vertical representa el margen de votos entre una y otra alternativa (MV). Como puede apreciarse –y esto hay que resaltarlo enfáticamente–, la relación entre la fragmentación del voto y el margen de victoria no es lineal, como algunos trabajos lo suponen.

Gráfico 9.2. Estimación de la relación entre margen
de victoria y número efectivo de candidaturas

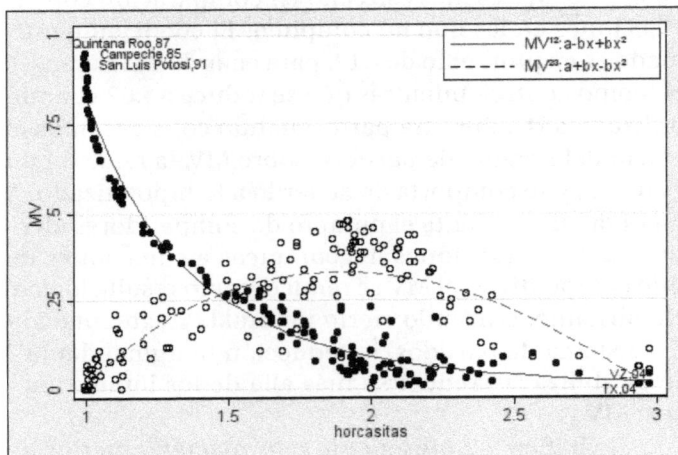

Cuanto menor es la fragmentación del voto entre las distintas alternativas –en el extremo, cuando el electorado masivamente vota por una sola alternativa–, mayor es la distancia entre el primero y el segundo de los candidatos, y más cercanos llegarán el segundo y el tercero. Estas situaciones se producen en contextos de ausencia de competencia propiamente dicha, y por lo general, en elecciones de sistemas de partido hegemónico dominadas por el PRI (como por ejemplo se ilustra en el gráfico con Campeche en 1985, Quintana Roo en 1987 y San Luis Potosí en 1991), lo cual era común en algunos Estados al inicio del período bajo estudio. A medida que aumenta la oferta política y los electores dividen sus votos en más de una candidatura, el margen de votos entre el primero y el segundo se reduce, y se amplía la diferencia entre el segundo y el tercero, generando elecciones más cerradas y competitivas, lo que podría considerarse como una consecuencia observacional de la tendencia al comportamiento estratégico por parte de los electores, propia de situaciones bipartidistas.

Ahora bien, cuando la dispersión del voto aumenta aun más –lo que podría revelar un fallo en la presión de las "fuerza duvergeriana"–, la distancia entre el segundo y el tercero vuelve a disminuir, llegando incluso a producir elecciones tan cerradas entre el primero y el segundo como entre el segundo y el tercero, y ello es propio por definición de situaciones tripartidistas. Estas observaciones corresponden a la esquina derecha y hacia abajo del gráfico: los votos que reciben los terceros partidos suelen ser tan significativos como los votos que reciben los segundos partidos y, en ocasiones, incluso como los que recibe el primero, como ha sido el caso de las elecciones de Morelos en 2006, el DF en el 2000 o, como se ilustra en el gráfico, en Tlaxcala en 2004 y Veracruz en 2004.

6. Conclusión

En este capítulo se ha destacado el ascenso de las alianzas electorales como estrategia de competencia dominante adoptada por los partidos mexicanos en el ámbito de los Estados. Los resultados confirman, en primer lugar, que esas alianzas responden a señales cambiantes en el sistema de partidos y en el electorado que provienen de elecciones anteriores. Así, se puede observar y estimar con precisión que los resultados electorales estrechos (de menor margen de victoria) en las elecciones precedentes aumentan la probabilidad de que en la próxima elección se forme una alianza. Este efecto es contundente: el punto de quiebre lo constituyen las elecciones cuyos resultados fueron menores a un margen de victoria igual a .33; a partir de este punto, las posibilidades de que se forme una alianza crecen exponencialmente conforme se reducen los márgenes de victoria de las elecciones. Ello conduce a resultados electorales cada vez más cerrados y con mayor presencia de alianzas electorales, ya sean de izquierda, de derecha, priista o antipriistas. Esto afecta considerablemente el éxito de las alianzas, ya que resultados electorales inferiores a .18 aumentan las posibilidades de que en la siguiente elección el triunfo sea para una alianza. Todos los caminos conducen al mismo lugar: las alianzas como resultado de equilibrio.

En segundo lugar, la formación de alianzas electorales produce un efecto reductor de las candidaturas en disputa que favorece, a la vez, la producción de resultados más estrechos, es decir, con márgenes de victoria más pequeños. Considerando ambos hallazgos, podemos afirmar que las alianzas son un producto endógeno de los cambios y de las variaciones en la competencia política, al mismo tiempo que retroalimentan, aumentando y manteniendo, los niveles de competitividad electoral.

El objetivo colateral de este capítulo ha sido reforzar la idea de que la generalizada denominación de "alianzas antinatura", para aquellas alianzas electorales que no responden a las expectativas ideológicas de ciertos prejuicios normativos, es errónea. En este sentido, el capítulo pretende dejar en claro, junto a los capítulos 4 y 5, que la formación de las alianzas electorales responde a incentivos producidos por los cambios en la competencia.

CAPÍTULO 10
SUMANDO VOTOS, REPARTIENDO ESCAÑOS

A lo largo de los sexenios estudiados, hemos podido constatar que al modificarse la competencia partidaria se alteraron los incentivos de las elites, tanto de los partidos mayoritarios como minoritarios, respecto de conformar alianzas electorales. En virtud de obtener un mejor resultado, los partidos y sus candidatos optaron progresivamente por la formación de alianzas electorales o candidaturas comunes, antes que por las candidaturas partidarias individuales. De manera simultánea, sabemos, este proceso de cambio estuvo asociado a un incremento en la conformación de gobiernos estatales que no poseían mayorías legislativas. El fenómeno del gobierno dividido deparó la atención de los colegas en forma obsesiva. No hubo trabajo de investigación sobre México que no reparara en los gobiernos divididos. De algún modo, la formación de gobiernos divididos está, entre otras cosas, vinculada con la formación de alianzas electorales, *ceteris paribus*.

La conjetura que en este capítulo intentamos corroborar es que estos dos fenómenos, que a simple vista son relativamente independientes, se encuentran asociados de manera íntima: las alianzas electorales estatales, antes inexistentes o infrecuentes, tienen un impacto directo sobre el contingente legislativo del partido del candidato electo. Específicamente, cuando las elecciones de los congresos locales se realizan en forma concurrente a las del Ejecutivo,[103] la formación de alianzas electorales con el objetivo de aumentar el caudal de votos del partido ganador tiene un efecto colateral: produce una disminución del contingente legislativo del ganador.

1. El argumento

Los incentivos para coordinar electoralmente, así como los beneficios esperados de la coordinación, difieren entre los partidos políticos. Por ejemplo, los partidos mayoritarios suelen aliarse con otros para lograr que un miembro o dirigente de sus filas partidarias obtenga el cargo unipersonal del Ejecutivo. Los aliados, en cambio, disfrutan de otros beneficios cuya naturaleza varía dependiendo de los incentivos partidarios, así como de los arreglos institucionales asociados a la elección. Por ejemplo, en el caso mexicano, éstos pueden ser retribuidos con una cuota de poder en forma de escaños legislativos o puestos en el futuro gabinete. A su vez, partidos muy pequeños pueden beneficiarse de la obtención de cierto umbral (porcentaje de votos) requerido legalmente que les permite mantener su registro o personería política, y así acceder a recursos públicos para financiar sus actividades partidarias. De este modo, los partidos pequeños integran las alianzas en pos de algún beneficio político que no está asociado directamente con la obtención del cargo ejecutivo, mientras que los partidos más grandes lo hacen para maximizar el porcentaje de votos que les podría permitir la conquista del cargo ejecutivo.

Las variaciones en el tamaño partidario es uno de los motivos que puede dar cuenta de la existencia de incentivos

---

[103]   Algo que ya hemos explorado en el capítulo 6. Para una ampliación vuelvo a recomendar la lectura de Shugart y Carey (1992).

y beneficios diferenciales entre los miembros de una alianza, o de los juegos que pueden entre ellos encarar, como
se desarrolló en el capítulo 2. Pero pueden considerarse
otros factores como: el horizonte temporal (corto / largo
plazo), la orientación partidaria (pragmática / ideológica),
los objetivos perseguidos, la arena de competencia y la
posición de competencia (oficialismo / oposición), que
hemos explorado en los capítulos 7 y 8. Resulta apropiado
señalar que los partidos hacen diferentes consideraciones
estratégicas que los posicionan en diferentes juegos de coordinación, constituyendo así un ejemplo de lo que Tsebelis
(1993) denomina un "juego anidado" (*nested game*): juegos
distintos para los diversos actores con pagos diferenciales
en cada una de las arenas.

Las alianzas producen un impacto directo sobre la
oferta electoral, dándole una forma muy peculiar al sistema de partidos, al reducir el número de contendientes sin
disminuir el número de partidos políticos que permanece
en el mercado electoral. Por otra parte, las alianzas electorales afectan la demanda electoral, dado que cuando esas
alianzas ocurren, los votantes tienen menos problemas
para coordinar sus votos entre las alternativas en disputa.
Cuando fracasan, en cambio, los problemas de coordinación de los electores aumentan, abriendo la puerta a
resultados electorales muy aleatorios y fortuitos con un
alto desperdicio de votos.

Aquí nos interesa fundamentalmente el efecto que todo
ello tiene sobre la distribución del poder en el interior de las
ramas de gobierno. Las alianzas afectan la relación entre el
gobierno y su congreso cuando para las elecciones de legisladores no se mantienen y la participación de los partidos
aliados es retribuida con escaños legislativos. Si, como es
esperable, los partidos aliados forman bloques separados
en la legislatura, el triunfo de la alianza electoral podría

resultar en gobiernos divididos o sin mayorías[104] legislativas. Esto tiene un efecto sobre el proceso de elaboración
de políticas públicas, ya que un gobierno sin mayorías se
ve obligado a negociar y consensuar sus políticas con los
otros partidos.[105]
     En este sentido, la formación de alianzas produce una
paradoja para el partido que obtiene la gobernación: lo
ayuda a obtener el cargo del Ejecutivo pero a costa de la
maximización individual de sus escaños en la legislatura.
De aquí en adelante, el capítulo explora empíricamente
esta paradoja en los Estados mexicanos.

2. Escenario electoral en los Estados mexicanos

     Las elecciones de gobernador en los 31 Estados y el
Distrito Federal se realizan cada seis años[106] bajo un típico sistema electoral de simple pluralidad de sufragios en

---

[104]   El gobierno dividido ocurre cuando la mayoría legislativa pertenece a
        otro partido distinto al partido del gobierno (Fiorina, 1992) y el gobierno
        sin mayorías describe una situación en la que ningún partido logra la
        mayoría de las bancas legislativas. Un estudio sobre el comportamiento
        de los gobiernos sin mayoría en México puede consultarse en Casar y
        Marván (2002).

[105]   Como destaca la literatura, los partidos de oposición enfrentan pocos
        incentivos para cooperar con el partido de gobierno. Si cooperan, y la
        cooperación es exitosa, los beneficios electorales son capitalizados por
        el partido del Ejecutivo. Mientras que si la cooperación fracasa, el costo
        político es compartido por todos (Linz, 1996). Los incentivos para coo-
        perar pueden ser mayores o menores según el tamaño de cada partido
        y sus estrategias políticas, el ciclo electoral, la disciplina partidaria y
        según variables coyunturales o contingentes (Lujambio, 2000).

[106]   La única excepción dentro de la muestra de casos fue la primera elección
        de Jefe de Gobierno del Distrito Federal de 1997, en la que el cargo de
        Jefe de Gobierno tuvo una duración de tres años. Por su parte, el Estado
        de Michoacán ha elegido en 2007 un gobernador por un período de
        cuatro años en forma transitoria, con el objetivo de adecuar a mediano
        plazo el calendario electoral local con el federal.

distrito uninominal (*single-member district*) o, como suele denominárselo en la jerga electoral, con magnitud de distrito igual a uno ($M = 1$). De este modo, el sistema electoral se caracteriza por darle el triunfo al que obtiene más votos (*the first past the post*). Los Estados también convocan a elecciones de medio término cada tres años para renovar los escaños de los congresos locales. Los cargos legislativos se distribuyen conforme a un sistema electoral mixto, aunque su tipo específico ha sufrido numerosas reformas, la estructura mixta se mantiene desde los años noventa.[107] Básicamente, las reglas de conversión de votos en escaños en los Estados adopta una forma compensatoria; esto significa que los partidos obtienen, por un lado, una proporción de escaños de los distritos uninominales, y por el otro, son compensado de acuerdo al volumen total de votos obtenido con escaños repartidos del distrito plurinominal ($M > 1$). La proporción de escaños uninominales y de escaños plurinominales es variable, dependiendo del Estado. Así, por ejemplo, en Baja California Sur, en la actualidad, el congreso está integrado por 21 diputados, que se eligen en 15 distritos uninominales y un distrito plurinominal en el que están en juego seis escaños. Jalisco, en cambio, reparte sus parcelas legislativas en 20 distritos uninominales, mientras los restantes 20 escaños son obtenidos de la lista plurinominal. El Estado de México, a su vez, elige 45 escaños en distritos uninominales y los restantes 30 en la lista del distrito plurinominal. En este sentido, puede

---

[107]   Los sistemas electorales nacional y locales han pasado del tipo mixto paralelo (Nohlen, 1994: 153) o mixto con reaseguro de mayoría o sistemas mixto mayoritario (*mixed-member majoritarian*) a formas de sistemas mixtos compensatorios o sistema mixto proporcional (*mixed-member proportional*) (Shugart y Watemberg, 2001: 13-17). Para un análisis de los cambios en el sistema electoral mexicano de los últimos tiempos, puede consultarse Molinar y Weldom (2001). La composición de los congresos locales de acuerdo a los distritos fue presentada en el capítulo 3.

verse que la magnitud de distrito promedio ponderada es variable entre los Estados.[108]

3. La política de las alianzas en los Estados mexicanos

Como se señaló en capítulos precedentes, las consideraciones para coordinar electoralmente por parte de los dirigentes de los partidos difieren. Por ello, es esperable que los partidos estén posicionados en diferentes juegos de coordinación, dependiendo de la situación. Así, como hemos visto, pueden surgir alianzas de izquierda encabezadas por el candidato del PRD, acompañado por el PT y Convergencia, así como alianzas de derecha encabezadas por el PAN, y con frecuencia en compañía del PVEM y el PANAL. Pero como hemos demostrado en el capítulo 4, han surgido con frecuencia alianzas antipriistas en las cuales el PAN y el PRD alternan conduciendo, acompañados por el PT y Convergencia, y en algunas ocasiones incluso acompañados del PVEM. Algunas, incluso, han reunido a "todos" los partidos en contra del candidato del PRI. Estas alianzas han dado lugar también a la posibilidad de que un candidato de un partido pequeño sea el beneficiado con el respaldo, como en el caso de las elecciones de Oaxaca en 2010, al llevar la candidatura de Gabino Cué (Convergencia), quien resultara ganador y en consecuencia Gobernador del Estado. Frente a las alianzas antipriistas, la respuesta no se ha hecho esperar y han emergido alianzas priistas. Las alianzas priistas han estado integradas, además del PRI, por el PVEM, y se ha empezado a sumar a ellas el PANAL.

---

[108] En el capítulo 6 hemos calculado y desarrollado la estimación de la magnitud de distrito promedio ponderada para cada Estado, de modo que para una revisión recomiendo regresar allí.

Hay registro de estas alianzas en las cuales se ha sumado el PT. Para tener un panorama más general del asunto, en la Tabla 10.1 reproduzco la información ya presentada en el capítulo 4.

Tabla 10.1. Orientación político-ideológica de alianzas electorales en los sexenios presidenciales, 1988-2011

Alianza	Sexenio observado				
	CSG 1988-1994	EZPL 1994-2000	VFQ 2000-2006	FCH 2006-2011	TOTAL
Izquierda	2 (6.45)	7 (21.87)	18 (54.55)	15 (51.72)	42 (33.6)
Derecha	0	2 (6.25)	7 (21.21)	9 (31.03)	18 (14.4)
Anti-PRI	2 (6.45)	1 (3.13)	3 (9.09)	4 (13.79)	10 (8.0)
Megaanti-PRI	0	1 (3.13)	2 (6.06)	1 (3.45)	4 (6.4)
Priista	0	1 (3.13)	17 (51.51)	25 (86.20)	43 (34.4)
Mínimas	0	3 (9.38)	2 (6.06)	2 (6.89)	7 (5.6)
Total	4 / 31	15 / 32	49 / 33	56 / 29	125

Nota: en las celdas figura en valores absolutos el número de alianzas, y entre paréntesis el porcentaje respecto del total de elecciones durante el sexenio. En el total se presenta el número total de alianzas registradas sobre el total de elecciones del sexenio. La distinción entre las alianzas anti-PRI y las megaanti-PRI residen en el número de integrantes de la alianza.

La evidencia indica que las más frecuentes son las alianzas de izquierda y las alianzas priistas. En menor medida, se han producido alianzas de derecha y alianzas anti-PRI. Estas últimas han deparado mucho la atención de los analistas, que incluso las han llegado a calificar negativamente con el mote de "alianzas antinatura". Pero más allá de la desafortunada calificación, las alianzas antipriistas han resultado victoriosas en seis ocasiones.

La primera alianza "anti-PRI", integrada por el PAN, el PRD y el PDM, nació en 1991, en el Estado de San Luis Potosí, pero no reunió siquiera el 3% de los votos válidos. La experiencia se repitió en el Estado de Tamaulipas en 1992, alcanzando esta vez el 26% de los votos. No obstante, la primera elección ganada por una "alianza antipriista" fue la de Nayarit en 1999, en la cual el PAN, el PRD, el PT y el PRS obtuvieron en total casi el 53% de los votos válidos.

La segunda alianza antipriista exitosa fue la de Chiapas en el año 2000; la "Alianza por Chiapas" integrada por el PAN, el PRD, el PVEM, el PT, Convergencia, PCD y el PSN alcanzó aproximadamente el 53% de los votos. En las elecciones del Estado de Yucatán, en 2001, sucedió algo similar: sumados los votos de todos los aliados (PAN, PRD, PT y PVEM) alcanzaron el 53.5%. Los últimos triunfos de las "alianzas antipriistas" se dieron el 4 de julio de 2010, en Oaxaca, Puebla y Sinaloa.

En las elecciones de Oaxaca, la alianza "Unidos por la Paz y el Progreso", integrada por CONV, el PT, el PRD y el PAN, que encabezaba el candidato de Convergencia Gabino Cué Monteagudo, se impuso con el 50.1% de los votos, frente al candidato de la alianza priista "Por la Transformación de Oaxaca" (PRI + PVEM), Eviel Pérez Magaña. Algo similar encontramos en Puebla, en donde el candidato de "Compromiso por Puebla" (PAN, PRD, CONV, PANAL), Rafael Moreno Valle Rosas, obtuvo el 50.4% de los votos, derrotando así al candidato de la alianza "Puebla Avanza" (PRI + PVEM), Javier López Zavala.

Sin duda, la alianza más polémica por sus implicaciones partidarias ha sido la de Sinaloa, en donde el candidato de "el Cambio es Ahora por Sinaloa", el novo ex priista Mario López Valdez, mejor conocido como "Malova", obtuvo casi el 52% de la votación. Lo que llama la atención de los analistas, en este caso, ha sido que la alianza antipriista integrada por el PAN, PRD y Convergencia postulase a un reciente ex priista.

Los triunfos de las alianzas antipriistas se caracterizan por la concurrencia de varios partidos detrás de un candidato común. Pero no son estas alianzas las que exclusivamente más integrantes presentan. El récord, sin duda, lo tiene la elección de Chiapas en el año 2000, pero los casos se repiten. En la Tabla 10.2 se resume el número de alianzas por sexenios según el número de partidos que las han integrado.

Tabla 10.2. Número de partidos integrantes
de alianzas por período presidencial

# de Partidos políticos	Sexenio observado			
	CSG 1988-1994	EZPL 1994-2000	VFQ 2000-2006	FCH 2006-2011
2	2 (50.00)	11 (73.33)	25 (51.02)	25 (86.2)
3	1 (25.00)	2 (13.33)	16 (32.65)	24 (82.7)
4	0	2 (13.33)	5 (10.20)	7 (24.1)
5	1 (25.00)	0	0	0
6	0	0	2 (4.08)	0
7	0	0	1 (2.04)	0
Total	4 / 31	15 / 32	49 / 33	56 / 29

Nota: en las celdas figura en valores absolutos el número de elecciones, y entre paréntesis el porcentaje respecto del total de elecciones durante el sexenio. En el total se presenta el número total de alianzas registradas sobre el total de elecciones del sexenio.

Además de la "Alianza por Chiapas", otras han competido integradas por un número importante de partidos. La candidatura común que encabezó Andrés Manuel López Obrador en el DF estuvo integrada por el PRD, PT, Convergencia, PCD, PSN y PAS. Con un número igual de integrantes, la "Alianza Electoral Unidos por Michoacán" respaldó la candidatura de Lázaro Cárdenas Bartel y estuvo integrada por PRD, PAS, Convergencia, PSN, PT y PVEM. Ambas resultaron victoriosas, con el 42 y el 43%, respectivamente.[109]

No ahondaremos más de lo que ya hemos ahondado sobre la política de formación de alianzas en los capítulos precedentes, pero aquí nos interesa averiguar si su número de integrantes tiene o no un efecto asociado al reparto de poder obtenido.

4. Hipótesis empíricas y especificación del modelo

La evidencia empírica presentada en los capítulos anteriores sugiere que la progresiva transformación del sistema político mexicano ha modificado las consideraciones estratégicas de las elites respecto a la presentación

---

[109]   En 1993, se registra otra gran alianza en Coahuila, integrada por cinco partidos: PRD, PARM, PDM, PACC y UCA. Pero a diferencia de las anteriores, no resultó victoriosa, obteniendo un magro 2.3% de los votos, y con excepción del PRD, ninguno de los demás partidos logró sobrevivir para la elección siguiente. En el Código Federal de Instituciones y Procedimientos Electorales (COFIPE), se establece en el Libro Segundo, Título Quinto las razones por las cuales un partido pierde su registro. Esta regulación estipula para los partidos con registro federal un umbral electoral mínimo del 2%. Recientemente, en las elecciones del 2006, el umbral fue reducido a 1.5%. En los Estados, el umbral es variable y oscila entre 1.5 y 4%. La supervivencia en la arena electoral, el mantenimiento del registro partidario que permite y habilita a participar en las elecciones, ha sido el incentivo de los partidos pequeños a entrar en alianza con los más grandes.

de sus candidaturas locales, provocando un aumento en la formación de alianzas electorales. La formación de las alianzas implica algún tipo de ganancia mutua. En general, la distribución de beneficios a los aliados que brindan su apoyo electoral es la forma de conseguir compañeros para las alianzas. En presencia de arenas de competencia anidadas, elecciones ejecutivas y legislativas concurrentes, los beneficios se materializan, entre otras cosas, en la distribución de cargos legislativos a los aliados del candidato triunfante. Como los partidos aliados forman luego bloques legislativos, o como se los denomina en México, "grupos parlamentarios", separados e independientes unos de otros, podríamos conjeturar que la formación de alianzas podría traer aparejado que el contingente legislativo del candidato que es elegido gobernador sea menor, proporcionalmente, al porcentaje de votos obtenido producto de la coordinación de apoyos electorales.

Sin embargo, las reducciones en los contingentes legislativos pueden deberse también a otros factores independientes de la conformación de alianzas, como han sido las reformas electorales[110] y las mermas en el caudal de apoyo del otrora partido hegemónico (Lujambio, 1996 y 1996). Por tal razón, se incluyen otras variables de control adicionales, que permiten cotejar y controlar el efecto que le imputo a la formación de alianzas.

De este modo, podemos conjeturar que el tamaño del contingente legislativo del partido del gobernador (CLPG), además de estar vinculado directamente con el volumen de votos obtenido, podría estar afectado por: a) el triunfo de un candidato respaldado por una alianza (ALEXI); b)

---

[110] Por ejemplo, la eliminación de las cláusulas de gobernabilidad que establecían para el ganador una mayoría legislativa asegurada o bien la introducción del impedimento de obtener una sobrerrepresentación superior al 8%.

el número de partidos integrantes de la alianza (NPALEXI) en cuestión; c) el cambio de signo político en el gobierno de un Estado (ALTER); d) la competencia electoral o el margen de victoria entre el primer y segundo contendiente (MV); y e) la magnitud del distrito (M), como variable fundamental. De la identificación de estas variables se derivan las siguientes hipótesis:

Hipótesis 1. El contingente legislativo del partido del gobernador respaldado por una alianza electoral tenderá a ser menor que el contingente legislativo de un gobernador respaldado por un partido político singular, debido a que las parcelas conseguidas deben repartirse entre los partidos aliados.

Hipótesis 2. Cuanto mayor sea el número de partidos que integran la alianza exitosa, menor tenderá a ser el tamaño del contingente legislativo del partido del candidato de la alianza ganadora, ya que aumenta el número de integrantes con los que hay que repartir el botín legislativo.

Para poner a prueba las hipótesis 1 y 2 propuestas, se especifica un modelo longitudinal con efectos fijos, con el fin de estimar el contingente legislativo del partido del gobernador en una elección en un Estado *i*, en un momento *t*, como una función de las covariables hipotetizadas.

Al no ser una muestra seleccionada en forma aleatoria de una población más amplia, debido a que todas las unidades de la muestra son al mismo tiempo todas las unidades de la población, y todas observaciones de cada unidad son todas las observaciones posibles para el período de tiempo analizado, los errores estándar de los coeficientes estimados están corregidos mediante la técnica *bootstrap*.[111] Las hipótesis pueden estimarse en los siguientes modelos:

---

[111]   Para una ampliación, ver Fitzmaurice, Laird y Ware (2004: 22-25). Un diseño completo es aquel que prevé que cada unidad sea observada en

$$H1: CLPG_{it} = a_i - b_1 ALEXI \pm b_k X_{it} + v_i + \varepsilon_{it}$$
$$H2: CLPG_{it} = a_i - b_1 NPALEXI \pm b_k X_{it} + v_i + \varepsilon_{it}$$

Donde CLPGit es el valor de la variable de respuesta contingente legislativo del partido del gobernador en el Estado i, en el momento t; ai es el valor de la ordenada al origen para cada Estado i (especificación de la heterogeneidad). Las b_1 son los coeficientes estimados de las covariables de las hipótesis: la variable ALEXI (alianza electoral exitosa) posee valor de 1 cuando el triunfo electoral corresponde a una coalición electoral, y asume el valor de 0 cuando el triunfo es partidario; la variable NPALEXI asume el valor del número de partidos que integran la alianza ganadora, asignando el valor de 1 cuando el triunfo corresponde a un partido que no forma alianza; los valores de b_k son los coeficientes estimados para un conjunto de variables X, en el que se incluye la variable ALTER que asume el valor de 1 cuando el partido ganador es diferente al partido en el gobierno del sexenio anterior, y 0 cuando es del mismo signo partidario; MV corresponde al margen de victoria de la elección, y M indica el valor de la magnitud efectiva promedio. Además, el modelo longitudinal incluye un término de residuos (ε_{it}) que se asume constante para todos los casos (homocedasticidad) y un término de residuos (v_i) diferente para cada unidad pero constante para las observaciones de la unidades.

El modelo con efectos fijos permite interpretar los coeficientes estimados como el cambio esperado en la variable de respuesta, por cada unidad de cambio en la variable independiente dentro de cada Estado (*within-effect*). La ventaja de este modelo reside en que los efectos de las variables explícitamente estimadas están siendo

---

el mismo momento que las demás; en cambio, un estudio balanceado es aquel en el que todas las unidades han sido observadas y no existe ningún valor perdido o *missing*.

controlados por todas las diferencias que existen entre los Estados, pero que no varían en el tiempo (*time-invariant differences*), de modo que los coeficientes estimados por el modelo de efectos fijos no están sesgados debido a potenciales variables omitidas (Kohler y Kreuter, 2005: 240), tales como por ejemplo variables de tipo socioeconómico o geográficas.

5. Evidencia empírica y discusión

Los resultados de los modelos estimados con el objeto de poner a prueba las hipótesis planteadas se presentan en la Tabla 10.3. Los modelos 1 y 2 difieren simplemente en el cambio de las variables ALEXI por NPALEXI, de modo que el segundo modelo refina las conclusiones del modelo 1, y no las corrige. En ambos casos, todos los coeficientes estimados tienen las pendientes esperadas por las hipótesis, y son estadísticamente significativos. La única excepción es la variable magnitud de distrito, que presenta la pendiente esperada pero la estimación no resulta discernibl de cero, estadísticamente.

El modelo 1 indica que los contingentes legislativos de los gobiernos que surgen de una alianza electoral coalición tienen en promedio 6 puntos porcentuales menos que los ganados por un partido en soledad, dentro de un intervalo de confianza que oscila entre -10 y -1, manteniendo el resto de los factores constantes. El modelo 2 ajusta la observación anterior, señalando que por cada partido que se agrega a la alianza en promedio el contingente del gobernador se reduce en 3 puntos porcentuales, con variaciones que oscilan entre 5 y 2 puntos.

Tabla 10.3. Estimación del impacto sobre el
contingente legislativo del partido del Gobernador.
Modelo de regresión longitudinal

	Modelo 1			Modelo 2		
	Coef. (s. e.)	IC (95%)		Coef. (s. e.)	IC (95%)	
Constante	.63 (.08) **	.46	.80	.62 (.03) **	.49	.82
ALEXI	-.06 (.02) **	-.10	-.01	-.03 (.00) **	-.05	-.02
ALTER	-.13 (.02) **	-.18	-.08	-.12 (.02) **	-.17	-.07
MV	.30 (.07) **	.16	.44	.30 (.06) **	.17	.43
M	-.01 (.01)	-.04	.00	-.01 (.01)	-.04	.00
Rho	.27			.14		
R2 *within*	.64			.67		
R2 *between*	.39			.36		
U de Obs.	32			32		
N de Obs.	121			121		

Nota: * significativo a $p < .05$. ** significativo a $p < .01$.

Ambos modelos plantean una asociación entre el
CLPG y el margen de victoria y la alternancia o triunfo
de un partido de opositor. Por un lado, la alternancia está
fuertemente asociada a una reducción del CLPG: las elecciones que dan el triunfo a partidos de oposición instalan
gobiernos con un CLPG menor en 13 puntos porcentuales
a los triunfos oficialistas.[112] Del mismo modo, una elección

---

[112]   La relación entre alternancia y el tamaño del contingente legislativo del
partido en el gobierno es estrictamente empírica, y no hay elementos
teóricos que la sugieran como necesaria. No obstante, la alternancia ha
sido considerada un indicador esencial del cambio político en México, y
en este sentido, está fuertemente correlacionada con los cambios en la
distribución del poder. Incluso, en la mayoría de las discusiones sobre
la transición mexicana, la alternancia es considerada el factor decisivo
del fin del sistema de partido hegemónico. De este modo, no es extraño
ni absurdo la constatación de este patrón empírico.

completamente competitiva, en relación con una elección
sin competencia, está asociada a una reducción del CLPG
en 30 puntos; o dicho de otro modo más tangible: cada
punto de reducción del MV induce una reducción en 3
puntos porcentuales del CLPG. En este caso, la estimación
es sólo una indicación del efecto, ya que no se trata de
una relación lineal en sentido estricto. Los coeficientes
estimados de los modelos presentan el signo esperado, son
estadísticamente significativos, y contribuyen a explicar
la varianza de la variable dependiente al interior de cada
unidad de observación en un 64 y un 67%, respectivamente.

El dato curioso es lo no significativo de la relación
entre M y CLPG, cuando esto debería ser una relación
necesaria. En primer lugar, el coeficiente estimado tiene
la pendiente esperada: a mayor M, menor CLPG. Por otra
parte, cuando estimamos el impacto de M por medio de
un modelo aleatorio donde no se asumen efectos anidados
a las características de los Estados, el coeficiente estimado
no modifica su pendiente pero adquiere significatividad
estadística. En este sentido, ello se debe probablemente a
la correlación existente entre algunas características de los
Estados y M, o al hecho de que M es, en la mayoría de los
casos, constante a lo largo del tiempo en cada Estado, de
modo que una variación en el CLPG no se puede deber a
una constante. Pero al eludir el control del efecto dentro
de los Estados, las diferencias observadas en M *entre* los
Estados tienen una asociación estadísticamente significativa con el CLPG respectivo observado.

En resumen, la evidencia ofrecida permite concluir
que la formación de alianzas tiene un impacto robusto
sobre el contingente legislativo del gobierno (CLPG), que
se suma al proceso de reducción de gobiernos unificados debido a los cambios en el contexto político-electoral
ya demostrados en sus diferentes trabajos por Lujambio
(1996 y 1996). Y se demuestra también que su impacto es

cualitativo y cuantitativo.[113] Por un lado, el triunfo de una alianza está fuertemente correlacionado con la disminución de CLPG. Por el otro, la reducción se ve mermada aun más si éste ha sido respaldado por una alianza en la cual muchos partidos han participado, y esta merma será mayor cuanto mayor sea el número de integrantes de esa alianza. De este modo, se puede establecer con algo de precisión que los gobernadores electos por medio de una alianza han logrado sumar votos repartiendo escaños.

6. El ascenso de los gobiernos sin mayoría en los Estados mexicanos

Al mismo tiempo que la política de alianzas emerge, la relación de los gobiernos estatales con sus congresos se ve alterada. A lo largo de este período, se produjo una erosión de las condiciones que facilitaban la formación de los gobiernos unificados que caracterizaban al presidencialismo mexicano (Carpizo, 1978; Casar, 1996; Silva Herzog, 2002).

Durante el sexenio de CSG, 28 de 31 Estados tuvieron gobernadores que ganaron elecciones y al mismo tiempo lograron conquistar una mayoría legislativa. Los otros casos corresponden al triunfo del panista Ruffo Appel en Baja California, cuyo partido no logró la mayoría de los escaños (Guillén López, 1996), y la victoria del priista Mercado Romero en Baja California Sur, que tuvo que convivir con un congreso con mayoría de legisladores del PAN (Garmendia, 1996). El tercer caso corresponde al polémico Estado de Guanajuato, en donde el gobernador del

---

[113] Solt (2004), en un estudio que vincula el pluralismo de partidos en la arena electoral con el pluralismo de partidos en la arena legislativa, introduce en su modelo la variable "magnitud efectiva" como indicador de las diferencias en los sistemas electorales subnacionales.

PAN debió asumir con una legislatura mayoritariamente
priista (Rionda, 1996).

Durante el sexenio de EZPL, del total de elecciones
para elegir gobernador o jefe de gobierno, veinticuatro
produjeron un resultado de "gobierno unificado". Las restantes elecciones arrojaron o bien gobiernos divididos, o
bien gobiernos sin mayoría: Guanajuato, Querétaro, Sonora,
Zacatecas, Tlaxcala, otra vez Baja California Sur, el Estado
de México y Nayartir.[114]

Para el sexenio de VFQ, tan sólo dieciocho son los
gobernadores que arribaron al Ejecutivo del Estado acompañados de mayorías legislativas en sus respectivos congresos.[115] No es este el lugar para desarrollar una extensa
observación sobre la experiencia de los gobiernos divididos
a nivel local, que por otra parte está bien documentada en
la literatura politológica (cfr. Lujambio *et al.*, 1996; Casar
y Marván, 2002). Lo que se quiere resaltar es la magnitud
de los cambios políticos en la distribución del poder local.

Este proceso se ve reflejado también cuando comparamos la media del contingente legislativo del partido
de gobierno por sexenios. Durante el sexenio de CSG, los
partidos de los gobernadores electos alcanzan en promedio
el 67% de las curules de los congresos locales; en las elecciones intermedias siguientes, bajo esos mismos gobiernos,
el contingente legislativo de los gobernadores se reduce en
10 puntos porcentuales en promedio. Para el sexenio de
EZPL, los contingentes legislativos en promedio alcanzan

---

[114] A la lista se pueden sumar los Estados de Chihuahua y Aguascalientes,
pero a diferencia de los otros, los gobiernos divididos en ellos se produjeron en elecciones intermedias (cfr. Aziz Nacif, 1996; Reyes Rodríguez,
1996; Lujambio, 2006).

[115] A ellos se pueden sumar las pérdidas de mayoría legislativas en elecciones intermedias en Jalisco, Morelos y Tabasco; así como descontar
la recuperación de mayorías para los gobernantes del Distrito Federal
en el 2003 y Yucatán en el 2004.

el 52% para las elecciones legislativas concurrentes con las elecciones de gobernador, y el 51% para las elecciones de medio término. Finalmente, para el sexenio de VFQ, el promedio de los contingentes legislativos de los gobernadores electos fue de 49%, mientras que en las elecciones intermedias la proporción fue en promedio de 44%.[116]

Por otra parte, si comparamos los contingentes legislativos por sexenio y discriminamos el resultado entre alianzas ganadoras y partidos ganadores, podemos corroborar en forma contundente las diferencias encontradas. En todos los sexenios, las diferencias encontradas entre los contingentes legislativos de las alianzas ganadoras (obtenidos por el partido identificado como partido del gobernador) son inferiores a los contingentes obtenidos por los partidos ganadores en forma solitaria.

---

[116] En la medida que se amplió la proporción de legisladores elegidos en los distritos plurinominales por representación proporcional, aumentó el número de partidos que ingresaron a las legislaturas y se redujo la probabilidad de que el partido ganador se llevara la mayoría absoluta de los escaños. Esto permite observar la relevancia que han tenido las reglas de conversión, tanto en la calidad representativa y en el proceso de deshegemonización del sistema de partidos como en la propensión a disminuir el poder de los ejecutivos. Esta propensión se modifica en cada elección producto de cada reforma electoral (1991; 1994; 1997). Así, la cláusula de gobernabilidad de 1991 le adjudicaba la mayoría al partido ganador que obtuviera una votación por encima del 35% (251 escaños de 500, esto es, 50.2%). La reforma de 1994 reemplazaba el premio supermayoritario por un sistema más proporcional que impedía al partido ganador, cualquiera sea su total de votos, obtener más del 60% de la cámara (300 escaños). En 1997, se agregaba a la cláusula de tope de 300 escaños de 1994 una cláusula que impedía una sobrerrepresentación superior al 8% para cada partido (para un análisis en profundidad, ver Molinar Horcasitas y Weldo, 2001).

Tabla 10.4. Contingente legislativo del partido de gobierno, según triunfo de alianza o partido, por sexenio presidencial

Triunfo	Sexenio observado				TOTAL
	CSG 1988-1994	EZPL 1994-2000	VFQ 2000-2006	FCH 2006-2011	
Partido	.67 (.09)	.54 (.11)	.54 (.07)	.47 (.06)	.58 (.12)
Alianza		.38 (.21)	.46 (.16)	.42 (.15)	.43 (.16)
Total	31	32	33	29	125

Fuente: elaboración propia.
Nota: en las celdas figura el promedio del contingente legislativo del partido del gobernador, y entre paréntesis el desvío estándar. En el total figuran las elecciones observadas en cada sexenio.

7. Análisis de casos

Un ejemplo extraído de entre muchos otros posibles permite ilustrar con mayor precisión los argumentos esbozados y los resultados estadísticos que los respaldan. En la elección de Tlaxcala del año 1992, el Partido Revolucionario Institucional (PRI) ganó la elección para elegir al gobernador del Estado con el 85.7% de los votos. En la misma elección, obtuvo el 73.3% de los curules del congreso estatal. En la siguiente elección legislativa intermedia del año 1995, el PRI retuvo el 59.38% de los curules, lo que a pesar de la merma en la proporción de curules le permitía seguir manteniendo la mayoría en el congreso. En las siguientes elecciones de gobernador de 1998, en el mismo Estado de Tlaxcala, el PRI obtuvo el 44% de los votos, mientras que su inmediato contrincante, el Partido de la Revolución Democrática (PRD), obtuvo el 35% del total de los sufragios emitidos. Sin embargo, y a pesar de haber obtenido menos votos que el PRI, el candidato vencedor y, a la postre, gobernador para el sexenio siguiente, resultó ser el perredista (ex priista) Alfonso Abraham Sánchez Anaya. Si bien el PRD había obtenido menos votos que el PRI, la formación de una candidatura común junto al Partido Verde Ecologista de México (PVEM) y al Partido del Trabajo (PT) permitió que el candidato de la oposición obtuviera en total el 46.52% de los sufragios positivos, superando de este modo al candidato del PRI por apenas 2.52 puntos porcentuales de diferencia. Así, el nuevo gobernador era electo producto de lo que podemos señalar como una formidable "coordinación electoral exitosa" (Cox, 1997) entre algunos partidos políticos de oposición.

Pero como suelen afirmar los economistas, "no hay almuerzos gratis" (*"there is no free lunch"*). Los partidos aliados del PRD, el PVEM y el PT, a cambio del respaldo electoral al candidato triunfante, obtuvieron una proporción de escaños legislativos importante: el 3.3% de los escaños se adjudicaron al PVEM, y el 9.8% de los escaños de la alianza ganadora los recibió el PT. Los legisladores pertenecientes al partido del gobernador (PRD) fueron tan sólo el 25% del total de los miembros del congreso estatal, a pesar de que el PRD había recibido singularmente 10 puntos porcentuales más de votos (35%). Por otra parte, pese a haber perdido el gobierno del Estado, el PRI logró retener la mayoría de los curules (53%).

Lo sucedido en el Estado de Tlaxcala en esa elección no es un caso aislado, ni extraordinario, sino que ilustra la secuencia causal identificada para explicar un patrón observable en gran parte de los Estados mexicanos. Una vez más, la secuencia es la siguiente: un cambio político encarnado en el proceso paulatino de "despriificación" produjo la intensificación de la competencia partidaria que incentivó la formación de alianzas electorales, que en la mayoría de los casos afectaron la distribución de los escaños. Y a su vez, ese mecanismo de asociación contribuyó a la aparición de gobiernos divididos o sin mayorías legislativas antes inexistentes.

Para demostrara que Tlaxcala no es un caso aislado ni extraordinario de pagos colaterales a los aliados, veamos algunos casos más. La ya citada mega "Alianza por Chiapas" estuvo integrada por siete partidos. Los resultados le dieron el triunfo con más del 52% de los votos a la alianza, pero el reparto de escaños entre sus miembros fue el siguiente: el PRD recibió 17.5% de los escaños; el PAN, el 12.5%; el PT, el 5%; el PVEM, el 2.5%; y el PAS, otros 2.5%. Los demás partidos de la alianza no obtuvieron escaños. De modo que el CLPG de Salazar Mendiguchía, si se lo identifica con el PAN, llegó tan sólo al 12.5%. El mismo cálculo aplicado al PRD hubiese dado un CLPG reducido.

Las elecciones de Oaxaca del 2010 que llevaron a Gabino Cué Monteagudo a la gobernación reproducen el mismo resultado. La alianza "Unidos por la Paz y el Progreso" obtuvo el 50.1% de los votos. Con esa votación obtuvieron en total la mayoría de los escaños el 54.7% (un total de 23 sobre 42), pero el reparto entre los aliados arrojó once escaños para el PAN, nueve para el PRD y tres para Convergencia, el partido del candidato electo, lo que lo deja a su partido en posesión de un 7.1% de los escaños.

Las elecciones de julio del 2010 pusieron dos casos ejemplares más para nuestro análisis. En Sinaloa, la alianza electoral integrada por el PAN, el PRD y Convergencia obtuvo el 52% de los votos, permitiendo así que su candidato resultase electo (el famoso caso, antes citado, de "Malova"). No obstante, el reparto de los escaños no fue tan favorable. De los cuarenta cargos en disputa, la alianza obtuvo quince, de los cuales doce fueron para el PAN, dos para el PRD y uno para Convergencia. No importa cómo contemos el CLPG de Malova, pues es de todos modos reducido, pero como todo indica que se ha afiliado al PRD, su partido sólo posee el 5% de los escaños legislativos.

Estos casos ilustran de manera concreta lo que para algún lector los modelos presentan en forma muy abstracta, pero firme y precisa. Los contingentes legislativos de los partidos de los gobernadores electos gracias a la formación de una alianza electoral son menores en tamaño que los contingentes legislativos de los partidos que ganan sin formarlas.

8. Conclusión

Los partidos políticos que integran la alianza, y que por ello logran la elección de algún representante en la legislatura, forman bloques separados e independientes unos de otros. En consecuencia, la formación de la alianza con el objetivo de sumar votos tiene como contrapartida que el contingente legislativo del gobernador sea menor que su propio caudal de votos, y en forma indirecta, contribuye a la formación de gobiernos sin mayoría legislativa. En este sentido, los gobernadores reciben un mayor caudal de votos al que su propio partido posee, y al mismo tiempo, un contingente legislativo cada vez menor, producto de las concesiones que tienen que hacer para conseguir esos votos adicionales que otros partidos más pequeños pueden aportar. De este modo, la formación de alianzas electorales permite a los partidos grandes aumentar sus posibilidades de triunfo electoral, y a los partidos aliados, aumentar su poder en la legislatura. Por otra parte, la existencia de las alianzas electorales no siempre se cristaliza en la formación de coaliciones de gobierno. Antes bien, como el comportamiento electoral de algunos partidos lo demuestra, y en especial el PVEM, los cambios de aliados suelen ser frecuentes entre sexenio y sexenio, y variable entre los

Estados. Las consecuencias políticas de este resultado no han sido exploradas aquí, y una agenda de investigación futura arrojará resultados promisorios acerca de la probabilidad de que una alianza electoral se constituya en forma estable en coalición de gobierno.

Capítulo 11
Conclusiones

Las alianzas electorales han venido a la política mexicana para quedarse. La abrumadora evidencia empírica que he encontrado y ofrecido indica que este tipo de comportamiento electoral se ha venido reproduciendo con mayor frecuencia y en forma exponencial. Una vez que ha demostrado su utilidad, se ha convertido en una estrategia dominante, y una vez que esto ha sucedido, el resultado de equilibrio ha sido la presencia de alianzas electorales en todas las elecciones. También es cierto que cuando los partidos no las hacen, las hacen los electores. Y ello ha promovido que los partidos, anticipándose al abandono electoral al que los electores podrían someterlos, han reforzado su disposición a hacer alianzas. Si se quiere, este libro ha confirmado, presentado evidencia y demostrado que esta es la dinámica de la formación de las alianzas electorales en los Estados.

De este modo, es posible sostener que la racionalidad de los actores políticos se refleja en su orientación pragmática por encima de cualquier consideración purista y normativa de la política en un eje ideológico unidimensional izquierda-derecha. Se ha afirmado, por ejemplo, que en el proceso de transición, el PAN apostó por un una democratización gradual y reformista, mientras que el PRD desplegó una "estrategia rupturista", que lo condujo a la imposibilidad de cooperación. Incluso se concluye que "estas diferencias estratégicas ayudan a entender también la casi

total ausencia de acuerdos y formas de cooperación entre
los partidos de oposición" (Gómez López, 2003: 246). En
al actualidad, de manera antagónica, algunos ven que las
alianzas constituidas por el PAN y el PRD con el objetivo
de derrotar al PRI se hacen en contra de la naturaleza de
la política (alianzas contranatura).

La evidencia desafía a ambas afirmaciones, y en su
lugar se puede sostener que la propensión a formar alianzas
de los partidos políticos mexicanos puede considerarse, entonces, como un indicador de su proporción de orientación
pragmática en el eje priismo-atipriismo, paralelamente a
su posición ideológica en el eje izquierda-derecha. Como
la investigación lo detalla, ha habido en menor medida
"alianzas de derecha" que "alianzas de izquierda". De hecho, ha habido de modo mayoritario una tendencia a la
formación de "alianzas de izquierda", aunque en los últimos
sexenios las "alianzas priistas" se han puesto a tono con la
contienda para enfrentar a las "alianzas antipriistas". Estos
cuatro tipos de alianzas dominan la política electoral de
los Estados mexicanos.

Más allá de las imágenes fuertemente ideológicas y
polares que, por ejemplo, las elites nacionales del PRD y
del PAN se han encargado de proyectar, estos partidos han
llegado a acuerdos políticos importantes en materia de
candidaturas conjuntas: en efecto, como se mencionó, en
catorce elecciones sumaron sus esfuerzos, y esas alianzas
seguirán formándose en la medida que lo requieran. El
pragmatismo político que induce a la estrategia aliancista
competitiva no se agota en los partidos más grandes. Los
partidos de tamaño más pequeño han mostrado un pragmatismo aun más estratégico, y han sabido ser compañeros
de ruta de partidos diferentes en diferentes ocasiones y en
el mismo sexenio.

A lo largo del libro se ha intentado demostrar que
la formación de alianzas electorales tiene múltiples

consecuencias para el funcionamiento del sistema de partidos y la competencia electoral en el ámbito subnacional. En términos generales, las alianzas electorales producen un impacto directo sobre la oferta electoral, dándole una forma muy peculiar al reducir el número de contendientes, sin disminuir por ello el número de partidos políticos que permanece en el mercado electoral. Al mismo tiempo, las alianzas electorales también afectan la demanda electoral: cuando se forman alianzas, los votantes tienen menos opciones para elegir, de modo que también disminuyen sus problemas para coordinar sus votos entre las alternativas en disputa. Por el contrario, cuando la formación de alianzas fracasa, el número de alternativas es mayor, de modo que los problemas de coordinación de los electores aumentan, abriendo la puerta a resultados electorales muy aleatorios y fortuitos con un alto desperdicio de votos.

I

Uno de los impactos significativos de la formación de alianzas recae en la competitividad electoral. La formación de alianzas, tanto de signo opositor como oficialistas, puede verse como una respuesta que los partidos políticos dan a los cambios que experimenta el escenario electoral, y contribuyen, al mismo tiempo, a transformarlo en uno más competitivo. En su afán de conquistar el poder o de mantenerlo, los partidos políticos más grandes coordinan sus esfuerzos con otros partidos con el objetivo de derrotar a sus adversarios. De este modo, la competencia electoral se vuelve cada vez más reñida. Allí donde se percibían o esperaban oportunidades de derrotar al PRI juntando votos, se presentaron alianzas electorales relevantes que mejoraron las posibilidades de éxito, aunque no siempre dieron un resultado ganador. Pero los resultados fueron

cada vez más ajustados entre el ganador y su inmediato
rival, y produjeron una reacción de ajuste de estrategias
que condujo a que el formato alianza domine la escena.
La evidencia presentada ayuda a comprender que el cambio político ha contribuido a la formación de alianzas, y
a la inversa, la importancia que las alianzas electorales
han jugado en los procesos de cambio político en México.
Así, se puede afirmar que el aumento de la competencia
electoral generó un fuerte incentivo para la formación de
alianzas electorales, y esas alianzas, a su vez, produjeron un
aumento en la competitividad de los resultados electorales.

II

Dado el aumento de la competitividad electoral, los
partidos políticos que buscan el gobierno se ven en la
necesidad de formar alianzas para aumentar sus posibilidades de éxito. Esta necesidad los obliga a negociar con los
partidos que respaldarán a su candidato, sumando votos
en la elección de gobernador. La formación de alianzas
electorales, de este modo, impone un costo de transacción
importante al partido que la encabeza. Los partidos que
se suman detrás de un candidato común esperan algún
beneficio por el respaldo electoral que le brindarán, de
modo que las elecciones de los congresos locales que se
realizan en forma concurrente con la elección del gobernador ofrecen una instancia de pagos colaterales para
distribuir recompensas por sumar las voluntades de los
partidos aliados, afectando de este modo la distribución
de los escaños.

Los partidos políticos que integran la alianza y logran
al mismo tiempo la elección de algún representante en la
legislatura forman bloques legislativos o, como se los denomina en México, "grupos parlamentarios" separados e

independientes unos de otros. Si bien el candidato ganador se ve beneficiado por la coordinación de esas fuerzas electorales, ello no significa que los aliados en la arena electoral sean aliados en la arena legislativa. Y como suelen decir los economistas, "no hay almuerzos gratis", la formación de la alianza con el objetivo de sumar votos requiere pagos colaterales a los compañeros de ruta que se materializan en la distribución de las candidaturas legislativas, mermando el potencial contingente legislativo del gobernador y contribuyendo a la formación de gobiernos sin mayoría legislativa. De este modo, las alianzas electorales tienen consecuencias en la distribución del poder político, en especial, sobre el contingente legislativo del partido del gobierno. Este fenómeno abre una agenda renovada de investigación acerca de la lógica de formación de alianzas electorales y el papel que ellas juegan en la elaboración de la política pública, así como su probable relación con la conformación de coaliciones de gobiernos, estables o inestables. Sobre el tema, no está nada dicho aún.

III

La alternancia experimentada en varios gobiernos de los Estados y el aumento de elecciones cada vez más reñidas vinieron acompañados de un cambio en la oferta político-electoral. Desde luego, el hecho de que haya habido alternancia y que los resultados electorales sean cada vez más reñidos ya son en sí mismos indicadores de que el monopolio de la oferta político-electoral se derrumbó, y el sistema de partidos experimentó una transición de un sistema no competitivo hegemónico a uno competitivo pluralista.

Dado que los candidatos de algunos partidos pueden retirarse en favor de otros candidatos estableciendo alianzas electorales, el número de partidos permanece muy por encima del "equilibrio duvergeriano" esperado de dos partidos, mientras que el número de candidatos se reduce producto de las alianzas entre los partidos. Sucesivamente, los electores, con sus decisiones de voto, seleccionan dentro de la oferta política existente a quienes favorecerán, contribuyendo a producir una reducción adicional sobre el número de competidores. Así, los sistemas de mayoría relativa en distritos uninominales podrían conducir a la reducción del número de candidatos a dos, pero no por ello a un sistema bipartidista. El número de candidaturas tiende a reducirse a medida que la coordinación electoral se vuelve la estrategia dominante en el sistema de partidos, pero ello paradójicamente se produce en presencia de un sistema multipartidista que no cede a la "presión duvergeriana". Por esa razón, las alianzas electorales permiten tener como resultado un sistema multipartidista, pero con pocas candidaturas.

IV

El análisis desarrollado revela que la coordinación electoral en forma de alianzas y alianzas electorales entre los políticos ha ido en aumento, con el objetivo de reducir el número de competidores, y con ello, obtener un mejor resultado electoral. Si los partidos no forman alianzas, entonces recae en los electores llevar adelante el proceso de reducción de candidaturas. De este modo, cuanto mayor sea el número de candidaturas, mayor será el efecto que el voto estratégico tendrá. A la inversa, cuanto menor sea el número de candidaturas, menor será el margen para el voto estratégico. En otras palabras, la oferta política tiene un impacto directo sobre el lado de la demanda política.

La coordinación partidaria contribuye a reducir el número de alternativas a disposición del electorado. Si no lo hacen los partidos, lo tendrán que hacer los electores. Cuando los electores coordinan sus votos, aumenta el número de votos que se dirige hacia las alternativas con más posibilidades de ganar, con el objetivo de aumentar la utilidad del voto. Por el contrario, allí donde los electores no coordinen, el número de votos se dispersará entre diferentes alternativas, con su consiguiente desperdicio.

La reducción de los competidores, producto de las alianzas que forman los partidos, implica, en consecuencia, que los electores tienen menos para elegir. Y si los electores tienen menos para elegir, pueden considerar que el sistema es menos satisfactorio en reflejar sus preferencias más cercanas. Entonces se produce una paradoja que merece ser presentada como tal: en la medida que los partidos formen alianzas, facilitarán el trabajo de los electores a la hora de votar, pero a costa de una disminución de las alternativas electorales. La coordinación electoral instala un fuerte *trade-off* entre la utilidad del voto y la variedad de la oferta electoral.

V

Tal y como lo supone la Ley de Duverger, las consideraciones estratégicas de los electores producen una transferencia de votos desde los terceros partidos hacia los dos partidos más grandes, conduciendo a largo plazo a la formación de un sistema bipartidista. Sin embargo, este no es siempre el caso. Aunque la deserción desde los terceros partidos se produce por parte de algunos votantes (los estratégicos), la formación de alianzas evita que los terceros partidos sean castigados, y de este modo, puedan sobrevivir a costa de retirar sus candidaturas en favor de los candidatos más aventajados.

Lo que se ha podido observar es que cuanto mayor es el margen de victoria del partido ganador respecto de su inmediato rival, menor es la distancia entre el segundo partido y el tercero. En otras palabras, cuanto menos reñida es la pelea por el primer puesto, más reñida es la pelea por el segundo lugar. La relación inversa también encuentra evidencia que la respalde, pero con una mayor variación y heterogeneidad de resultados. Esta heterogeneidad permite separar los resultados competitivos en los cuales son tres los partidos que llegan cerca, de los resultados en donde prevalecen sólo dos en desmedro de los terceros. Tanto en forma transversal como diacrónica, la evidencia empírica respalda la consecuencia observacional de este patrón de transferencia de votos.

VI

Cuando las alianzas electorales, tanto a nivel de la elite y como a nivel del electorado, fallan en formarse, se produce un aumento del volumen de votos desperdiciados. La evidencia respalda la conjetura respecto de la relación existente entre el sistema de partidos, la reducción que realiza la elite al disminuir la oferta electoral y la minimización del desperdicio de votos. Los sistemas bipartidistas producen una menor cantidad de desperdicio de votos que los demás formatos y, al mismo tiempo, la formación de alianzas mediante la reducción de la oferta electoral contribuye a reducir la posibilidad de que los electores dispersen sus votos y los desperdicien.

El desperdicio del voto se da en aquellas situaciones en donde si los electores hubiesen invertido su voto en otra alternativa habrían alterado el resultado electoral.

Si el partido ganador no superó en votos a la suma de los dos rivales inmediatos, entonces algún otro partido pudo haberle ganado si algunos de los electores de otros partidos hubiesen abandonado sus primeras preferencias y volcado su apoyo sobre su candidatura. El resultado, de este modo, es inestable, porque el partido ganador podría haber sido derrotado por una mayoría electoral estratégica.

Si no existe coordinación, puede darse el caso en donde un partido con el 30% de los votos podría ganar la elección, a pesar de que el 70% de los electores no lo prefieren. Si hubiesen coordinado, lo podrían haber derrotado. Así es como se produce un resultado inestable y con un alto desperdicio de votos. El resultado paradójico e inestable teóricamente planteado encuentra el caso más ilustrativo en la elección del Distrito Federal del año 2000, en donde el triunfo de Andrés Manuel López Obrador se debió más a un fallo de coordinación del electorado que de la elite. La alianza que respaldó al candidato ganador estuvo integrada por cinco partidos (PRD + PT + CV + PCD + PSN + PAS) y obtuvo el 35% de los sufragios; mientras que el rival inmediato, Santiago Creel, de la "Alianza por el Cambio" (PAN + PVEM), obtuvo el 34% de los votos positivos. Partiendo del supuesto de que del 23% de los votantes del PRI no todos eran votantes duros o expresivos, quizás un mínimo de electores instrumentales o estratégicos podrían haber alterado el resultado de esa elección. En este caso, la coordinación de la elite partidaria fue importante, como lo ilustran las dos grandes alianzas conformadas. Sin embargo, los electores dispersaron sus votos y produjeron un resultado electoral en donde el 65% de los electores no votaron por el ganador. Este es un ejemplo preciso en donde un fallo de coordinación electoral conduce a un resultado que podría haber sido muy diferente, pues el ganador real hubiera sido derrotado por una potencial mayoría.

VII

El estudio en torno a la conformación de las alianzas electorales y sus consecuencias políticas es todavía incipiente. El trabajo aquí presentado sólo ha comenzado a intentar llenar esa laguna. Por razones de tiempo, y seguramente de impaciencia y falta de talento personal, quedan abiertas muchas preguntas que más discusión teórica e investigación empírica podrán resolver con mayor precisión.

En este sentido, queda abierta la agenda para analizar, por ejemplo, en qué medida las alianzas electorales ayudan y facilitan, o entorpecen y dificultan, la formación de coaliciones de gobierno, y con ello, la elaboración de la política pública en los Estados. Por otra parte, en qué medida algunos cambios en las reglas electorales, el tipo de regulación del financiamiento de los partidos políticos y el sistema de registro pueden afectar la formación de alianzas o bien contribuir a la fusión de partidos políticos.

Estas son tan sólo algunas preguntas que la investigación en este punto sugiere. No obstante, la discusión teórica y la evidencia empírica presentada a lo largo de este libro permiten entender, en gran parte, la dinámica que ha adquirido la competencia electoral y el sistema de partidos en los Estados mexicanos. Será cada vez más común observar que el PRI, el PAN y el PRD, en diferentes Estados, formen alianzas junto a partidos más pequeños para incrementar sus probabilidades de éxito. Del mismo modo, ya es común observar que los partidos más pequeños se asocian con estos para mejorar sus probabilidades de supervivencia.

La emergencia de alianzas entre el PAN y el PRD, con el objetivo de derrotar al PRI en aquellos Estados en donde no se han experimentado transiciones aún, será cada vez más altamente probable, de forma contradictoria con las imágenes públicas e ideológicas que estos institutos políticos proyectan sobre el electorado. Pero no sería descabellado observar que en algunos Estados el PRI se convierta en socio de alguno de esos partidos con el objetivo de derrotar al tercero en discordia. Si no lo hiciera la elite, de todos modos lo terminará haciendo el electorado.

En suma, de no mediar una reforma electoral profunda que modifique los incentivos actuales, los sistemas de partidos subnacionales tenderán a estar compuestos por muchos partidos pero con una convergencia a formar amplias alianzas electorales detrás de dos candidaturas. Los partidos se juntarán para ganar, produciendo consecuencias en la competencia y en el mismo sistema de partidos. Seguramente unirán sus fuerzas electorales para producir algún resultado mejor que el que podrían obtener si compitieran de manera solitaria. Así, priistas y antipriistas, izquierda y derecha, son los ejes en los cuales se puede dar la suma de fuerzas. Que sumen sus fuerzas no implicará que se fusionen, o que cada uno pierda su identidad como unidad diferenciada. Para evitar ello, se toman sus recaudos bajo el diseño institucional vigente. Es fundamental para los partidos políticos ir a la competencia electoral "juntos, pero no revueltos".

Alianzas electorales en los Estados, 1988-2011

Estado	Año	% de votos	Nombre de la alianza	Partidos integrantes
Guanajuato	1991	7.73	Candidatura común	PRD-PPS
San Luis Potosí	1991	2.28	Coalición Demócrata Potosina	PAN-PDM-PRD
Tamaulipas	1992	25.80	Candidatura común	PAN-PRD
Coahuila	1993	2.30	Candidatura común	PARM-PRD-PDM-PACC-UCA
San Luis Potosí	1997	8.57	Candidatura común	PRD-NPP
Nuevo León	1997	3.15	Candidatura común	PRD-PVEM
Chihuahua	1998	1.04	Candidatura común	PT-CONV
Aguascalientes	1998	1.97	Candidatura común	PT-PVEM
Veracruz	1998	5.98	Candidatura común	PT-PVEM
Tlaxcala	1998	46.52	Candidatura común	PRD-PT-PVEM
Baja California Sur	1999	55.90	Candidatura común	PRD-PT
Guerrero	1999	49.78	Coalición	PRI-PRS
Guerrero	1999	47.70	Coalición	PRD-PT-PRT
Hidalgo	1999	32.00	Candidatura común	PAN-PVEM
Hidalgo	1999	14.56	Candidatura común	PRD-PT
Estado de México	1999	35.48	Alianza por el Cambio	PAN-PVEM

Estado	Año	% de votos	Nombre de la alianza	Partidos integrantes
Estado de México	1999	22.02	Candidatura común	PRD-PT
Nayarit	1999	52.95	Candidatura común	PAN-PRD-PT-PRS
Coahuila	1999	34.68	Candidatura común	PAN-PRD-PT-PVEM
Chiapas	2000	52.66	Alianza por Chiapas	PAN-PRD-PVEM-PT-PCD-CONV-PSN
Distrito Federal	2000	42.32	Candidato común	PRD-PT-CONV-PSN-PAS
Distrito Federal	2000	34.02	Alianza por el Cambio	PAN-PVEM
Guanajuato	2000	6.71	Alianza 2000	PRD-PT-PAS-CONV
Morelos	2000	12.98	Alianza por Morelos	PRD-PSN-CONV-PCD
Baja California	2001	49.88	Alianza por Baja California	PAN-PVEM
Baja California	2001	2.96	Alianza Ciudadana	PAS-CONV
Michoacán	2001	43.10	Coalición Electoral Unidos por Michoacán	PRD-PAS-CONV-PSN-PVEM-PT
Tabasco	2001	46.45	Alianza por el Cambio de Tabasco	PRD-PT
Yucatán	2001	53.50	Candidato común	PAN-PRD-PT-PVEM
Campeche	2003	1.69	s.n.	PRD-MP
Colima	2003	51.92	Alianza con Gustavo Vázquez Montes	PRI-PVEM-PT
Colima	2003	48.07	Alianza Todos por Colima	PAN-PRD-ADC
Nuevo León	2003	56.65	Alianza Ciudadana	PRI-PVEM-FC-PLM
Querétaro	2003	43.03	Alianza para Todos	PRI-PVEM

Estado	Año	% de votos	Nombre de la alianza	Partidos integrantes
Querétaro	2003	6.74	Alianza con la Sociedad Civil	PRD-MP
San Luis Potosí	2003	38.80	Candidatura común	PRI-PVEM-PSN
San Luis Potosí	2003	15.49	Candidatura común	PRD-PT-PAS-CONV
Sonora	2003	46.00	Candidatura común	PRI-PVEM
Aguascalientes	2004	36.19	Alianza Contigo	PRI-PVEM-PT
Aguascalientes	2004	6.89	Viva Aguascalientes	PRD-CONV
Chihuahua	2004	57.71	Alianza con la Gente	PRI-PVEM-PT
Chihuahua	2004	42.28	Todos Somos Chihuahua	PAN-PRD
Durango	2004	10.24	Alianza Todos por Durango	PRD-PT-CONV
Oaxaca	2004	49.57	Nueva Fuerza Oaxaqueña	PRI-PVEM-PT
Oaxaca	2004	46.23	Todos Somos Oaxaca	PAN-PRD-CONV
Veracruz	2004	35.88	Fidelidad por Veracruz	PRI-PVEM-PRV
Veracruz	2004	29.20	Unidos por Veracruz	PRD-CONV-PT
Zacatecas	2004	34.43	Alianza Zacatecas	PRI-PVEM-PT
Tlaxcala	2004	35.88	Alianza Ciudadana por Tlaxcala	PAN-PCDT-PJS
Tlaxcala	2004	34.92	Alianza Todos por Tlaxcala	PRI-PVEM
Tlaxcala	2004	29.20	Alianza Democrática	PRD-PT-CONV
Tamaulipas	2004	7.41	Alianza Unidos por Tamaulipas	PRD-CONV
Guerrero	2005	56.02	Por un Guerrero mejor	PRD-CONV-PRS

Estado	Año	% de votos	Nombre de la alianza	Partidos integrantes
Guerrero	2005	42.88	Todos por Guerrero	PRI-PVEM
Baja California Sur	2005	44.19	Coalición Democrática Sudcaliforniana	PRD-CONV
Baja California Sur	2005	35.07	Alianza Ciudadana	PRI-PVEM
Quintana Roo	2005	41.81	Alianza Quintana Roo es Primero	PRI-PVEM
Quintana Roo	2005	35.21	Somos la Verdadera Opción	PRD-PT
Quintana Roo	2005	22.96	Alianza todos somos Quintana Roo	PAN-CONV
Hidalgo	2005	54.10	Alianza por Hidalgo	PRI-PVEM
Nayarit	2005	43.75	Alianza por Nayarit 2005	PRD-PT-PRD
Estado de México	2005	24.73	Alianza PAN Convergencia	PAN-CONV
Estado de México	2005	47.57	Alianza por México	PRI-PVEM
Estado de México	2005	24.25	Unidos para Ganar	PRD-PT
Colima	2005	48	Locho me da Confianza	PAN-ADC
Colima	2005	52	Alianza para que Vivas Mejor	PRI-PVEM-PT
Coahuila	2005	37.41	Candidatura común	PAN-PUDC
Coahuila	2005	1.32	Candidatura común	PT-PC
Jalisco	2006	7.38	Coalición por el Bien de Todos	PRD-PT
Morelos	2006	31.26	Coalición por el Bien de Todos	PRD-PT-CONV
Morelos	2006	26.57	Candidato común	PRI-PVEM
Chiapas	2006	46.98	Coalición por el Bien de Todos	PRD-PT-CONV

Estado	Año	% de votos	Nombre de la alianza	Partidos integrantes
Chiapas	2006	46.45	Alianza por Chiapas	PRI-PVEM
Distrito Federal	2006	46.37	Coalición por el Bien de Todos	PRD-PT-CONV
Distrito Federal	2006	21.59	Unidos por la Ciudad	PRI-PVEM
Guanajuato	2006	61.86	Candidato común	PAN-PANAL
Guanajuato	2006	26.21	Candidato común	PRI-PVEM
Guanajuato	2006	10.82	Coalición por el Bien de Todos	PRD-PT
Tabasco	2006	42.15	Coalición por el Bien de Todos	PRD-PT-ASD
Yucatán	2006	42.46	Candidato común	PAN-PANAL
Yucatán	2006	49.92	Candidato común	PRI-PVEM-YUC
Yucatán	2006	3.21	Todos Somos Yucatán	PT-CONV
Baja California	2006	50.43	Candidato común	PAN-PANAL-PES
Baja California	2006	44	Candidato común	PRI-PVEM-PEBC
Baja California	2006	0.78	Alianza Convergencia	PT-CONV
Michoacán	2007	33.38	Candidato común	PAN-PANAL
Michoacán	2007	37.87	Coalición por el Bien de Todos	PRD-PT-CONV-ASD
Campeche	2009	51.01	Unidos por Campeche	PRI-PANAL
Colima	2009	50.9	Candidato común	PRI-PANAL
Colima	2009	2.1	Candidato común	PRD-ASD
Colima	2009	44.5	Candidato común	PAN-ADC

Estado	Año	% de votos	Nombre de la alianza	Partidos integrantes
Nuevo León	2009	49	Juntos por Nuevo León	PRI-PVEM-PD-Cruzada Ciudadana
Querétaro	2009	47.4	Candidato común	PRI-PANAL
San Luis Potosí	2009	45.38	Candidato común	PRI-PVEM-ASD
San Luis Potosí	2009	42.92	Candidato común	PAN-PANAL
San Luis Potosí	2009	8.57	Candidato común	PRD-PT-CONV-PCP
Sonora	2009	43.59	Alianza PRI Sonora	PRI-PANAL-PVEM
Aguascalientes	2010	47.7	Aliados por tu Bienestar	PRI-PANAL-PVEM
Chihuahua	2010	55.5	Candidato común	PRI-PANAL-PVEM-PT
Durango	2010	44.6	Durango nos Une	PAN-PRD-CONV-PT
Hidalgo	2010	50.3	Unidos Contigo	PRI-PANAL-PVEM
Hidalgo	2010	45.2	Hidalgo Nos Une	PAN-PRD-CONV
Oaxaca	2010	50.11	Unidos por la Paz y el Progreso	PAN-PRD-CONV-PT
Oaxaca	2010	41.9	Por la Transformación de Oaxaca	PRI-PVEM
Puebla	2010	50.4	Compromiso por Puebla	PAN-PRD-CONV-PANAL
Puebla	2010	40.1	Puebla Avanza	PRI-PVEM
Quintana Roo	2010	52.42	Alianza Quintana Roo Avanza	PRI-PANAL-PVEM
Quintana Roo	2010	26.19	Mega Alianza Todos por Quintana Roo	PRD-PT-CONV
Sinaloa	2010	51.8	El Cambio es Ahora por Sinaloa	PAN-PRD-CONV

Estado	Año	% de votos	Nombre de la alianza	Partidos integrantes
Sinaloa	2010	46.4	Para Ayudar a la Gente	PRI-PANAL-PVEM
Tamaulipas	2010	61.6	Todos Tamaulipas	PRI-PANAL-PVEM
Tlaxcala	2010	46.52	Unidos por Tlaxcala	PRI-PVEM
Tlaxcala	2010	38.9	Por el progreso de Tlaxcala	PAN-PANAL-PAC
Tlaxcala	2010	4.9	Transparencia y Honestidad por Tlaxcala	PRD-PT-CONV
Veracruz	2010	43.3	Veracruz para Adelante	PRI-PVEM-PRV
Veracruz	2010	40.6	Viva Veracruz	PAN-PANAL
Veracruz	2010	13.4	Para Cambiar Veracruz	PRD-PT-CONV
Zacatecas	2010	43.19	Primero Zacatecas	PRI-PANAL-PVEM
Zacatecas	2010	23.22	Zacatecas nos Une	PRD-CONV
Guerrero	2011	55.97	Guerrero nos Une	PRD-PT-CONV
Guerrero	2011	42.69	Por Tiempos Mejores para Guerrero	PRI-PANAL-PVEM
Baja California Sur	2011	29.3	La Alianza es Contigo	PAN-PRS
Baja California Sur	2011	28.3	Unidos por Baja California Sur	PRI-PVEM
Baja California Sur	2011	20.9	Una Sudcalifornia para Todos	PRD-PT

Datos y Fuentes utilizados en el estudio

	clave	diaelec	partigob	partisis	numero	alexi	npalexi	apg	nc	nepg	nepl
1.	Aguascalientes	August 1. 1986	PRI	Hegemónico	0	0	1	6	6	1.83	.
2.	Aguascalientes	August 1. 1992	PRI	Hegemónico	0	0	1	6	6	1.69	1.54
3.	Aguascalientes	August 1. 1998	PAN	Bipartidismo	1	0	1	5	4	2.32	2.04
4.	Aguascalientes	July 4. 2004	PAN	Bipartidismo	2	0	1	6	3	2.18	1.93
5.	Aguascalientes	July 4. 2010	PRI	Bipartidismo	1	1	3	6	4	2.43	3.1
6.	Baja California	July 1. 1989	PAN	Bipartidismo	0	0	1	6	6	2.23	2.98
7.	Baja California	August 1. 1995	PAN	Bipartidismo	0	0	1	9	9	2.28	2.15
8.	Baja California	July 8. 2001	PAN	Bipartidismo	2	1	2	9	7	2.54	2.51
9.	Baja California	August 5. 2007	PAN	Bipartidismo	3	1	3	10	5	2.23	2.71
10.	Baja California	February 1. 1987	PRI	Hegemónico	0	0	1	9	9	1.46	.
11.	Baja California	March 1. 1993	PRI	Bipartidismo	0	0	1	3	3	2.01	1.99
12.	Baja California	February 7. 1999	PRD	Bipartidismo	1	1	2	5	4	2.19	3.04
13.	Baja California	February 6. 2005	PRD	Multipartidismo	2	1	2	6	4	2.99	1.66
14.	Baja California	February 6. 2011	PAN	Bipartidismo	3	1	2	8	5	2.27	4.45
15.	Campeche	July 1. 1985	PRI	Hegemónico	0	0	1	5	5	1.08	.
16.	Campeche	August 1. 1991	PRI	Hegemónico	0	0	1	7	7	1.46	1.53
17.	Campeche	July 1. 1997	PRI	Bipartidismo	0	0	1	8	8	2.46	2.38
18.	Campeche	July 6. 2003	PRI	Multipartidismo	1	0	1	11	10	2.8	2.44

clave	diaelec	partigob	partisis	numero	alexi	npalexi	apg	nc	nepg	nepl
19. Campeche	July 5. 2009	PRI	Bipartidismo	2	1	2	8	5	2.23	2.19
20. Coahuila	July 1. 1987	PRI	Hegemónico	0	0	1	4	4	1.44	.
21. Coahuila	July 1. 1993	PRI	Hegemónico	1	0	1	9	5	1.98	2.28
22. Coahuila	October 31. 1999	PRI	Hegemónico	1	0	1	7	4	2.01	3.37
23. Coahuila	September 29. 2005	PRI	Bipartidismo	2	0	1	7	7	2.14	2.49
24. Colima	July 1. 1985	PRI	Hegemónico	0	0	1	6	6	1.29	.
25. Colima	August 1. 1991	PRI	Hegemónico	0	0	1	9	9	1.99	1.94
26. Colima	July 1. 1997	PRI	Multipartidismo	0	0	1	8	8	2.82	2.53
27. Colima	December 6. 2003	PRI	Bipartidismo	2	1	3	6	2	2	2.45
28. Colima	April 10. 2005	PRI	Bipartidismo	2	1	3	5	2	2	2.45
29. Colima	July 5. 2009	PRI	Bipartidismo	3	1	2	7	4	2.19	2.45
30. Chiapas	July 1. 1988	PRI	Hegemónico	0	0	1	6	6	1.25	.
31. Chiapas	August 1. 1994	PRI	Bipartidismo	0	0	1	9	9	2.58	2.27
32. Chiapas	August 20. 2000	PAN+PRD	Bipartidismo	1	1	7	10	3	2.01	2.44
33. Chiapas	August 20. 2006	PRD	Bipartidismo	2	1	3	8	5	2.29	4.37
34. Chihuahua	July 1. 1986	PRI	Hegemónico	0	0	1	5	5	1.9	.
35. Chihuahua	July 1. 1992	PAN	Bipartidismo	0	0	1	7	7	2.18	2.25
36. Chihuahua	July 1. 1998	PRI	Bipartidismo	1	0	1	6	5	2.3	2.39
37. Chihuahua	July 4. 2004	PRI	Bipartidismo	2	1	3	6	2	1.95	1.91
38. Chihuahua	July 4. 2010	PRI	Bipartidismo	1	1	4	6	3	2.17	2.6
39. DF	July 1. 1997	PRD	Multipartidismo	0	0	1	8	8	3.06	2.56
40. DF	July 2. 2000	PRD	Multipartidismo	2	1	5	11	6	3.38	4.43

	clave	diaelec	partigob	partisis	numero	alexi	npalexi	apg	nc	nepg	nepl
41.	DF	July 2. 2006	PRD	Multipartidismo	2	1	3	8	5	2.97	2.81
42.	Durango	July 1. 1986	PRI	Bipartidismo	0	0	1	9	9	2.09	.
43.	Durango	August 1. 1992	PRI	Bipartidismo	0	0	1	7	7	2.48	2.57
44.	Durango	July 1. 1998	PRI	Multipartidismo	0	0	1	4	4	3.29	2.59
45.	Durango	July 4. 2004	PRI	Multipartidismo	1	0	1	7	5	2.46	2.26
46.	Durango	July 4. 2010	PRI	Bipartidismo	1	0	1	8	4	2.4	2.73
47.	México	July 1. 1987	PRI	Hegemónico	0	0	1	7	7	1.77	.
48.	México	July 1. 1993	PRI	Hegemónico	0	0	1	9	9	2.3	2.38
49.	México	July 4. 1999	PRI	Multipartidismo	2	0	1	5	3	2.82	3.25
50.	México	July 3. 2005	PRI	Multipartidismo	3	1	2	6	3	2.89	4.31
51.	Guanajuato	July 1. 1991	PRI	Bipartidismo	1	0	1	6	5	2.41	2.05
52.	Guanajuato	May 1. 1995	PAN	Bipartidismo	0	0	1	5	5	2.22	3.03
53.	Guanajuato	July 2. 2000	PAN	Bipartidismo	1	0	1	11	8	2.27	2.1
54.	Guanajuato	July 2. 2006	PAN	Hegemónico	3	1	2	8	4	2.16	2.91
55.	Guerrero	December 1. 1986	PRI	Hegemónico	1	0	1	9	7	1.31	.
56.	Guerrero	February 1. 1993	PRI	Hegemónico	0	0	1	11	11	2.08	1.92
57.	Guerrero	February 7. 1999	PRI	Bipartidismo	2	1	2	8	5	2.1	1.93
58.	Guerrero	February 6. 2005	PRD	Bipartidismo	2	1	3	7	3	2.01	3.08
59.	Guerrero	January 30. 2011	PRD	Bipartidismo	2	1	3	7	2	2.02	4.01
60.	Hidalgo	January 1. 1987	PRI	Hegemónico	0	0	1	7	7	1.22	.

clave	diaelec	partigob	partisis	numero	alexi	npalexi	apg	nc	nepg	nepl
61. Hidalgo	February 1. 1993	PRI	Hegemónico	0	0	1	8	8	1.53	1.89
62. Hidalgo	February 21. 1999	PRI	Multipartidismo	2	0	1	6	4	2.45	2.48
63. Hidalgo	February 20. 2005	PRI	Multipartidismo	1	1	2	5	4	2.47	1.83
64. Hidalgo	July 4. 2010	PRI	Bipartidismo	2	1	3	6	3	2.19	3.25
65. Jalisco	December 1. 1988	PRI	Hegemónico	0	0	1	6	6	2.17	.
66. Jalisco	February 1. 1995	PAN	Bipartidismo	0	0	1	10	10	2.29	1.9
67. Jalisco	November 12. 2000	PAN	Bipartidismo	0	0	1	11	11	2.43	2.28
68. Jalisco	July 2. 2006	PAN	Bipartidismo	1	0	1	8	6	2.62	2.74
69. Michoacán	July 1. 1986	PRI	Hegemónico	0	0	1	8	8	1.36	.
70. Michoacán	July 1. 1992	PRI	Bipartidismo	0	0	1	6	6	2.39	1.95
71. Michoacán	November 1. 1995	PRI	Multipartidismo	0	0	1	5	5	3.11	2.54
72. Michoacán	November 11. 2001	PRD	Multipartidismo	1	1	6	8	3	2.74	2.65
73. Michoacán	November 11. 2007	PRD	Multipartidismo	2	1	4	8	4	3.18	3.6
74. Morelos	March 1. 1988	PRI	Hegemónico	0	0	1	7	7	1.65	.
75. Morelos	March 1. 1994	PRI	Hegemónico	0	0	1	4	4	2.22	1.68
76. Morelos	July 2. 2000	PAN	Multipartidismo	1	0	1	12	9	2.46	2.38
77. Morelos	July 2. 2006	PAN	Multipartidismo	2	0	1	8	5	3.42	3.85
78. Nayarit	November 1. 1987	PRI	Hegemónico	0	0	1	7	7	1.19	.
79. Nayarit	July 1. 1993	PRI	Bipartidismo	0	0	1	12	12	2.31	1.94
80. Nayarit	July 4. 1999	PAN+PRD	Bipartidismo	1	1	4	9	6	2.08	3.63

clave	diaelec	partigob	partisis	numero	alexi	npalexi	apg	nc	nepg	nepl
81. Nayarit	July 3. 2005	PRI	Bipartidismo	1	0	1	6	4	2.36	2.43
82. Nuevo León	July 1. 1985	PRI	Hegemónico	0	0	1	6	6	2.03	.
83. Nuevo León	July 1. 1991	PRI	Hegemónico	0	0	1	8	8	1.97	1.89
84. Nuevo León	July 1. 1997	PAN	Bipartidismo	1	0	1	7	6	2.41	2.26
85. Nuevo León	July 6. 2003	PRI	Bipartidismo	1	1	4	10	7	2.25	2.18
86. Nuevo León	July 5. 2009	PRI	Bipartidismo	1	1	4	8	5	2.33	2.53
87. Oaxaca	August 1. 1986	PRI	Hegemónico	0	0	1	6	6	1.32	.
88. Oaxaca	August 1. 1992	PRI	Hegemónico	0	0	1	7	7	1.74	1.63
89. Oaxaca	August 1. 1998	PRI	Multipartidismo	0	0	1	7	7	2.57	2.18
90. Oaxaca	August 1. 2004	PRI	Bipartidismo	2	1	3	7	3	2.17	2.62
91. Oaxaca	July 4. 2010	PAN+PRD	Bipartidismo	2	1	4	8	4	2.34	3.74
92. Puebla	November 1. 1986	PRI	Hegemónico	1	0	1	.	7	1.53	.
93. Puebla	November 1. 1992	PRI	Hegemónico	0	0	1	6	6	1.88	1.67
94. Puebla	November 1. 1998	PRI	Multipartidismo	0	0	1	6	6	2.44	2.05
95. Puebla	November 14. 2004	PRI	Bipartidismo	0	0	1	6	6	2.46	2.1
96. Puebla	July 4. 2010	PAN+PRD	Bipartidismo	2	1	4	7	3	2.39	2.52
97. Querétaro	July 1. 1985	PRI	Hegemónico	0	0	1	7	7	1.4	.
98. Querétaro	August 1. 1991	PRI	Hegemónico	0	0	1	9	9	1.72	1.86
99. Querétaro	July 1. 1997	PAN	Bipartidismo	0	0	1	7	7	2.68	2.78
100. Querétaro	July 6. 2003	PAN	Bipartidismo	2	0	1	10	8	2.44	2.51

clave	diaelec	partigob	partisis	numero	alexi	npalexi	apg	nc	nepg	nepl
101. Querétaro	July 5. 2009	PRI	Bipartidismo	1	1	2	8	7	2.47	3.63
102. Quintana	March 1. 1987	PRI	Hegemónico	0	0	1	4	4	1.08	.
103. Quintana	February 1. 1993	PRI	Hegemónico	0	0	1	6	6	1.1	1.84
104. Quintana	February 21. 1999	PRI	Multipartidismo	0	0	1	4	4	2.79	2.24
105. Quintana	February 6. 2005	PRI	Multipartidismo	3	1	2	6	3	2.84	2.93
106. Quintana	July 4. 2010	PRI	Multipartidismo	2	1	3	7	3	2.72	3.88
107. San Luis	July 1. 1985	PRI	Hegemónico	0	0	1	7	7	1.18	.
108. San Luis	August 1. 1991	PRI	Hegemónico	1	0	1	5	4	1.11	1.69
109. San Luis	April 18. 1993	PRI	Hegemónico	0	0	1	7	7	1.99	2.01
110. San Luis	July 2. 1997	PRI	Bipartidismo	1	0	1	9	8	2.61	2.42
111. San Luis	July 6. 2003	PAN	Multipartidismo	2	0	1	9	4	2.71	2.47
112. San Luis	July 5. 2009	PRI	Bipartidismo	3	1	3	9	3	2.57	3.63
113. Sinaloa	October 1. 1986	PRI	Hegemónico	0	0	1	6	6	1.82	.
114. Sinaloa	November 1. 1992	PRI	Bipartidismo	0	0	1	6	6	2.13	2.03
115. Sinaloa	November 1. 1998	PRI	Multipartidismo	0	0	1	5	5	2.73	2.22
116. Sinaloa	November 14. 2004	PRI	Bipartidismo	0	0	1	7	7	2.25	2.28
117. Sinaloa	July 4. 2010	PAN+PRD	Bipartidismo	2	1	3	7	2	2.07	3.07
118. Sonora	July 1. 1985	PRI	Hegemónico	0	0	1	3	3	1.78	.
119. Sonora	August 1. 1991	PRI	Hegemónico	0	0	1	8	8	1.88	2.07
120. Sonora	July 1. 1997	PRI	Multipartidismo	0	0	1	8	8	3.03	2.89

clave	diaelec	partigob	partisis	numero	alexi	npalexi	apg	nc	nepg	nepl
121. Sonora	July 6. 2003	PRI	Bipartidismo	1	1	2	7	6	2.39	2.2
122. Sonora	July 5. 2009	PAN	Bipartidismo	1	0	1	7	5	2.39	3.05
123. Tabasco	November 1. 1988	PRI	Hegemónico	0	0	1	6	6	1.52	.
124. Tabasco	November 1. 1994	PRI	Bipartidismo	0	0	1	9	9	2.08	1.86
125. Tabasco	October 15. 2000	PRI	Bipartidismo	1	0	1	6	5	2.09	2.63
126. Tabasco	October 15. 2006	PRI	Bipartidismo	1	0	1	8	5	2.24	2.18
127. Tamaulipas	December 1. 1986	PRI	Hegemónico	1	0	1	9	7	1.54	.
128. Tamaulipas	November 1. 1992	PRI	Hegemónico	1	0	1	6	5	1.96	1.64
129. Tamaulipas	November 1. 1998	PRI	Multipartidismo	0	0	1	7	7	2.51	2.17
130. Tamaulipas	November 14. 2004	PRI	Bipartidismo	1	0	1	5	4	2.19	2.28
131. Tamaulipas	July 4. 2010	PRI	Hegemónico	1	1	3	7	5	2.1	2.4
132. Tlaxcala	November 1. 1986	PRI	Hegemónico	0	0	1	8	8	1.15	.
133. Tlaxcala	November 1. 1992	PRI	Hegemónico	0	0	1	6	6	1.35	1.74
134. Tlaxcala	November 1. 1998	PRD	Multipartidismo	1	1	3	6	4	2.38	2.75
135. Tlaxcala	November 14. 2004	PAN	Multipartidismo	3	1	3	7	3	3.15	4.13
136. Tlaxcala	July 4. 2010	PRI	Bipartidismo	3	1	2	9	4	2.67	4.92
137. Veracruz	September 1. 1986	PRI	Hegemónico	0	0	1	9	9	1.34	.
138. Veracruz	August 1. 1992	PRI	Hegemónico	0	0	1	6	6	1.92	1.92
139. Veracruz	August 1. 1998	PRI	Multipartidismo	1	0	1	5	4	2.86	2.35
140. Veracruz	September 5. 2004	PRI	Multipartidismo	2	1	3	7	3	3.16	2.64

clave	diaelec	partigob	partisis	numero	alexi	npalexi	apg	nc	nepg	nepl
141. Veracruz	July 4. 2010	PRI	Multipartidismo	3	1	3	8	3	2.7	2.35
142. Yucatán	December 1. 1987	PRI	Hegemónico	0	0	1	5	5	1.35	.
143. Yucatán	May 1. 1995	PRI	Bipartidismo	0	0	1	4	4	2.29	2
144. Yucatán	May 27. 2001	PAN+PRD	Bipartidismo	1	1	4	8	5	2.24	2.15
145. Yucatán	May 20. 2007	PRI	Multipartidismo	3	1	3	9	5	2.32	2.36
146. Zacatecas	July 1. 1986	PRI	Hegemónico	0	0	1	6	6	1.13	.
147. Zacatecas	August 1. 1992	PRI	Hegemónico	0	0	1	5	5	1.9	1.85
148. Zacatecas	July 1. 1998	PRD	Multipartidismo	0	0	1	4	4	2.77	3.17
149. Zacatecas	July 4. 2004	PRD	Multipartidismo	1	0	1	6	4	2.71	2.63
150. Zacatecas	July 4. 2010	PRI	Multipartidismo	2	1	3	7	4	3.46	4.84

Fuente: Elaboración propia con base en datos de institutos electorales y congresos locales.

Clave: Nombre del estado

diaelec: Día de la elección de gobernador

partigob: partido ganador o partido que encabeza la alianza

partisis: sistema de partido en función de votos del primer partido, número efectivo de partidos, tamaño del tercer partido.

numero: número de alianzas electorales que participaron en la elección

alexi: triunfo electoral de alianza

npalexi: número de partidos integrantes de alianza (o partido=1).

apg: número absoluto de partidos

nc: número absoluto de candidatos

nepg: número efectivo de candidatos (Indice de Laakso y Taagepera, 1979)

nepl: número efectivo de contingentes legislativos (Indice de de Laakso Taagepera)

	clave	dayelec	p1	p2	p3	mef	clpgob1	vid
1.	Aguascalientes	August 1. 1986	.714	.172	.084	.	.	17.49
2.	Aguascalientes	August 1. 1992	.742	.196	.0317	2.68	.8	.b
3.	Aguascalientes	August 1. 1998	.531	.38	.0685	3.67	.5926	31.21
4.	Aguascalientes	July 4. 2004	.569	.3619	.0689	3.67	.6667	.b
5.	Aguascalientes	July 4. 2010	.477	.425	.044	3.67	.5185	28.39
6.	Baja California	July 1. 1989	.523	.418	.021	1.63	.4737	22.82
7.	Baja California	August 1. 1995	.509	.423	.0332	4.6	.52	30.11
8.	Baja California	July 8. 2001	.4988	.3753	.0428	3.88	.48	18.36
9.	Baja California	August 5. 2007	.5043	.44	.0232	3.88	.48	20.38
10.	Baja California	February 1. 1987	.815	.127	.058	.	.	10.5
11.	Baja California	March 1. 1993	.523	.472	.0048	1	.4667	29.54
12.	Baja California	February 7. 1999	.559	.374	.063	2.43	.4762	29.52
13.	Baja California	February 6. 2005	.4419	.3507	.0951	2.43	.7619	29.51
14.	Baja California	February 6. 2011	.51	.42	.021	1.95	.286	25.28
15.	Campeche	July 1. 1985	.963	.024	.0128	.	.	2.71
16.	Campeche	August 1. 1991	.816	.1282	.0431	3.4	.8	12.33
17.	Campeche	July 1. 1997	.48	.412	.0692	6.2	.5429	34.8
18.	Campeche	July 6. 2003	.419	.3999	.1442	6.2	.4219	32.82
19.	Campeche	July 5. 2009	.5101	.4326	.0092	6.2	.5428	48.99
20.	Coahuila	July 1. 1987	.819	.144	.0364	.	.	7.15
21.	Coahuila	July 1. 1993	.654	.27	.053	5.13	.625	21.77
22.	Coahuila	October 31. 1999	.612	.3468	.0407	5.13	.5	19.11
23.	Coahuila	September 29. 2005	.5706	.3741	.0357	7	.5714	22.69
24.	Colima	July 1. 1985	.875	.092	.0333	.	.	6.88
25.	Colima	August 1. 1991	.685	.136	.0962	3.8	.7	20.93
26.	Colima	July 1. 1997	.426	.382	.163	3.8	.5	38.01
27.	Colima	December 6. 2003	.5192	.4807	0	3.88	.52	26.59
28.	Colima	April 10. 2005	.52	.48	0	3.88	.52	25.49
29.	Colima	July 5. 2009	.509	.445	.021	3.88	.56	29.66
30.	Chiapas	July 1. 1988	.8914	.0552	.0535	.	.	5.39
31.	Chiapas	August 1. 1994	.505	.35	.092	7	.625	30.36
32.	Chiapas	August 20. 2000	.5266	.4694	.0039	7	.125	22.58
33.	Chiapas	August 20. 2006	.4698	.4645	.025	7	.25	24.07

	clave	dayelec	p1	p2	p3	mef	clpgob1	vid
34.	Chihuahua	July 1. 1986	.625	.367	.0042	.a	.	18.31
35.	Chihuahua	July 1. 1992	.512	.443	.0297	4.21	.5357	30.36
36.	Chihuahua	July 1. 1998	.503	.422	.0549	4.33	.5455	27.71
37.	Chihuahua	July 4. 2004	.5771	.4228	0	4.33	.6061	.b
38.	Chihuahua	July 4. 2010	.555	.3914	.0199	4.33	.5757	18.4
39.	DF	July 1. 1997	.481	.256	.156	10.85	.5758	34.07
40.	DF	July 2. 2000	.3508	.3402	.2324	10.85	.2879	44.77
41.	DF	July 2. 2006	.4637	.2726	.2159	10.85	.5454	35.78
42.	Durango	July 1. 1986	.598	.342	.0568	.a	.	15.2
43.	Durango	August 1. 1992	.528	.341	.0829	4.6	.52	.b
44.	Durango	July 1. 1998	.399	.303	.2132	4.6	.56	33.25
45.	Durango	July 4. 2004	.5401	.3227	.1024	4.6	.6	23.16
46.	Durango	July 4. 2010	.465	.446	.0041	6.2	.5666	27.88
47.	México	July 1. 1987	.729	.1427	.113	.	.	13.92
48.	México	July 1. 1993	.626	.179	.0874	10.85	.6061	22.63
49.	México	July 4. 1999	.425	.3548	.2202	12.6	.3333	29.38
50.	México	July 3. 2005	.4757	.2473	.2425	12.6	.2666	22.39
51.	Guanajuato	July 1. 1991	.531	.355	.0773	5.4	.6667	33.57
52.	Guanajuato	May 1. 1995	.581	.329	.0702	6.06	.1786	24.51
53.	Guanajuato	July 2. 2000	.565	.34	.0671	6.06	.6389	27.78
54.	Guanajuato	July 2. 2006	.6186	.2621	.1082	6.06	.6388	21.01
55.	Guerrero	December 1. 1986	.871	.0479	.0398	.	.	7.26
56.	Guerrero	February 1. 1993	.635	.2739	.052	7.65	.6957	12.04
57.	Guerrero	February 7. 1999	.4978	.477	.0168	7.65	.6522	27.63
58.	Guerrero	February 6. 2005	.5602	.4288	.0108	7.65	.4783	23.08
59.	Guerrero	January 30. 2011	.5597	.4269	.0134	7.65	.3913	.b
60.	Hidalgo	January 1. 1987	.903	.0852	.0117	.	.	5.69
61.	Hidalgo	February 1. 1993	.803	.0621	.061	4	.7083	7.77
62.	Hidalgo	February 21. 1999	.534	.32	.1456	4.79	.5862	22.84
63.	Hidalgo	February 20. 2005	.541	.3099	.1217	4.79	.7141	20.76
64.	Hidalgo	July 4. 2010	.503	.452	.0029	5.4	.4666	23.55
65.	Jalisco	December 1. 1988	.612	.274	.1042	.	.	12.7
66.	Jalisco	February 1. 1995	.539	.38	.0408	8.35	.6486	32.04

	clave	dayelec	p1	p2	p3	mef	clpgob1	vid
67.	Jalisco	November 12. 2000	.4624	.4403	.053	10.5	.525	29.81
68.	Jalisco	July 2. 2006	.4519	.414	.0783	10.5	.5	33.38
69.	Michoacán	July 1. 1986	.851	.091	.0506	.	.	6.2
70.	Michoacán	July 1. 1992	.528	.3658	.071	5.4	.6333	23.95
71.	Michoacán	November 1. 1995	.389	.3239	.255	5.4	.5333	36.2
72.	Michoacán	November 11. 2001	.431	.3785	.1904	7	.425	30.53
73.	Michoacán	November 11. 2007	.3787	.3338	.243	7	.4	30.25
74.	Morelos	March 1. 1988	.758	.163	.079	.	.	12.02
75.	Morelos	March 1. 1994	.625	.2163	.096	2	.75	21.25
76.	Morelos	July 2. 2000	.559	.278	.1298	5.4	.5	28.8
77.	Morelos	July 2. 2006	.3514	.3126	.2657	5.4	.4	38.64
78.	Nayarit	November 1. 1987	.914	.0646	.016	.	.	4.7
79.	Nayarit	July 1. 1993	.5951	.272	.038	5.4	.7	27.66
80.	Nayarit	July 4. 1999	.5295	.448	.0156	5.4	.2	29.51
81.	Nayarit	July 3. 2005	.4779	.4375	.0621	5.4	.4701	29.99
82.	Nuevo León	July 1. 1985	.651	.235	.1137	.	.	20.18
83.	Nuevo León	July 1. 1991	.631	.3311	.0287	5.55	.65	22.35
84.	Nuevo León	July 1. 1997	.485	.419	.0584	6.71	.5714	32.27
85.	Nuevo León	July 6. 2003	.5665	.3483	.0514	6.71	.619	23.56
86.	Nuevo León	July 5. 2009	.49	.434	.034	6.71	.48	27.85
87.	Oaxaca	August 1. 1986	.866	.041	.034	.	.	6.27
88.	Oaxaca	August 1. 1992	.747	.0942	.052	2.35	.7742	10.13
89.	Oaxaca	August 1. 1998	.488	.3744	.104	7.48	.5952	25.97
90.	Oaxaca	August 1. 2004	.4957	.4623	.042	7.48	.575	25.54
91.	Oaxaca	July 4. 2010	.5011	.419	.0334	7.48	.0714	49.89
92.	Puebla	November 1. 1986	.797	.121	.0489	.	.	10.18
93.	Puebla	November 1. 1992	.704	.171	.0628	2.45	.7586	11.68
94.	Puebla	November 1. 1998	.555	.297	.1116	5	.6667	24.03
95.	Puebla	November 14. 2004	.5128	.3719	.0579	6.12	.6341	.b
96.	Puebla	July 4. 2010	.504	.401	.056	6.12	.4878	29

	clave	dayelec	p1	p2	p3	mef	clpgob1	vid
97.	Querétaro	July 1. 1985	.835	.126	.0318	.	.	9.48
98.	Querétaro	August 1. 1991	.738	.188	.0227	3	.7143	19.05
99.	Querétaro	July 1. 1997	.453	.401	.0735	4.6	.44	36.94
100.	Querétaro	July 6. 2003	.4684	.4302	.0674	4.6	.48	30.47
101.	Querétaro	July 5. 2009	.4744	.422	.022	5.89	.33	31.11
102.	Quintana	March 1. 1987	.962	.0142	.0139	.	.	2.6
103.	Quintana	February 1. 1993	.951	.0264	.0214	2.11	.7222	2.1
104.	Quintana	February 21. 1999	.444	.361	.174	4.6	.6	30.81
105.	Quintana	February 6. 2005	.4181	.3521	.2296	4.6	.4	31.99
106.	Quintana	July 4. 2010	.5242	.2619	.1543	4.6	.44	21.1
107.	San Luis	July 1. 1985	.916	.044	.0118	.	.	4.57
108.	San Luis	August 1. 1991	.95	.0272	.0228	4.6	.75	2.08
109.	San Luis	April 18. 1993	.6717	.2052	.077	5.58	.6667	12.74
110.	San Luis	July 2. 1997	.47	.393	.0857	5.89	.5185	30.73
111.	San Luis	July 6. 2003	.4414	.388	.155	5.89	.4074	25.13
112.	San Luis	July 5. 2009	.4538	.4192	.0857	5.89	.3333	31.65
113.	Sinaloa	October 1. 1986	.684	.287	.0264	.	.	16.89
114.	Sinaloa	November 1. 1992	.584	.356	.041	7.15	.6154	22.84
115.	Sinaloa	November 1. 1998	.475	.328	.1814	7	.6	24.33
116.	Sinaloa	November 14. 2004	.4764	.4637	.0425	7	.525	51.48
117.	Sinaloa	July 4. 2010	.518	.464	0	7	.05	28.12
118.	Sonora	July 1. 1985	.697	.276	.027	.	.	15.12
119.	Sonora	August 1. 1991	.689	.238	.0271	3.67	.6667	19.67
120.	Sonora	July 1. 1997	.413	.324	.2324	5	.4242	35.38
121.	Sonora	July 6. 2003	.46	.4544	.0641	3.9	.5484	28.67
122.	Sonora	July 5. 2009	.4767	.4359	.0386	5	.4242	27.95
123.	Tabasco	November 1. 1988	.783	.2137	.004	.	.	8.33
124.	Tabasco	November 1. 1994	.575	.3866	.026	5.55	.6897	26.69
125.	Tabasco	October 15. 2000	.5122	.4655	.021	6.03	.5161	30.83
126.	Tabasco	October 15. 2006	.5177	.4215	.0352	6.2	.4857	30.46
127.	Tamaulipas	December 1. 1986	.798	.0926	.065	.	.	8.25
128.	Tamaulipas	November 1. 1992	.664	.258	.0596	2.62	.7692	19.38
129.	Tamaulipas	November 1. 1998	.549	.266	.1605	5.88	.625	25.39

clave	dayelec	p1	p2	p3	mef	clpgob1	vid
130. Tamaulipas	November 14. 2004	.5888	.3216	.0741	5.88	.5938	21.28
131. Tamaulipas	July 4. 2010	.616	.308	.028	6.06	.616	17.06
132. Tlaxcala	November 1. 1986	.929	.0509	.019	.	.	4.09
133. Tlaxcala	November 1. 1992	.857	.0685	.034	3	.7333	5.56
134. Tlaxcala	November 1. 1998	.4652	.4425	.086	5.88	.2188	32.83
135. Tlaxcala	November 14. 2004	.349	.339	.284	5.88	.1875	41.45
136. Tlaxcala	July 4. 2010	.465	.389	.065	5.88	.3125	33.73
137. Veracruz	September 1. 1986	.859	.038	.031	.	.	8.21
138. Veracruz	August 1. 1992	.697	.1492	.0702	7	.7	13.85
139. Veracruz	August 1. 1998	.49	.271	.1792	10.33	.6	25.08
140. Veracruz	September 5. 2004	.35	.337	.282	8.6	.42	39.63
141. Veracruz	July 4. 2010	.433	.406	.134	8.6	.56	34.34
142. Yucatán	December 1. 1987	.854	.104	.0413	.	.	8.09
143. Yucatán	May 1. 1995	.487	.444	.039	4.6	.52	35.26
144. Yucatán	May 27. 2001	.535	.4554	.0063	4.6	.44	31.74
145. Yucatán	May 20. 2007	.4992	.4246	.0321	4.6	.56	35.83
146. Zacatecas	July 1. 1986	.939	.032	.0281	.	.	3.38
147. Zacatecas	August 1. 1992	.701	.1301	.128	2.43	.7143	16.42
148. Zacatecas	July 1. 1998	.4404	.385	.132	5.4	.3333	34.66
149. Zacatecas	July 4. 2004	.4764	.3443	.1502	5.4	.5	28.37
150. Zacatecas	July 4. 2010	.432	.232	.17	5.4	.3333	33.76

Fuente: Elaboración propia con base en datos de institutos electorales y congresos locales.
Clave: Nombre del estado
dialec: Día de la elección de gobernador
p1: proporción de votos del candidato ganador
p2: proporción de votos del candidato segundo
p3: proporción de votos del candidato tercero
mef: magnitud efectiva ponderada
clpgob: proporción del contingente legislativo del partido del gobernador
vid: Indíce de Democracia (Vanhanen's Index)

BIBLIOGRAFÍA

ALVARADO, Arturo (1996), "Los gobernadores y el federalismo mexicano", *Revista Mexicana de Sociología*,
núm. 3, IISUNAM, México, pp. 39-71.

ALVARADO, Arturo (ed.) (1987), *Electoral patterns and
perspectives in Mexico*, La Jolla, Center for U.S.-Mexican
Studies, University of California, San Diego.

ANCKAR, Carsten (1997), "Determinants of
Disproportionality and Wasted Votes", *Electoral Studies*,
16/4, pp. 501-515.

ARANDA VOLLMER, Rafael (2004), *Poliarquías urbanas:
competencia electoral en las ciudades y zonas metro-
politanas de México*, Miguel Ángel Porrúa, Instituto
Federal Electoral, México.

AXELROD, Robert (1970), *Conflict of Interest: A Theory of
Divergent Goals with Applications to Politics*, Markham,
Chicago.

AZIZ NACIF, Alberto (1996), "Alternancia primero, gobierno dividido después: el caso Chihuahua 1992-
1996", en Alonso Lujambio (ed.), *Gobiernos divididos
en la federación mexicana*, Universidad Autónoma
Metropolitana, México, pp. 99-127.

AZIZ NACIF, Alberto (2006), "Gobiernos divididos: entre
la reforma y la polarización", en María Amparo Casar
e Ignacio Marván (coords.), *Gobernar sin mayoría.
México 1867-1997*, Taurus, México, pp. 295-317.

BECERRA, Ricardo *et al.* (1996), *Así se vota en la República: las legislaciones electorales en los estados. Un análisis comparado*, Instituto de Estudios para la Transición Democrática.

BEER, Caroline (2003), *Institutional Change and Electoral Competition in Mexico*, University of Notre Dame Press, Notre Dame.

BLACK, Duncan (1948), "On the Rationale of Group Decision Making", *Journal of Political Economy*, 56/1, pp. 23-34.

BRAMS, Steven (2003), *Game Theory and Politics*, Dover Publications, Nueva York.

BRENNAN, Geoffrey y Alan HAMLIN (2000), *Democratic Devices and Desires*, Cambridge University Press, Cambridge.

BRENNAN, Geoffrey y Loren LOMASKY (1993), *Democracy and Decision: The Pure Theory of Electoral Preferences*, Cambridge University Press, Cambridge.

BUENDÍA LAREDO, Jorge (2003), "El cambio electoral en México: 1997-2003", en AA.VV., *El cambio político en México*, IEDF, Colección Sinergia, México, pp. 121-135.

CARPIZO, Jorge (1978), *El presidencialismo mexicano*, Siglo XXI, México.

CASAR, María Amparo (1996), "Las bases del poder presidencial en México", *Política y Gobierno*, 3/1, CIDE, pp. 61-92.

CASAR, María Amparo (2002), "Perspectivas política de un gobierno dividido en México", en María Amparo Casar e Ignacio Marván (coords.), *Gobernar sin mayoría. México 1867-1997*, Taurus, México, pp. 349-368.

CASAR, María Amparo e Ignacio MARVÁN (2002), *Gobernar sin mayoría. México 1867-1997*, Taurus, México.

COLOMER, Josep (2000), "Structural versus Strategic Approaches to Political Change", en *Strategic*

Transitions: Game Theory and Democratization, The John Hopkins University Press, Baltimore, pp. 133-138.

COLOMER, Josep (2001), *Instituciones Políticas,* Ariel, Barcelona.

CONAGHAN, Catherine y Rosario ESPINAL (1990), "Unlikely Transitions to Uncertain Regimes?" *Journal of Latin American Studies,* núm. 22, pp. 553-665.

COPPEDGE, Michael (2004), "Quality of Democracy and its Measurement", en Guillermo O'Donnell, Jorge Vargas Cullell y Osvaldo Iazzetta (eds.), *The Quality of Democracy. Theory and Applications,* University of Notre Dame Press, Indiana, pp. 239-248

CORNELIUS, Wayne, Todd EISENSTADT y Jane HINDLEY (1999), *Sub-national Politics and Democratization in Mexico,* Center for US-Mexican Studies, University of California, San Diego.

COX, Gary (1997), *Making Votes Count. Strategic Coordination in the World's Electoral Systems,* Cambridge University Press, Nueva York.

CRAIG, Ann y Wayne CORNELIUS (1995), "Houses Divided: Parties and Political Reform in Mexico", en Scott Mainwaring y Timothy Scully (eds.), *Building Democratic Institutions. Party Systems in Latin America,* Stanford University Press, California, USA. pp. 249-297.

CRESPO, José Antonio (1996), *Votar en los estados,* Miguel Ángel Porrúa, CIDE, México.

DAHL, Robert (1971), *Polyarchy: Participation and Opposition,* Yale University Press, New Haven.

DIAMOND, Larry (2002), "Thinking about Hybrid Regimes", *Journal of Democracy,* 13 (2), pp. 21-35.

DOMÍNGUEZ, Jorge I (1992), "La opinión pública en México frente a la crisis económica", en Nisso Bazdesrch Bucay, Soledad Loaeza y Nora Lustig (comps.), *México, auge, crisis y ajuste,* vol. 1, Lecturas del trimestre económico, núm. 73, Fondo de Cultura Económica, México.

DOMÍNGUEZ, Jorge I. y Chappell LAWSON (eds.) (2004), *Mexico's Pivotal Democratic Election: Candidates, Voters and the Presidential Campaign*, Stanford University Press, Stanford.

DOMÍNGUEZ, Jorge I. y James McCANN (1996), *Democratizing Mexico. Public Opinion and Electoral Choices*, The Johns Hopkins University Press, Baltimore.

DOMÍNGUEZ, Jorge I. y James McCANN (1998), "Mexicans React to Electoral Fraud and Political Corruption: An Assessment of Public Opinion and Voting Behavior", en *Electoral Studies*, 17/4.

DUVERGER, Maurice (1951), *Los partidos políticos*, Fondo de Cultura Económica, México.

DUVERGER, Maurice (1986), "Duverger's Law Forty Years Later", en Bernard Grofman y Arend Lijphart, *Electoral Laws and Their Political Consequences*, Aghaton Press, Nueva York.

ELIZONDO, Carlos y Benito NACIF (eds.) (2002), *Lecturas sobre el cambio político en México*, Fondo de Cultura Económica, México.

ELKLIT, Jørgen y Palle SVENSSON (1997), "What Makes Elections Free and Fair?", *Journal of Democracy*, núm. 8 (3), pp. 33-46.

EMMERICH, Gustavo *et al.* (1993), *Votos y mapas. Estudios de geografía electoral en México*, Universidad Autónoma del Estado de México, México.

ESPINOZA, Víctor y RIONDA, Luis (coords.) (2005), *Después de la Alternancia: elección y nueva competitividad*, UAM-SOMEE, México.

FIORINA, Morris (1992), *Divided Government*, Allyn and Bacon, Boston.

FIORINA, Morris (1997), "Voting Behavior", en Dennis Mueller (ed.), *Perspectives on Public Choice*, Cambridge University Press, pp. 391-414.

FITZMAURICE, Garret *et al.* (2004), *Applied Longitudinal Analysis*, Wiley, Nueva Jersey.

FREES, Edward (2004), *Longitudinal and Panel Data: Analysis and Applications in the Social Sciences*, Cambridge University Press, Cambridge.

GARMENDIA, Marina (1996), "Un gobierno dividido fugaz: La historia de la VII legislatura de Baja California Sur, 1993-1996", en Alonso Lujambio (ed.), *Gobiernos divididos en la federación mexicana*, Universidad Autónoma Metropolitana, México, pp. 129-164.

GÓMEZ LÓPEZ, Alicia (2003), *Juegos políticos: las estrategias del PAN y del PRD en la transición Mexicana*, Universidad de Guadalajara, México.

GRAY, Victor (1976), "A note on Competition and Tournout in the American States", *Journal of Politics*, núm. 38, pp. 153-158.

GUILLÉN LÓPEZ, Tonatiuh (1996), "Gobierno dividido en Baja California: integración y dinámica legislativa en el período 1989-1995", en Alonso Lujambio (ed.), *Gobiernos divididos en la federación mexicana*, Universidad Autónoma Metropolitana, México, pp. 33-68.

KLESNER, Josep (2004), "The Structure of Mexican Electorate: Social, Attitudinal, and Partisan Bases of Vicente Fox's Victory", en Domínguez, Jorge I. y Lawson Chappell (edits.), *Mexico's Pivotal Democratic Elections, Candidates, Voters, and the presidential Campaign of 2000*, Stanford University Press, California.

LAAKSO, Marku y Rein TAAGEPERA (1979), "Effective Number of Parties: A Measure with Applications to West Europe", en *Comparative Political Studies*, núm. 12 (1), pp. 3-27.

LANGSTON, Joy (1998), "Los efectos de la competencia electoral en la selección de candidatos del PRI a la cámara de diputados", en *Política y Gobierno*, núm. 5 (2), México, pp. 459-500.

LAVER, Michael y Ian BUDGE (1992), *Party Policy and Government Coalitions*, Macmillan, Londres.

LAVER, Michael y Kenneth SCHEPSLE (1996), *Making and Breaking Governments. Cabinets and Legislatures in Parliamentary Democracies*, Cambridge University Press, Cambridge.

LAVER, Michael y Norman SCHOFIELD (1990), *Multiparty Government, the Politics of Multiparty Coalition in Europe*, Oxford University Press, Oxford.

LEISERSON, Michael (1970), "Coalition Government in Japan", Sven Groennings *et al.*, *The Study of Coalition Behavior*, Holt, Rinehart and Winston, Nueva York.

LEVITSKY, Steven y Lucan A. WAY (2002), "The Rise of Competitive Authoritarianism", *Journal of Democracy*, núm. 13 (2), pp. 51-65.

LINZ, Juan y Alfred STEPAN (1996), *Problems of Democratic Transitions and Consolidation*, John Hopkins University Press, Baltimore.

LOAEZA, Soledad (1998), *El Partido de Acción Nacional*, Fondo de Cultura Económica, México.

LÓPEZ LARA, Álvaro y Nicolás LOZA (2003), "Viejos actores, nuevo poder: los diputados locales en México", *Polis*, 1/3, UAM, México, pp. 49-84.

LUJAMBIO, Alonso (1995), "De la hegemonía a las alternativas: diseños institucionales y el futuro de los partidos políticos en México", *Política y Gobierno*, núm. 2 (1), México, pp. 43-71.

LUJAMBIO, Alonso (2000), *El poder compartido*, Océano, México.

LUJAMBIO, Alonso (2006), "Gobiernos divididos en once estados de la federación mexicana, 1989-1997", en María Amparo Casar e Ignacio Marván (coords.), *Gobernar sin mayoría. México 1867-1997*, Taurus, México, pp. 319-348.

LUJAMBIO, Alonso (ed.) (1996), *Gobiernos divididos en la federación mexicana*, Universidad Autónoma Metropolitana, México.

MAGALONI, Beatriz (1996), "Dominio de partido y dilemas duvergerianos en las elecciones presidenciales de 1994 en México", *Política y Gobierno*, 3/2, pp. 281-326.

MAGALONI, Beatriz y Alejandro POIRE (2004), "Strategic Coordination in the 2000 Mexican Presidential Race", en Jorge Domínguez y Chappell Lawson (eds.), *Mexico's Pivotal Democratic Election: Candidates, Voters and the Presidential Campaign*, Stanford University Press, Stanford, pp. 269-292.

MAINWARING, Scott y Timothy SCULLY (eds.) (1993), *Building Democratic Institutions. Party Systems in Latin America*, Stanford University Press, California, USA.

MARTÍNEZ GONZÁLEZ, Víctor Hugo (2005), *Fisiones y fusiones, divorcios y reconciliaciones: la dirigencia del Partido de la Revolución Democrática (PRD) 1989-2004*, Plaza y Janés, México.

MARTÍNEZ URIARTE, Jaqueline y Alberto DÍAZ CAYEROS (2003), *De la descentralización al federalismo. Estudios comparados sobre el gobierno local en México*, Miguel Ángel Porrúa, México.

MÉNDEZ HOYOS, Irma (2003), "Competencia y competitividad electoral en México, 1977-1997", *Política y Gobierno*, 10/1, CIDE.

MÉNDEZ HOYOS, Irma (2006), *Transición a la democracia en México: competencia partidista y reformas electorales, 1977-2003*, Fontanamara, México.

MIZRAHI, Yemile (1995), "Democracia, eficiencia y participación: los dilemas de los gobiernos de oposición en México", *Política y Gobierno*, 2/2, CIDE, pp. 177-205.

MOLINAR HORCASITAS, Juan (1991a), "Counting the Number of Parties: An alternative Index", *American Political Science Review*, 85/4, pp. 1383-1991.

MOLINAR HORCASITAS, Juan (1991b), *El tiempo de la legitimidad*, Cal y Arena, México.

MOLINAR HORCASITAS, Juan y Jeffrey WELDON (2001), "Reforming Electoral Systems in Mexico", en Matthew Shugart y Martin P. Wattemberg, *Mixed Member Electoral Systems. The Best of Both Worlds?* Oxford University Press, Serie Comparative Politics, pp. 209-230.

MOONEY, Christopher y Robert DUVAL (1993), *Bootstraping: A Non Parametric Approach to Statistical Inference*, Sage University Paper, Newbury Park, California.

MORENO, Alejandro (1999), "Ideología y voto: dimensiones de la competencia política en México en los noventa", *Política y Gobierno*, 6/1, pp. 45-81.

MORROW, James (1994), *Game Theory for Political Scientist*, Princeton University Press, Princeton.

MYERSON, Roger y WEBER, Robert (1993), "A theory of Voting Equilibria", *American Political Science Review*, 87, pp. 102-114.

NACIF, Benito (2004), "Las relaciones entre los poderes ejecutivo y legislativo en México tras el fin del presidencialismo", *Política y Gobierno*, 11/1, CIDE.

NASH, John (1950), "The Bargaining Problem", *Econometrica*, 18/2, pp. 155-162.

NASH, John (1953), "Two-Person Cooperative Game", *Econometrica*, 21/1, pp. 128-140.

NIEMI, Richard y William RIKER (1976), "La elección de los sistemas de votación", *Lecturas de Teoría Política Positiva*, Ministerio de Economía y Hacienda, Instituto de Estudios Fiscales, Madrid.

NOHLEN, Dieter (1994), *Sistemas electorales y partidos políticos*, Fondo de Cultura Económica, México.

O'DONNELL, Guillermo y Philippe SCHMITTER (1986), *Transitions from Authoritarian Rule: Tentative Conclusions about Uncertain Democracies*, Johns Hopkins University Press, Baltimore.

OSBORNE, Matin (2004), *An Introduction to Game Theory*, Oxford University Press, Oxford.

PACHECO, Guadalupe (2000), *Calidoscopio electoral. Elecciones en México, 1979-1997*, Instituto Federal Electoral-UAM-FCE, México.

PALFREY, Thomas (1989), "A Mathematical Proof of Duverger's Law", en Peter Ordeshook (ed.), *Models of Strategic Choice in Politics*, University of Michigan Press, An Arbor.

PALMA, Esperanza (2004), *Las bases políticas de la alternancia en México. Un estudio del PAN y el PRD durante la democratización*, 1988-2000, UAM-A, México.

POIRÉ, Alejandro (2000), "Un modelo sofisticado de decisión electoral racional. El voto estratégico en México 1997", en *Política y Gobierno*, 7/2, CIDE.

PROUDHOMME, Jean François (1999), "State Electoral Conflict and National Interparty Relations in Mexico, 1988-1994", en Wayne Cornelius *et al.* (ed.), *Subnational Politics and Democratization in Mexico*, University of California, San Diego, pp. 343-360.

PRZEWORSKI, Adam (1986), "Algunos problemas en el estudio de la transición hacia la democracia", en Guillermo O'Donnell, Philippe Schmitter y Laurence Whitehead, *Transiciones desde un gobierno autoritario*, vol. 3, Paidós, Buenos Aires, pp. 79-104.

PRZEWORSKI, Adam (1995), *Democracia y mercado*, Cambridge University Press, Cambridge.

PRZEWORSKI, Adam *et al.* (2000), *Democracy and Development. Political Institutions and Well-Being in the World, 1950-1990*, Cambridge University Press, Cambridge.

RAE, Douglas y Eric SCHICKLER (1997), "Majority Rule", en Dennis Mueller (ed.), *Perspectives on Public Choice*, Cambridge University Press, Cambridge, pp. 163-180.

REYES RODRÍGUEZ, Andrés (1996), "Gobierno dividido y convivencia política en Aguascalientes, 1995-1996", en Alonso Lujambio (ed.), *Gobiernos divididos en la federación mexicana*, Universidad Autónoma Metropolitana, México, pp. 165-188.

REYNOSO, Diego (2006), "Crónica de un conflicto anunciado", *El debate político*, año 3, núm. 4/5, FLACSO, UNLP, UDESA, pp. 263-271.

RIKER, William (1962), *The Theory of Political Coalition*, Yale University Press, New Heaven.

RIKER, William (1986), "Duverger's Law Revisited", en Bernard Grofman y Arend Lijphart (eds.), *Electoral Laws and Their Political Consequences*, Aghaton Press, Nueva York.

RIONDA, Miguel (1996), "Guanajuato: gobierno dividido y cohabitación bipartidista, 1991-1996", en Alonso Lujambio (ed.), *Gobiernos divididos en la federación mexicana*, Universidad Autónoma Metropolitana, México, pp.69-97.

SARTORI, Giovanni (1976), *Partidos y sistemas de partido*, Alianza, Madrid.

SARTORI, Giovanni (1986), "The Influences of Electoral Systems: Faulty Laws or Faulty Method?" en Bernard Grofman y Arend Lijphart (eds.), *Electoral Laws and Their Political Consequences*, Aghaton Press, Nueva York.

SCHEDLER, Andreas (2002a), "The Nested Game of Democratization by Elections", *International Political Science Review*, núm. 23 (1), pp. 3-30.

SCHEDLER, Andreas (2002b), "The Menu of Manipulation", *Journal of Democracy*, núm. 13 (2), pp. 36-50.

SCHEDLER, Andreas (ed.) (2006), *Electoral Authoritarianism. The Dynamics of Unfree Competition*, Lynne Rienner Publishers, Londres.

SCHELING, Thomas (1968), *The Strategy of Conflict*, Oxford University Press, Oxford.

SCHELING, Thomas (1978), *Mocromotives and Macrobehavior*, Norton & Company, Nueva York.

SHUGART, Matthew S. y Martin P. WATTENBERG (2001), *Mixed Member Electoral Systems. The Best of Both Worlds?* Oxford University Press, Serie Comparative Politics.

SHUGART, Matthew y John CAREY (1992), *Presidents and Assemblies. Constitutional Design and Electoral Dynamics*, Cambridge University Press, Nueva York.

SILVA HERZOG, Jesús (2002), "El fin de la siesta constitucional", en María Amparo Casar e Ignacio Marván (coords.), *Gobernar sin mayoría. México 1867-1997*, Taurus, México, pp. 369-387.

SNYDER, Richard (2001), "Scalling Down: The Subnational Comparative Method", *Studies in Comparative International Development*, núm. 36 (1), pp. 93-110.

SOLT, Frederick (2004), "Electoral Competition, Legislative Pluralism, and institutional Development: Evidence from Mexico's States", *Latin American Research Review*, núm. 39/1, pp. 155-167.

STIMSON, James (1985), "Regression in Space and Time: A Statistical Essay", *American Journal of Political Science*, núm. 29, 4, pp. 914-947.

TAAGEPERA, Rein (2008), *Making Social Sciences More Scientific. The need of predictive models*, Oxford University Press, Oxford.

TAAGEPERA, Rein y Mathew SHUGART (1989), "Predicting the Number of Parties: A Quantitative Model of Duverger's Mechanical Effect", *American Political Science Review*, núm. 87/2 pp. 455-464.

TAAGEPERA, Rein y Mathew SHUGART (1989), *Seats and Votes. The effects and Determinants of Electoral Systems*, Yale University Press, New Haven.

TSEBELIS, George (1993), *Nested Games: the Rational Choice Approach in Comparative Politics*, California University Press, Los Ángeles.

VANHANEN, Tatu (1968), *Puolueet ja pluralismi, with English summary Parties and Pluralism. Porvoo: Werner Söderström Osakeyhtiö*, s/r.

VANHANEN, Tatu (2008), *Vanhanen's Index of Democracy*, International Peace Research Institute (PRIO), Oslo.

WELDON, Jeffrey (2001), "The Consequences of Mexico's Mixed-Member Electoral System, 1988-1997", en Matthew Shugart y Martin P. Wattemberg, *Mixed Member Electoral Systems. The Best of Both Worlds?* Oxford University Press, Serie Comparative Politics, pp. 447-476.

WELDON, Jefrey (1997), "The Political Sources of Presidencialismo in Mexico", en Scott Mainwaring y Matthew Shugart (ed.), *Presidentialism and Democracy in Latin America*, Cambridge University Press, USA, pp. 225-258.

ZAID, Gabriel (1987), *La economía presidencial*, Vuelta, México.

ZALLER, John (1992), *The Nature and Origins of Mass Opinion*, Cambridge University Press, Nueva York.

www.ingramcontent.com/pod-product-compliance
Lightning Source LLC
Chambersburg PA
CBHW020657270326
41928CB00005B/160